MÉMOIRES CONTEMPORAINS.

DEUXIÈME LIVRAISON.

MÉMOIRES

D'UN APOTHICAIRE

SUR L'ESPAGNE,

PENDANT LES GUERRES DE 1808 A 1814.

TOME PREMIER.

MÉMOIRES

D'UN

APOTHICAIRE

SUR

LA GUERRE D'ESPAGNE,

PENDANT LES ANNÉES 1808 A 1814.

> En tous lieux j'étais poursuivi par les boulets et les
> balles comme Pourceaugnac par les lavemens. Ne
> sens-je pas la mitraille ? disais-je à mes voisins..
> *Tome I, page 511.*

TOME PREMIER.

PARIS.
LADVOCAT, LIBRAIRE
DE S. A. R. M. LE DUC DE CHARTRES,
QUAI VOLTAIRE ET PALAIS-ROYAL.

1828.

MÉMOIRES
D'UN APOTHICAIRE.

CHAPITRE PREMIER.

Départ. — Orage. — Entrée en Espagne. — Voitures, auberges. — Cuisine espagnole. — Avis aux gastronomes. — Petite guerre. — Le général **Malher** est tué. — Valladolid. — L'Escorial. — Couvent de *San Lorenzo*. — Tombeaux des rois. — Bibliothèque. — Cigognes.

Oggi vi tocca, dit le malin Figaro au tuteur de Rosine en lui présentant le bassin, « c'est votre jour de barbe. » J'avais dix-neuf ans, le préfet de Vaucluse se préparait à m'adresser un semblable discours et je voyais déjà l'urne fatale de la conscription s'élever devant moi. Le sort avait parfaitement servi François, mon frère aîné ; il était alors avocat, il passa ensuite dans différentes administrations, il est maintenant lancé dans la carrière musicale. Elzéar, moins âgé que moi, commandait une compagnie du 108e régiment d'infanterie de ligne, il avait fait ses premières armes à Friedland. Un de mes jeunes frères se destinait à l'état militaire, l'autre devait hériter de la charge de notaire à Cavaillon que ma famille possède depuis trois cents ans. Je n'avais pas précisément l'humeur guerroyante; la botanique, la chimie, que je cultivais par goût, sont peu propres à former des héros. La vie aventureuse des camps avait pourtant beaucoup d'attraits pour moi; il fallait payer sa dette à la patrie, et la patrie alors était un créancier fort incommode, je m'en acquittai en lui consacrant mes petits talens. Je ne fus point soldat, mais je donnai des soins à mes compagnons d'armes, je me dévouai plus d'une fois pour être fidèle à mon engagement, je partageai leurs travaux, leurs périls, leurs infortunes, j'ose même dire leur gloire.

En 1808, au mois de janvier, je reçus mon brevet de pharmacien attaché au 2e corps d'observation de la Gironde. J'endossai l'uniforme, je ceignis l'épée et quittai les remparts d'Avignon après avoir fait de tendres adieux à mes parens, à mes amis. A mon arrivée à Bayonne j'apprends que le 2e corps est déjà à Valladolid, je devais le joindre sans retard. Le 25 janvier je me mets en route avec des compagnons de voyage que j'avais rencontrés à Toulouse et à Pau. Il pleuvait au moment de notre départ, mais je croyais alors que quand on porte l'épée et la cocarde on doit braver le mauvais temps, j'aurais même été fâché qu'il fît beau.

Cependant, à mesure que nous avancions, le vent et la pluie augmentaient et nous incommodaient davantage. Bientôt l'orage le plus terrible éclata; le tonnerre, la grêle nous forcèrent, malgré nos belles résolutions, à chercher un abri sous une vieille masure près du bord de la mer. Nous fûmes reçus dans ce champêtre asile par des soldats qui s'y étaient réfugiés, ils buvaient du cidre et nous en offrirent. Après avoir accepté ce rafraîchissement que notre gosier sollicitait avec ardeur, après avoir réchauffé nos doigts engourdis au bon feu que les soldats avaient allumé, nous partîmes tous de compagnie; il fallait continuer notre route malgré l'orage. La grêle ne tombait plus, le tonnerre s'éloignait, mais il pleuvait toujours. Enfin, avec beaucoup de peine et la fatigue que donne un premier jour de marche à ceux qui, comme nous, n'ont pas l'habitude de voyager à pied, nous arrivâmes à Bidard, petit village à deux lieues de Bayonne, où nous fûmes contraints de coucher, n'ayant pas le courage d'aller jusqu'au lieu marqué pour l'étape. Ne voilà-t-il pas des lurons bien déterminés?

Le lendemain, nous dînâmes à Saint-Jean-de-Luz. A quatre heures après midi nous étions sur le pont de la Bidassoa qui sépare la France de l'Espagne. A cette époque le pont était encore gardé par des Espagnols du côté d'Irum et par des Français du côté de Bidard. Malgré la violence de la tempête je m'arrêtai quelques instans sur le pont. Là, jetant mes regards sur la France je lui adressai de nouveaux adieux. Un secret pressentiment semblait m'annoncer tout ce qui devait m'arriver sur le sol étranger. J'hésitais, je ne pouvais me décider à me porter en avant pour franchir la limite de ma patrie et m'éloigner de tout ce qui était cher à mon cœur, pour long-temps!..... peut-être pour toujours! Une voix intérieure m'engageait à revenir sur mes pas; mais le devoir parlait en maître, j'obéis et j'attaquai fièrement le *partir conviene*, *l'onor mi chiama*, refrain obligé des héros de Paër et de Cimarosa. Rossini se préparait sans doute à mettre des variations sur les mêmes hémistiches qui sont le fond de la langue des guerriers d'opéra; mais comme cet ingénieux compositeur ne brillait point encore sur l'horizon musical, je dus avoir recours à l'ancien répertoire.

Les derniers villages de France se dérobent bientôt à ma vue, et le bruit criard des charrettes biscayennes m'annonce que je suis en pays étranger. Ces petites voitures rustiques sont traînées par deux bœufs, elles reposent sur des roues en bois plein et fixées à l'essieu qui tourne avec les roues, cela rend le frottement plus fort et plus étendu, de là vient ce bruit désagréable et continuel qui signale la marche de ces charrettes; on l'entend de très loin, il avertit les douaniers de l'approche des convois et rend ainsi la contrebande plus difficile. Cette raison s'oppose au perfectionnement du véhicule campagnard, les paysans qui le conduisent paraissent très pauvres, ils sont mal vêtus, quelques-uns même n'ont pas de chaussure. Les cloches d'Irum ont frappé notre oreille, d'épais brouillards nous empêchent de voir cette ville où nous entrons à huit heures de la nuit, gelés, morfondus et mouillés comme des canards.

Nous partîmes d'Irum le 27, couché à Hernani; le 28 à Tolosa où nous arrivâmes de bonne heure. Après avoir reconnu nos logemens, nous entrâmes dans un café. C'est là que, pour la première fois, j'ai vu des prêtres jouer au billard, fumer et boire de l'eau-de-vie dans un lieu public. Cela nous surprit un peu; mais on nous dit qu'en Espagne cet usage était reçu. Ces bons pères ne se gênent pas, on leur défend seulement les plaisirs permis.

Nous couchons le 29 à Mondragon, le 30 à Vittoria; nous devions séjourner dans cette dernière ville, mais un fort détachement se mettait en marche le lendemain pour se rendre au 2ᵉ corps. Notre destination était la même, il est agréable de voyager en compagnie, et notre petite troupe se joignit avec plaisir à la cohorte qui pouvait la protéger en cas d'accident. Le 31 couché à Miranda de Ebro, le 1ᵉʳ février à Pamorbo, le 2 à Quinta-Napalla, le 3 à Briviesca, le 4 à Burgos, le 5 à Celada, le 6 à Torquemada, le 7 à Dueñas, le 8 à Valladolid. Nous étions accoutumés aux longues marches et nous supportions la fatigue comme de vieux soldats.

Avant d'arriver à Dueñas, nous fîmes halte à une *venta*, auberge du pays. Quelques muletiers y déjeûnaient et mangeaient dans la poêle à frire le *guisado*, ragoût qu'on leur avait apprêté, c'est encore un usage espagnol. Nous demandons à dîner, l'aubergiste répond qu'il est prêt à nous servir, mais qu'il faut absolument attendre que ces messieurs aient fini : notre *guisado* devait être préparé, servi et mangé dans la même poêle que les muletiers tenaient par la queue. Nous préférâmes un morceau de fromage au brouet du cuisinier espagnol.

Pendant que nous prenions ce modeste repas, une famille entière débarqua devant l'auberge, elle allait de Valladolid à Burgos. Les femmes étaient dans une *galera*, charrette à quatre roues, les hommes suivaient sur des mules. Trois dames assez jolies et une femme de chambre sortirent de la galère traînée par deux mules conduites par un paysan. Ce singulier cocher, assis sur le devant de la voiture, dirigeait ses mules sans rênes et seulement avec la voix et un bâton. Ces voyageurs prirent dans la galère les provisions qui leur étaient nécessaires pour déjeûner, elles consistaient en pain, riz et lard. Le vin était dans une *bota*, outre de peau de bouc. Ils préparèrent eux-mêmes leur repas dans la poêle des muletiers, se mirent à table, maîtres et valets, et tout le monde mangea de bon appétit, chacun puisant à son tour dans la poêle et buvant à la même *bota* ; on ne se sert pas de verres dans ce pays.

De grandes outres servent à transporter le vin, d'autres plus petites et de la forme d'un sac à plomb servent à l'usage des repas. Elles sont toutes enduites de goudron en dedans, une embouchure de bois est adaptée à leur ouverture ; le vin d'Espagne a toujours un goût de résine que le goudron lui communique. Tout le monde indistinctement boit à la même *bota*, mais ils boivent *à la catalane.* En prenant la *bota* d'une main ils l'élèvent aussi haut que possible, la pressent, et, de cette hauteur, ils font tomber le liquide dans leur bouche, laquelle, par ce moyen, ne touche point à l'embouchure. Il est très curieux de voir une table d'Espagnols boire l'un après l'autre à la régalade. Ils sont tellement adroits à cet exercice que, de la plus grande hauteur où leur bras puisse atteindre, ils ne laissent pas tomber une goutte sur leur visage ou sur leurs vêtemens.

En rôdant autour de la galère de ces dames je vis des malles et deux énormes paquets enveloppés de cuir en forme de valises ; c'étaient les matelas, draps de lit, couvertures, oreillers de toute la famille; il faut nécessairement prendre ces précautions dans un pays où l'on ne trouve rien dans les auberges.

Valladolid est situé dans une plaine, sur le

bord du Duero, cette ville est grande, mal bâtie, très irrégulière, très sale, et n'offre aucun agrément aux voyageurs. Ses habitans sont, après ceux de Madrid, les plus brigands de la Péninsule.

Je vais donner une idée des auberges que l'on rencontre sur les grandes routes d'Espagne et même dans les villes. On entre par un hangard qui sert d'écurie; on le traverse au risque d'attraper quelque ruade en passant, et l'on arrive à la cuisine. On donne ce nom à un réduit obscur, de dix à douze pieds carrés, qui ne reçoit le jour que par un trou fait au plafond. Le foyer est au milieu; la fumée du feu et des viandes que l'on fait griller, après avoir séjourné quelque temps dans cette petite pièce, finit par s'échapper par en haut. Le trou dont je viens de parler sert à introduire les rayons du soleil et à donner passage aux tourbillons de fumée qui obscurcissent constamment cette puante officine. L'hôte, l'hôtesse et leur famille sont assis sur des bancs de pierre placés le long des murs de la cuisine, ils se chauffent et se peignent, c'est leur occupation ordinaire. On ne trouve jamais rien à manger dans ces auberges, mais on s'empresse de vous indiquer les maisons où l'on vend du pain, des légumes, de la viande, du gibier, des fruits, du sel, du poivre, de l'huile et tous les autres comestibles nécessaires pour le repas. Il faut aller soi-même en tournée pour faire ces diverses acquisitions et les apporter à l'hôte qui, avec ses mains d'une saleté dégoûtante, vous prépare un ragoût, une soupe, un rôti. Tout est cuit dans une poêle à frire, la soupe même.

Quand le dîner est prêt, on le sert sur-le-champ, en posant la poêle sur une table de pierre qui peut à peine la contenir, et qui est beaucoup plus basse que les chaises sur lesquelles on est assis. Par cet ingénieux moyen chaque convive peut, sans se déranger, puiser à la source commune.

Émules de Grimod, élèves de Savarin, dégustateurs friands, *dilettanti di prima sfera,* qui peuplez les salons de Lointier et de Grignon, et vous, classiques gastronomes qui regardez le dîner sans façon comme une perfidie, et qui, sur la foi du satirique Boileau, pensez encore que Mignot était l'empoisonneur par excellence; quel nom donneriez-vous au brouet espagnol, au traître qui vous l'offrirait? Si ces hôtes barbares ignorent les premiers élémens d'un art précieux pour l'humanité, je dois leur rendre justice sur un point essentiel; le dîner arrive du foyer sur la table avec une vitesse sans exemple dans nos meilleures maisons, et le précepte, *servez chaud*, ne fut jamais observé plus rigoureusement. La fumée est si épaisse dans ces cuisines espagnoles, que l'on ne peut pas voir autour de soi. Faut-il se coucher? Le banc sur lequel on était assis devient le lit des voyageurs. Chacun se repose sur le matelas qu'il a apporté, celui qui a négligé de prendre cette précaution couche par terre. Après avoir fait un souper détestable, après avoir passé une nuit sur la dure, on croit en être quitte à bon marché; point du tout, il en coûte fort cher pour être reçu de cette manière; car on vous fait payer même le bruit (*el ruido de casa*).

Je joignis à Valladolid le deuxième corps d'observation de la Gironde, il y resta jusqu'au 17 mars. Le 15, on fit la petite guerre dans une plaine voisine de la ville, et le général de division Malher y fut tué par la baguette qu'un soldat avait laissée imprudemment dans le canon de son fusil. On fit, sur-le-champ, l'inspection des armes pour découvrir le coupable ou du moins le maladroit; dix-huit baguettes manquaient dans la ligne dont les coups s'étaient dirigés vers le général. Il est vrai que les corps qu'on exerçait se composaient presque en totalité de conscrits. Malher fut la première victime immolée sur une terre qui bientôt devait être arrosée du sang français.

Je pars de Valladolid, le 17, avec le deuxième corps, et nous allons à Valdestillas; le 18, à Olmedo; le 20, à Villacastin. Le lendemain, nous dînons à la venta *de san Rafael*, cette auberge est au pied de la Sierra de Guadarama, montagne très élevée qui sépare les deux Castilles. La route qui mène à Madrid est fort belle et d'une pente très rapide; nous passons la montagne après midi, et nous arrivons le soir à Guadarama; nous restons cinq jours dans ce mauvais village, et nous nous rendons ensuite à l'Escorial (1).

Cette petite ville est bâtie au pied de la montagne à deux lieues de Guadarama, sur la droite et à sept lieues de Madrid: c'est un *sitio real*, maison royale. Elle n'offre de remarquable que le couvent de *San Lorenzo*, le plus vaste, le

---

(1) *Escorial*, en espagnol, signifie un tas de scories; il est singulier que l'on ait donné à plusieurs palais, destinés à l'habitation des souverains, des noms bizarres, quelquefois ignobles et qui se rapportent au terrain sur lequel ces édifices ont été construits. En France, le palais des rois est désigné sous le nom vulgaire des Tuileries, parce qu'on faisait des tuiles sur le lieu où il a été bâti par Catherine de Médicis. Une belle promenade d'Athènes portait le même nom, le Céramique était les Tuileries des contemporains de Socrate et de Périclès.

plus beau, le plus riche de l'Espagne, où l'on trouve tant de couvens. Philippe II le fit construire en mémoire de la bataille de Saint-Quentin, donnée le 10 août, jour de la fête de saint Laurent. Si la magnificence de cet *ex voto* doit faire juger de la peur que Philippe eut à la bataille de Saint-Quentin, on peut croire qu'elle fut grande. Un prédicateur italien commença le panégyrique de saint Laurent par cet exorde burlesque : *Che sento ? La frittata ? nò. La bollita ? nò, nò. L'arrostita ? si, sento l'arrostita di quel beato Lorenzo.* L'architecte du couvent de l'Escorial voulut aussi faire de l'esprit en traçant le plan de cet édifice, dont les diverses galeries représentent un gril renversé; la queue est tournée du côté de Madrid, quatre grandes tours, placées à chaque angle figurent les pieds du gril, et la grande façade est placée vis-à-vis la montagne qui est un prolongement de la Sierra de Guadarama. Le plus grand nombre des Espagnols regardent le couvent de *San Lorenzo* comme la huitième merveille, et même comme la seule merveille du monde. Quelques critiques se sont obstinés à n'y voir qu'une masse énorme, confuse, lourde et monotone de pierres sans goût et sans élégance. J'éviterai l'un et l'autre excès en disant que ce monastère, sans être une merveille est cependant un édifice imposant et majestueux par son immensité, étonnant par les richesses qu'il renferme, et remarquable par la beauté et par la régularité de son exécution.

L'église de l'Escorial est de la plus grande beauté, on y voit des tableaux des premiers maîtres de l'école italienne et de l'école espagnole. Les tombeaux des rois d'Espagne sont placés dans un souterrain où l'on descend par un escalier en marbre. Une lampe éclaire constamment ce séjour de la mort dont l'austère magnificence frappe d'admiration et de terreur. Les tombeaux, d'une parfaite égalité de forme et d'ornemens, sont placés le long des murs et sur plusieurs rangs, qui s'élèvent l'un au-dessus de l'autre. Ils portent chacun, sur un écusson placé au milieu, le nom du roi dont ils renferment les dépouilles mortelles. Les tombeaux vides sont ornés du même cartouche sans inscription (1). Lorsque l'on sort de

(1) Avant de faire construire le superbe château de Versailles, Louis XIV avait eu le projet d'établir sa nouvelle maison royale sur la côte de Chennevières-sur-Marne; on sait que ce monarque ne voulut point fixer sa résidence à Saint-Germain, à cause du voisinage de Saint-Denis. Les tours de l'abbaye où reposent nos rois terminaient l'horizon d'une manière peu agréable pour un souverain livré au plaisir et qui n'envisageait pas les fins de l'homme avec le courage

ce vaste souterrain on éprouve une grande satisfaction en rentrant dans l'église, on la trouve encore plus belle et plus majestueuse. On y revoit avec un nouveau sentiment d'admiration les superbes mausolées de Charles V et de Philippe II, placés à droite et à gauche du maître-autel, leurs statues en marbre blanc se dessinent sur un fond noir en marbre. Le dôme d'une hauteur prodigieuse est enrichi de belles peintures à fresque, représentant le Père Éternel au milieu de la cour céleste.

La bibliothèque est très riche en livres rares; elle contient plus de cinquante mille volumes, qui sont placés à rebours dans les rayons, le dos en dedans, et quatre mille trois cents manuscrits, dont dix-huit cent cinq sont écrits en arabe. Quelques Espagnols assurent que l'on y conserve des manuscrits anté-diluviens, ainsi qu'une cruche de terre qui servit jadis aux noces de Cana. Le moine qui me montra avec beaucoup de complaisance les choses curieuses que possède ce magnifique monastère, ne m'en parla pas.

---

du philosophe. Philippe II allait se *solacier et s'esbattre* au premier étage d'un palais dont les squelettes de ses ancêtres garnissaient le rez-de-chaussée.

Le couvent de *San Lorenzo* est habité par des Hiéronimites, ils portent une robe blanche et un manteau noir. Philippe II, ayant été obligé de faire canonner un couvent de moines de cet ordre qui se trouvait dans une ville qu'il assiégeait, voulut se réconcilier avec leur patron, en établissant pompeusement les Hiéronimites à l'Escorial. Ce couvent jouit des priviléges les plus étendus; ses moines sont choisis dans les premières familles du royaume (1); leur nombre est fixé à deux cents; le roi vient habiter parmi ces religieux, il occupe des appartemens qui lui sont réservés. Je remarquai, parmi les objets précieux que nous montra le supérieur du couvent, une médaille d'or à l'effigie de Napoléon; il paraissait attacher beaucoup de prix à ce présent qu'il tenait des mains de l'empereur. Il est vrai qu'à cette époque l'Espagne était encore notre alliée; elle ne devint notre ennemie que quelques jours plus tard.

(1) Les ordres religieux sont divisés en deux classes : les *Monges* et les *Frayles*. Les premiers sont les plus riches, les plus éclairés, composés de sujets d'une naissance plus élevée. Les autres sont les plus nombreux, les plus ignorans, les plus chers au peuple, dans le sein duquel ils se recrutent et vivent. Les Provençaux ont adopté le mot espagnol *Monges*, mais il leur sert à désigner les religieuses.

Pendant notre séjour à l'Escorial, un chirurgien attaché à l'armée française tira sur une cigogne et la blessa; elle tomba près de la ville, quelque paysans s'empressèrent de la ramasser. Cet événement causa une rumeur soudaine dans le pays : la cigogne fut pansée et portée dans son nid. On mit aux arrêts le chasseur imprudent, pour prévenir les suites d'une émeute populaire dont il aurait été la première victime. Les cigognes sont en vénération en Espagne, on a pour ces oiseaux une sorte de respect religieux. Serait-ce parce qu'elles nichent sur les églises et surtout sur les clochers, ou bien à cause des services qu'elles rendent à l'homme, en détruisant les reptiles et d'autres animaux malfaisans? La même protection est accordée aux cigognes dans les Pays-Bas, que les Espagnols ont tenus long-temps sous leur domination.

Des parcs immenses habités par de nombreux troupeaux de cerfs, de daims, de chevreuils; des vallons pittoresques, des bois, des jardins magnifiques rendent l'Escorial fort agréable pour un amateur des plaisirs champêtres. Après avoir passé quelques jours dans cette délicieuse habitation, je partis pour Madrid le 3 avril, avec Parmentier, mon ami intime (1). Nous n'avions pas d'ordre pour y aller, la curiosité seule nous fit entreprendre ce voyage.

(1) Neveu du célèbre Parmentier, membre de l'Institut.

CHAPITRE II.

Madrid. — *La Puerta del Sol.* — *La Fontana de Oro.* — Emmanuel Godoy. — Le prince des Asturies. — Églises. — Le *Prado.* — *El Buen Retiro.* — Jardins. — *Serenos.* — Le Burlesque.

De l'Escorial à Madrid, la route est très belle ; après avoir suivi les sinuosités de la montagne, on ne s'écarte presque plus de la ligne droite. Placé sur une éminence qui domine la campagne, le palais du roi vous a déjà signalé Madrid, quand un poteau vous montre que cette ville est encore éloignée de sept lieues. Après une heure de marche, un autre poteau milliaire annonce qu'il ne vous reste plus que six lieues et demie à parcourir. Les lieues d'Espagne sont très longues : il est vrai que les routes sont fort spacieuses et bien entretenues ; des poteaux placés de demi-lieue en demi-lieue marquent la distance où l'on se trouve de la capitale. Les Espagnols sont casaniers et ne voyagent pas autant que les autres peuples de l'Europe. Madrid est la plus belle cité de l'Espagne ; elle ne pourrait être rangée en

France que parmi les villes du second ordre : sa population est de cent quatre-vingt mille habitans, environ. Cette capitale s'élève sur les bords du Manzanarès, petite rivière que l'on passe à pied sec pendant neuf mois de l'année, et sur laquelle on a bâti de superbes ponts. Les plaisans disent, à ce sujet, que l'on a vendu l'eau de la rivière pour faire construire les ponts.

J'étais logé chez don Domingo Alonzo, libraire attaché à la direction de la bibliothèque du roi. La maison de don Alonzo a deux façades, dont la principale est sur la *Calle Mayor*, près de la *Puerta del Sol;* c'est là que les politiques viennent lire les journaux. Les nouvelles commençaient à présenter beaucoup d'intérêt; c'était l'époque de la fameuse révolution d'Aranjuez. Le peuple mécontent s'était emparé de la personne de Godoy, qui portait le titre fastueux de prince de la Paix, et avait arraché le sceptre de Charles IV, pour le confier à Ferdinand VII, fils de ce monarque. Ce changement fut fait en un moment. Comme nous étions alors dans les environs de Madrid, les Espagnols ne doutèrent pas que nous ne fussions venus tout exprès pour préparer et soutenir cette révolution. On détestait Godoy, Ferdinand était aimé de tout le monde, il n'en

fallait pas davantage pour nous faire aimer aussi.
Les Français étaient très bien reçus partout : *Viva
Fernando ! Viva Napoleon ! Viva Francia y España !* tels étaient les cris de joie du peuple espagnol. J'ai été témoin des transports de plaisir
qu'il fit éclater alors, et de sa douleur profonde
lorsque, par une ruse indigne d'un grand homme,
Ferdinand, ce prince chéri, leur fut enlevé.

La *Calle Mayor* conduit au palais du roi ; elle
est ornée d'arcades et de magasins. Les rues de
Toledo, d'*Atocha*, *del Prado*, de *San Jeronimo*,
sont fort belles, longues, larges, bien alignées.
Celle d'*Alcala* l'emporte sur toutes : on la trouve
en arrivant par la porte du même nom ; elle est
droite depuis le *Prado* jusqu'à *la Puerta del Sol*:
elle est assez large pour donner passage à dix carrosses de front. *La Puerta del Sol,* Porte du Soleil, est une grande étoile où viennent s'ouvrir
cinq des plus belles rues de Madrid ; elle est ornée d'une fontaine circulaire : c'est le lieu le plus
fréquenté de la ville, et le point de réunion des
oisifs, des curieux et des nouvellistes. *La Fontana
de Oro,* que plusieurs événemens ont rendue célèbre, est un hôtel garni, de belle apparence, qui
renferme un café et des salons de restaurateur où
l'on est très bien servi à la carte. La cuisine fran-

çaise commençait à s'y introduire. C'est l'établissement de ce genre le plus grand, le plus complet et du meilleur goût qu'il y ait à Madrid. Les *mesones*, les *posadas*, qui sont les auberges du pays, ne peuvent être comparées qu'à nos plus mauvais cabarets, et ne sont point habitables. Tous les étrangers d'un certain rang descendent à *la Fontana de Oro*, et les gens aisés de la ville, qui n'ont pas de maison montée, s'y rendent constamment pour y prendre leurs repas. Il n'est pas étonnant que cet hôtel ait été, dans plusieurs circonstances, le foyer des émeutes et des conspirations; beaucoup d'officiers français y trouvèrent la mort lors de l'insurrection du 2 mai. Pendant le règne de la constitution, on y chantait le fameux *Trágala*, on y chansonnait les royalistes. Après le retour de Ferdinand VII, *la Fontana de Oro* subit le sort du café Montansier; on se vengea sur les meubles, les glaces et les vitres, de l'insolence des constitutionnels : chacun prend son plaisir où il le trouve, dit un vieux proverbe, et la vengeance est un plaisir. Turcaret brisait les porcelaines de son infidèle, pour lui en donner ensuite de plus belles; et Don Quichotte vengea l'honneur offensé du paladin Galiferos, en pulvérisant les héros de carton d'un théâtre de marionnettes.

La Plaza Mayor forme un carré long et régulier au centre de la ville; un portique règne tout autour, et supporte des maisons uniformes, ornées de balcons de fer. Cette place est le centre du commerce; elle est encore le lieu où l'on donne les fêtes publiques, les courses de taureaux dont le roi gratifie ses sujets. Le coup-d'œil en est alors superbe; les décorations les plus riches l'embellissent, tous les balcons sont remplis de spectateurs, et les illuminations y produisent ensuite un effet enchanteur. Madrid est une ville qui n'était pas connue dans les temps reculés; on ne doit point y chercher d'antiquités : le palais du roi est fort beau; les églises sont peu remarquables, et ne présentent point ce luxe d'architecture et d'ornement qu'elles ont dans une grande partie de l'Espagne.

Je parcourais Madrid avec Parmentier : le calme le plus profond régnait dans cette capitale; l'air n'était point agité par les cloches, dont l'énorme quantité et le mouvement perpétuel, ou peu s'en faut, produisent un vacarme assourdissant. La garde montante des Espagnols, en allant relever ses postes, portait les armes renversées, et marchait en silence. C'était le jeudi-saint; les fidèles se rendaient en foule aux églises : les hommes enveloppés dans leurs manteaux, de couleur brune le plus généralement; les femmes *con saya y mantilla*; presque toutes avaient le chapelet à la main, et marchaient avec beaucoup de décence et de recueillement; ce qui ne les empêchait pas de remarquer les aimables cavaliers qui se trouvaient par hasard auprès d'elles, et de leur faire des signes de l'œil ou bien avec l'éventail. Nous ne connaissions pas encore la ville; mais la foule, qui formait comme une procession d'une église à l'autre, nous guida vers les temples que nous voulions visiter aussi pendant cette solennité.

Les églises de Madrid se ressemblent entre elles, à peu de chose près; plusieurs fois nous avons cru rentrer dans celles que nous venions de quitter, et nous sommes revenus dans une église que nous avions déjà vue, sans en faire la remarque sur-le-champ. On compte à Madrid plus de cent églises; toutes celles que nous avons visitées étaient pleines : dans l'une on prêchait, dans l'autre on chantait l'office, et dans toutes on entendait le bourdonnement continuel des personnes qui entraient et qui sortaient. Les fenêtres sont fermées, et l'intérieur est éclairé par une grande quantité de cierges, dont la lumière porte un vif éclat sur les ornemens très riches, mais d'assez mauvais goût, qui décorent l'autel. Dans les églises de plusieurs couvens, on expose une statue coloriée qui représente l'*Ecce Homo* avec une effrayante vérité. Un moine reçoit les chapelets que les fidèles s'empressent de lui présenter; il fait toucher le chapelet à la statue, et le rend au fidèle, qui met son offrande dans un plat. Un écriteau vous annonce que le jour même on doit délivrer une ame du purgatoire; les murs sont chargés d'inscriptions de toutes les espèces, et signalent une infinité de miracles récens. En sortant, on est assailli par une foule de mendians, et plus loin les moines vous demandent de l'argent pour des prières. Les Espagnols font un grand nombre de signes de croix: un sur le front, pour se préserver des pensées coupables; un autre sur la bouche, afin qu'il n'en sorte pas de mauvaises paroles; un troisième sur la poitrine; un quatrième, général, qui couvre les précédens; enfin un cinquième très petit, en se baisant le pouce avec lequel ils ont fait tous les autres. Tous ces signes de croix sont renouvelés en entrant et en sortant d'une église : en faisant leur prière, ils se frappent rudement la poitrine avec le poing. Malgré tous ces signes extérieurs, nous trouvions qu'il n'y avait pas assez de décence et de recueillement parmi les fidèles, et même parmi les ministres de la religion : ceux-ci semblaient s'ennuyer à l'église, les autres paraissaient n'y venir que par force ou par habitude.

Le palais du roi et presque toutes les églises de Madrid et de Séville sont couverts de pigeons ramiers ; ces oiseaux y nichent dans des trous pratiqués dans les murs ; les cigognes habitent les clochers, et les sansonnets se rangent par troupes sur les nombreuses croix qui dominent le couvent de l'Escorial.

Le *Prado* est une promenade magnifique ; le roi y venait tous les soirs, il y était accueilli avec les transports de joie d'un peuple qui l'adorait et qui fondait sur lui toutes ses espérances. Les Espagnols se voyaient affranchis de la tyrannie du *charcutier* (1) Godoy qui, abusant de la faiblesse de Charles IV et des complaisances de la reine, gouvernait le royaume et le ruinait de fond en comble. Ce peuple généreux combattit avec opiniâtreté pour délivrer Ferdinand ; com-

---

(1) Dans l'Estrémadoure on élève beaucoup de cochons, et comme cette province fait un grand commerce de charcuterie, ses habitans sont appelés *choriceros*, charcutiers, par les Espagnols des autres contrées. Né à Badajoz dans l'Estrémadoure, Godoy reçut le sobriquet que l'on donne aux Estrémègnes, ses compatriotes.

ment a-t-il été récompensé par ce prince, lorsque les glaces de la Russie, plus puissantes que les *guerillas*, l'ont replacé sur le trône? Oubliant tout sentiment d'amour et de reconnaissance, Ferdinand s'est empressé de ressouder les chaînes que les Espagnols portaient encore quoique les Français eussent tenté de les briser; il a voulu les rendre plus pesantes, et s'est ouvert la voie qui l'a conduit à Cadix; s'il en est sorti, c'est par le secours de ces mêmes Français qui l'avaient détrôné.

Les équipages abondent au *Prado :* les voitures espagnoles sont lourdes, matérielles, antiques et de mauvais goût; elles sont traînées par des mules, quelques-unes par des chevaux noirs dont la crinière est tressée avec des cordons blancs. Une troupe de laquais figure derrière ces voitures : un de ces serviteurs se distingue des autres par son ridicule accoutrement; il est tellement chargé de galons, de franges et de plumets, qu'on le prendrait aisément pour le suisse d'une cathédrale, dont il porte le large baudrier et la longue rapière.

El Buen Retiro est un autre palais du roi, situé sur une éminence, à une extrémité de Madrid opposée à celle où se trouve le palais habité par le souverain. Le *Buen Retiro* est un édifice très ordinaire; il forme un carré régulier, flanqué d'une tourelle à chacun de ses quatre angles; il domine la ville et s'ouvre sur la promenade du *Prado*; il est entouré de jardins charmans : l'autre palais n'en a point. Un de ces jardins est décoré par la statue équestre de Philippe II : le coursier est représenté galopant. Le travail en est très beau, surtout celui du cheval. Le grand-duc de Berg avait fait fortifier le *Retiro*; je parlerai plus tard de ce poste de guerre. Non loin de là se trouve le Jardin des Plantes, qui contribue encore à l'embellissement du *Prado*. Ce jardin est entouré d'une grille de fer, et les promeneurs peuvent en admirer les beautés, lors même qu'ils ne sont point admis dans l'intérieur. Godoy avait enrichi cet établissement d'une infinité de plantes exotiques et rares qu'il voulait acclimater en Espagne : de semblables jardins avaient été créés par lui à Séville, à San Lucar de Barrameda, et dans d'autres villes. La haine que les Espagnols nourrissaient contre ce favori était si violente et si invétérée, qu'au moment de sa disgrace ils ne voulurent rien conserver de ce qu'ils tenaient directement de lui, malgré l'utilité reconnue de ses créations. Les superbes jardins de botanique de l'Andalousie furent à l'instant détruits, les serres démolies, les vitrages brisés, les plantes les plus précieuses arrachées. On respecta le jardin de Madrid, depuis long-temps fondé par les rois.

Le cabinet d'histoire naturelle de la capitale est très riche, en minéraux surtout : on y voit trois tam-tam indiens d'une admirable sonorité; deux sont entiers; il ne reste plus qu'un petit morceau du troisième, que le roi Charles III brisa d'un coup de poing, pour essayer sa force.

Les *serenos*, qui ont à Madrid les mêmes fonctions que les *wachtman* en Allemagne et en Angleterre, contribuent à la sûreté publique. Vers dix ou onze heures du soir, le *sereno* s'arme de ses pistolets, prend sa hallebarde, à laquelle il attache une lanterne allumée; enveloppé d'un manteau brun, la tête couverte de la *montera* ou d'un large chapeau, il parcourt lentement les rues du quartier qui lui est assigné, criant à chaque demi-heure et d'un ton lamentable, l'heure qu'il est, le temps qu'il fait, et ce qu'il voit. Il avertit les propriétaires ou les locataires des maisons dont on a laissé les portes ouvertes. Les *serenos* veillent sur les incendies, donnent de la lumière à ceux qui en demandent, conduisent et éclairent les étrangers qui se sont égarés, vont réveiller les personnes qui doivent partir à une heure marquée de la nuit. Si l'on a besoin des secours de la médecine ou de la religion, et que l'on n'ait pas de domestiques à envoyer, on appelle le *sereno*, qui va chercher le chirurgien, le médecin, la sage-femme, le confesseur, et même le notaire, si le malade veut faire son testament. Le *sereno* reçoit une rétribution volontaire, que les gens de son quartier lui donnent chaque semaine. Depuis leur établissement on a porté de prompts secours à des incendies dont les résultats auraient pu devenir funestes, le nombre des vols et des assassinats nocturnes est beaucoup moindre. On s'est accoutumé à les appeler *serenos*, parce que le ciel de l'Espagne étant presque toujours pur et serein, le mot *sereno* est leur cri le plus ordinaire. Quand un *sereno* a besoin d'aide pour empêcher un vol, ou pour arrêter des malfaiteurs, il avertit les autres *serenos* au moyen d'un coup de sifflet; ceux qui l'entendent accourent aussitôt pour lui prêter main-forte. Les *serenos* ont été établis d'abord à Valence, en 1777; je n'en ai vu qu'à Madrid; il y en a aussi à Barcelone.

Les *serenos* sont des gens fort utiles sans doute, mais ils dérangent très souvent les amoureux, qui se plaisent dans les ténèbres, à Madrid comme partout ailleurs. Depuis mon retour en France, l'administration municipale de Cavaillon a confié la police nocturne de cette ville à un *sereno* ou *wachtman*. Cet homme ayant nom le Burlesque, non pas à cause de ses fonctions, aperçoit dans l'ombre un garçon et une jeune fille qui cherchaient à se dérober aux regards des curieux. Leur conversation est mystérieuse, il en conclut qu'ils conspirent contre le salut de l'état; leurs débats s'animent, il pense que ce sont des voleurs qui se disputent en partageant leur butin : dans l'un ou l'autre cas, ces coureurs d'aventures ne lui paraissent pas moins dangereux. Le Burlesque veut signaler son entrée en fonctions par une action d'éclat, et, pour faire un exemple qui le rende redoutable, il arme son fusil, couche en joue les prétendus malfaiteurs; le feu prend, le coup part, et la balle, après avoir tranché le fil du colloque galant, s'enfonce dans le mur voisin. Les amoureux en furent quittes pour la peur; et, fort heureusement pour eux, le Burlesque n'avait pas autant d'adresse que de zèle.

Madrid n'était point notre poste. Nous avions seulement, Parmentier et moi, une autorisation verbale pour y passer quelques jours. Nous aurions bien voulu ne pas en sortir si tôt. Mais nos fonds commençaient à baisser, il était temps de se rendre le plus tôt possible à notre quartier-général, qui se trouvait alors à Aranjuez. On marche mieux quand on n'a pas d'argent, me dit Parmentier. — Oui, mais on dîne plus mal.

CHAPITRE III.

Aranjuez. — *La Casa del Labrador.* — Tolède. — Caverne d'Hercule. — Fortune prodigieuse du prince de la Paix. — Charles IV. — La reine. — Pepa Tudo. — Révolution d'Aranjuez. — Ferdinand VII. — Départ de la famille royale pour Bayonne. — Révolte des Madrilègues. — Journée du 2 mai. — Massacre, fusillade. — Le scapulaire. — Le diner, le duel et le testament.

Aranjuez est une petite ville située sur la rive gauche du Tage; c'est encore un *sitio real*, mais bien plus agréable que l'Escorial. L'art, plutôt que la nature, en a fait un séjour enchanteur. Des allées d'arbres touffus, plantés sur toutes les routes, offrent aux voyageurs un ombrage impénétrable aux rayons du soleil. Des jardins délicieux donnent sans cesse les fruits de l'automne et les fleurs du printemps; les bosquets d'orangers sont habités par des milliers d'oiseaux qui charment l'oreille et les yeux par la douceur de leur voix et le brillant éclat de leur plumage. Des poissons de toutes les couleurs se jouent dans les ruisseaux argentés qui serpentent dans la prairie; le daim, le chevreuil, se plaisent au milieu d'un parc immense dont les barrières sont trop éloignées pour les arrêter dans leur course vagabonde. Ces hôtes paisibles jouissent de toutes les douceurs de la liberté, et ne redoutent point les attaques des animaux féroces ni le plomb meurtrier du chasseur. Soumis à la volonté de l'homme, le Tage embellit et fertilise cette heureuse contrée; son onde prisonnière s'échappe par une infinité de canaux, s'élance dans les airs, se précipite en cascades, ou coule tranquillement au milieu des fleurs qui parent son rivage. Ce fleuve majestueux a toute l'impétuosité du torrent dans les lieux où les rochers opposent un obstacle à ses flots. Après de longs détours, il s'éloigne en grondant, et semble quitter à regret ce nouvel Eden pour diriger son cours vers la plaine de Tolède.

A travers les branches des peupliers et des acacias qui croissent dans ce parc, on aperçoit un petit château au milieu d'un jardin de fleurs; son humble toit s'élève à peine à la hauteur des arbres. C'est *la Casa del Labrador*, la Maison du Laboureur; cet édifice n'offre à l'extérieur qu'une élégante simplicité, il renferme ce qu'on peut voir de plus riche et du goût le plus exquis. Tout est petit dans ce palais en miniature; les artistes de France, d'Italie et d'Espagne ont travaillé à son embellissement. C'est à *la Casa del Labrador* que la famille royale se réunissait quelquefois pour déjeûner pendant la belle saison. C'est là que la reine venait promener ses appas surannés et goûter les charmes de la conversation du guitariste Godoy, ou réunir ses accens aux accords du nouveau Rizzio. On nous montra le berceau d'aubépine qui servit tant de fois d'asile à ce couple amoureux.

J'aurais voulu passer ma vie dans cet agréable séjour, où je chantai plus d'une fois la belle scène de l'*Armide de Gluck*, *Plus j'observe ces lieux, et plus je les admire*, et la jolie cavatine d'Orlandi, *Degl'augeletti al canto, al mormorio dell' onda;* mais j'appartenais au deuxième corps d'observation de la Gironde, il fallut le rejoindre à Tolède. Je partis le 26 avec Parmentier : nous allâmes coucher à une venta, et le lendemain de bonne heure Tolède nous reçut dans ses antiques murs.

Cette ville est célèbre dans l'histoire d'Espagne, bâtie sur un monticule qui forme une presqu'île au milieu du Tage, sa position est magnifique. Quelques monumens, tels que l'Alcazar, la casa de Vargas, l'église métropolitaine, se font remar-

3.

quer avec d'autant plus d'avantages que les autres édifices ne présentent rien de bien régulier et d'agréable à l'œil. Cette église ne doit être placée qu'au troisième ou quatrième rang parmi les superbes temples que l'on admire en Espagne; les cathédrales de Cordoue, de Séville et de Burgos sont encore plus belles. Le trésor de la métropole de Tolède renferme une infinité d'objets précieux et d'une immense richesse.

Dans l'église de *San Ginez* est une porte qui conduit à l'escalier par lequel on descendait dans *la cueva de Hércules,* la caverne d'Hercule. Le souterrain où Gil-Blas fut enfermé, la grotte de Montésinos où le valeureux chevalier des Lions vit tant de choses merveilleuses, ne sauraient être comparés à la caverne d'Hercule; celle-ci se prolonge jusqu'à trois lieues de Tolède, où elle s'ouvre du côté de Madrid. Je ne répéterai point ici les aventures extraordinaires, les étonnans prodiges dont on m'a fait le récit. Je conseille aux auteurs de mélodrames d'aller chercher dans ce vestibule de l'enfer des inspirations, des sujets qui feraient la fortune d'une académie de romantiques. La porte de cette caverne est murée du côté de l'église.

Nous parcourions l'Espagne en amateurs, visitant les monumens et les curiosités de ce pays, dont l'aspect, les mœurs, les usages, étaient si nouveaux pour des Français. Nos promenades sur les rives poétiques du Tage nous rappelaient de glorieux souvenirs et les exploits des héros qui avaient affranchi leur patrie de la domination des Maures. Un événement terrible vint nous enlever à ce doux repos, à ces illusions pleines de charme, et les dépêches de Madrid devinrent pour nous d'un plus grand intérêt que les vers de Camoëns et de Guillem de Castro. La révolution d'Aranjuez venait d'éclater; c'est un des épisodes les plus importans de la guerre d'Espagne; je n'en rapporterai cependant que les faits principaux, et les circonstances qui peuvent avoir échappé à nos historiens.

Favori d'un monarque faible, qui l'adorait, amant de la reine, Emmanuel Godoy, homme obscur, simple garde-du-corps, qui n'avait d'abord plu que par ses formes athlétiques, et par un talent médiocre pour chanter et jouer de la guitare, gouvernait l'Espagne au nom de son maître ou de sa maîtresse. Duc de la Alcudia, ministre, prince de la Paix, tous les honneurs étaient prodigués à cet aventurier sans talens, sans instruction, sans courage, et qui n'avait d'autre titre pour y prétendre que la passion scandaleuse que la reine avait pour lui, et qu'elle ne rougissait pas d'avouer. Tandis que le bon Charles IV s'amusait à jouer les quintettes de Boccherini, et se laissait diriger par deux confesseurs, son ami Godoy le trahissait en travaillant pour son propre compte ou pour celui de Napoléon. Plusieurs disent que l'empereur attrapa Godoy, d'autres pensent le contraire : mon avis est qu'ils se sont attrapés mutuellement.

La fortune prodigieuse que Godoy tenait des libéralités de la reine et de l'imbécillité du roi, les rapines de cet insolent parvenu, ses ignobles opérations commerciales, son infâme vénalité, les vexations de toute espèce qu'il exerçait pour augmenter encore ses possessions, ses titres et son crédit, le joug qu'il avait imposé aux Espagnols et qu'il voulait faire peser sur l'héritier présomptif de la couronne, avaient porté le peuple au dernier degré d'exaspération. L'épouse de Ferdinand venait d'être enlevée par une mort un peu trop prompte, et cette fin prématurée avait excité de violens soupçons: on accusait hautement Godoy d'un crime affreux ; on ne l'accusait pas seul. Ferdinand, qui connaissait parfaitement les intrigues d'une cour corrompue (1), avait pu penser, peut-être même dans l'excès de son indignation avait-il pu donner à sa mère des qualifications qu'elle méritait. Napoléon rappela ces propos au malheureux Ferdinand quand celui-ci fut tombé dans le piége qu'on lui tendait alors. L'empereur voulait encore appuyer par des argumens injurieux une usurpation qui n'avait d'autre droit que celui du plus fort. « Si votre mère est ce que vous dites qu'elle est, vous n'avez aucun droit au trône; je puis donc vous en faire descendre. »

Napoléon avait fait proposer à Charles IV d'échanger le Portugal contre les provinces au nord de l'Ebre, afin d'épargner l'inconvénient d'un chemin militaire à travers la Castille. Cette proposition insidieuse, et beaucoup d'autres que je ne rapporterai point, firent pénétrer les desseins secrets de l'empereur, et le projet qu'il avait formé de disposer à son gré de toute la Péninsule.

(1) Marié avec une princesse de la maison de Bourbon, nièce du roi Charles IV; amant reconnu de la reine, Godoy entretenait publiquement une fille, Pepa Tudo, dont il eut deux enfans, et qu'il fit comtesse de Castillefiel. On assurait que ce favori, déjà marié avant son élévation, avait abandonné sa femme et s'était rendu coupable du crime de bigamie pour épouser Marie-Thérèse de Bourbon, dont les enfans pouvaient un jour être appelés au trône.

Godoy, qui ne songeait qu'à mettre sa personne et sa fortune en sûreté, conseilla à Charles IV et à la reine de se réfugier en Amérique avec toute la famille royale. On fit des préparatifs pour cette émigration; le peuple en fut instruit, et sut en même temps que le prince de Asturies, son frère D. Carlos, son oncle D. Antonio, s'étaient prononcés ouvertement contre le voyage. Les habitans d'Aranjuez et des environs accoururent pour savoir s'il était vrai que leur souverain voulait les abandonner : le roi les rassura par sa proclamation donnée à Aranjuez le 16 mars. On continuait pourtant à charger des malles, les relais étaient préparés sur la route de Séville. Le prince des Asturies dit aux gardes-du-corps, en traversant la salle dans laquelle ils se tenaient : « Le prince de la Paix est un traître, il veut emmener mon père; empêchez-le de partir. » Ce propos courut de bouche en bouche, le peuple surveillait la maison de Godoy; on y entend du bruit, on accourt, des voix crient *vive le Roi! meure Godoy!* et les mêmes cris sont répétés à Madrid le 18, quand on apprend ce qui s'était passé à Aranjuez. La foule mutinée se précipita vers le palais du prince de la Paix, ainsi que dans les maisons habitées par ses parens et ses amis dévoués. Elle cassa les vitres, jeta les meubles par les fenêtres, et les brûla sur les places publiques; le trouble et le pillage durèrent pendant deux jours. Les bustes du favori furent attachés à des gibets, ses portraits jetés dans les égoûts; dans plusieurs villes on chanta le *Te Deum*, on fit des feux de joie, et la chute de Godoy fut célébrée par des fêtes publiques. Ce vil et stupide coquin parvint cependant à se dérober à la fureur des assaillans; on croyait qu'il avait pris la fuite vers l'Andalousie à la faveur d'un déguisement. Il fut découvert le 19 dans un grenier de sa maison, blotti derrière des nattes: il y avait passé trente-huit heures sans boire ni manger. Chargé de coups, accablé d'injures, les gardes-du-corps eurent beaucoup de peine à l'arracher des mains du peuple; ils le conduisirent dans leur quartier, et l'émeute ne s'apaisa que quand on eut promis au peuple que Godoy serait livré à la justice.

Charles IV dépouilla son favori des charges de généralissime et de grand-amiral, déclarant qu'il était dans l'intention de commander lui-même ses armées de terre et de mer. Il abdiqua deux jours après, et le prince des Asturies se fit proclamer roi sur-le-champ, sous le nom de Ferdinand VII. Le premier acte de son autorité fut de confisquer les biens de Godoy, d'abolir ses honneurs et de donner l'ordre pour qu'on lui fît son procès. Le nouveau roi rappela auprès de sa personne et combla de faveurs ses amis, qui avaient été exilés l'année précédente à l'instigation du prince de la Paix.

Les Espagnols nous bénissaient et nous attribuaient cette heureuse révolution d'Aranjuez, à laquelle pourtant nous n'avions pris aucune part. Ferdinand venait d'être élevé sur le trône, aimé pour ses vertus, ce prince était l'objet de l'intérêt le plus vif et le plus tendre : il avait été malheureux. Le peuple fit éclater des transports de joie qui tenaient du délire : on criait en même temps *vive Ferdinand! vive Napoléon!*

Persuadés que cet événement était dû à la présence de l'armée française, les Espagnols s'attendaient à voir pendre Godoy. On nous demandait tous les jours : « Quand est-ce qu'on le pendra? pourquoi différer? On ne saurait nous donner un spectacle plus satisfaisant, une marque d'amitié plus délicate. » En politique habile, Napoléon n'aurait pas dû négliger ce moyen de conquérir l'affection et le dévoûment des Espagnols. Il l'eût employé sans doute s'il avait été alors à Madrid, et s'il avait pu connaître l'esprit du peuple. Murat commandait l'armée française; Murat était un brave, et n'entendait rien aux opérations d'une diplomatie adroite. Quoi qu'il en soit, Godoy ne fut point attaché au gibet, et le peuple de Madrid en éprouva le plus grand déplaisir. Le prince de la Paix fut gardé avec soin pour le préserver de la fureur de ses ennemis, et quand on l'eut guéri de ses blessures, on le conduisit en France bien escorté : il devait y continuer encore à jouer son rôle de traître.

Les Espagnols firent de sérieuses réflexions sur ce départ; leur enthousiasme se refroidit peu à peu, et l'on commença à se méfier de nous. La mèche était éventée, Napoléon résolut de s'emparer de la personne du roi Ferdinand VII, afin de rendre la conquête de l'Espagne plus facile. Il ne pouvait le faire ouvertement et de vive force, il eut recours à la ruse.

L'empereur fit dire à Ferdinand qu'il viendrait à Madrid le voir et le complimenter sur son avénement à la couronne; il lui fit présenter par un chambellan douze chevaux de la plus grande beauté. Pour prolonger la sécurité espagnole et faire croire à ce voyage, Napoléon envoya à Madrid une partie de sa maison pour préparer les appartemens qu'il devait y occuper. On rencontrait dans les rues de cette capitale des valets portant la livrée de l'empereur, et le peuple attendait avec impatience le jour heureux où les deux souverains devaient se donner le baiser de paix et se jurer une amitié constante et réciproque. Ce jour pourtant n'arrivait pas, et les agens de Bonaparte insinuèrent adroitement au roi qu'il convenait au plus jeune de faire les premiers pas et d'aller à la rencontre de son illustre ami. Le bonhomme donna dans le panneau, se décida sans peine, et partit pour Valladolid, croyant y trouver son *ami*. Cet ami n'était pas encore arrivé, on engagea Ferdinand à pousser jusqu'à Burgos ; Napoléon ne se montra pas plus diligent. On renouvela l'invitation, dans l'espérance que l'entrevue, tant désirée par ce prince trop confiant et trop crédule, aurait lieu à Vittoria. L'absence de son ami jeta Ferdinand dans l'incertitude la plus cruelle ; il s'aperçut, mais un peu tard, de la sottise qu'il avait faite : il voulut revenir sur ses pas, la retraite était impossible, et le général Savary lui signifia l'ordre de se rendre à Bayonne.

Les témoignages flatteurs d'amour et de dévoûment, les transports de la joie la plus vive avaient signalé le passage du prince dans toutes les villes qui se trouvaient sur le chemin. Les Espagnols désiraient ardemment de connaître le résultat de l'accolade fraternelle des deux souverains amis. Quelle fut la surprise et l'indignation du peuple, quand il apprit que son roi bien aimé était retenu prisonnier en France ! Après avoir enlevé Ferdinand, Napoléon voulut s'emparer des autres membres de la famille royale. Ce fut le départ de l'infant D. Francisco de Paula qui fit éclater la révolte du 2 mai. Ce prince, enfermé dans une voiture attelée de six chevaux, escortée par un détachement des chasseurs de la garde impériale, traversait Madrid. Une femme sort d'une maison, se précipite au milieu de la rue, armée d'un tranchet de cordonnier, et coupe les traits d'un des chevaux de la voiture. Un coup de carabine, tiré par un éclaireur de l'escorte, la renverse morte sur le pavé, et l'infant poursuit rapidement sa route vers Bayonne.

Ce coup de carabine fut le signal de la révolte. Les Français qui se trouvaient alors dans les rues de Madrid, dans les promenades, dans les cafés, furent massacrés impitoyablement. Le peuple s'acharnait surtout contre les mameluks de la garde, à cause de leur habit qui lui rappelait celui des Maures ; d'ailleurs il s'estimait heureux de frapper d'un seul coup un Français et un musulman. L'armée était campée hors de la ville; il n'y avait dans Madrid que des soldats sans armes allant en corvée, ou des officiers et des non combattans logés chez les habitans; il ne faut pas s'étonner si les Espagnols triomphèrent d'abord. A la première nouvelle de la révolte, Murat dépêcha un de ses aides-de-camp à l'armée; on fit entrer des pièces de canon et quelques régimens d'infanterie et de cavalerie, la chance tourna. Les Espagnols furent à leur tour sabrés et mitraillés, une batterie pointée à l'extrémité de la belle rue d'Alcala fit un ravage affreux. Daoïz et Velarde, officiers d'artillerie espagnols, firent des prodiges de valeur et furent tués sur les pièces qu'ils dirigeaient contre nous. On établit sur-le-champ des postes dans tous les carrefours et sur toutes les places; on arrêtait ceux qui se présentaient pour passer, et s'ils portaient une arme ils étaient fusillés. Cette mesure rigoureuse était nécessaire; d'horribles excès furent commis de part et d'autre. Un père apprend que son fils vient de sortir, il court après lui, l'atteint, et lui arrache des mains les pistolets dont il s'était armé. Ce malheureux père est rencontré par une patrouille, les pistolets déposent contre lui, il est mis à mort. Celui sur lequel on trouve un poignard, un couteau, un rasoir, un canif même, est à l'instant fusillé. Le canon du 2 mai retentit dans toute l'Espagne; on courut aux armes pour venger tant d'affronts; de Cadix à Vittoria l'on n'entendit qu'un cri : *Vive Ferdinand VII! mort aux Français !* Murat, qui ne connaissait pas le peuple qu'il venait d'irriter, s'écria dans un accès de confiance présomptueuse: « Le 2 mai donne l'Espagne à l'empereur. — Dites plutôt qu'il la lui enlève pour toujours, » répliqua le ministre de la guerre espagnol, O'Farril. Les révoltés qu'on avait pris les armes à la main furent fusillés au Prado le soir même; ils étaient au nombre de cent environ, des torches éclairaient cette scène d'horreur. Les Espagnols gardèrent le souvenir de cette funeste journée; mais, comme il faut toujours que l'amour-propre soit satisfait, ils en parlaient différemment selon les circonstances. Étaient-ils vaincus et opprimés, ils gardaient le silence ou bien ils avouaient leur faute; ils assuraient pourtant que le 2 mai il avait péri plus de Français que d'Espagnols. Étaient-ils les plus forts, ils exagéraient leur perte pour justifier les indignes représailles qu'ils exerçaient sur nos malheureux prisonniers.

Le 25 mai je reçus l'ordre de revenir à Aranjuez. Je me séparai de Parmentier pour me rendre à ce poste. Aranjuez serait un véritable paradis terrestre si l'on y respirait un air sain ; on achète quelquefois trop cher le plaisir d'habiter ce séjour délicieux. Les fièvres y sont si communes et si dangereuses en été et en automne, que les habitans se félicitent lorsqu'ils se rencontrent au mois de décembre ; « nous avons encore une année à vivre, » disent-ils en s'embrassant. Je payai mon tribut comme les autres, quinze jours après mon arrivée ; je me mis au lit le 15 juin, la maladie devint grave et me retint près d'un mois dans ma chambre. J'étais logé chez D. Ramon de Morillejos, le plus brave homme d'Aranjuez. Sa femme doña Theresa et sa nièce Dolores avaient été malades avant moi; on m'avait consulté, je leur avais donné des soins, soit hasard ou bonheur je les avais guéries, du moins elles le croyaient. Quand mon tour vint; car dans ce pays tout le monde, pendant six mois, est occupé à garder le lit, à prendre des remèdes ou à en administrer aux autres; quand mon tour vint, ces deux aimables dames me donnèrent tous les soins que l'on peut attendre de l'amitié et de la reconnaissance. Une d'elles était toujours à côté de mon lit, et je ne prenais de la tisane et du bouillon que de la main de la belle Dolores. Lorsque je fus rétabli, je témoignai toute ma gratitude, et peu s'en fallut que la reconnaissance ne fît place à un sentiment plus vif.

Pendant que j'étais malade D. Ramon m'annonça, les larmes aux yeux, que Napoléon avait enfin levé le masque, et que Ferdinand allait être remplacé sur le trône d'Espagne par Joseph Bonaparte. Ce fut un coup de foudre pour les Espagnols. La consternation était dans la ville; un parti d'insurgés marchait sur Aranjuez; et D. Ramon, qui ne voulait pas se trouver au milieu du combat qu'on allait nous livrer, s'éloigna avec sa famille et me laissa seul dans sa maison. Mon hôte fuyait le danger; affaibli, terrassé par la fièvre, je me résignai, et j'attendis dans mon lit que la fortune de nos armes eût décidé de mon sort. Mon camarade Lavigne me soignait; j'étais servi par une femme que D. Ramon m'avait laissée, et qui tout le jour venait m'étourdir par ses injures et ses menaces, comme si les destinées de l'Espagne m'avaient été confiées et que d'un mot j'eusse pu les changer. Fort heureusement pour moi les insurgés n'arrivèrent point; ce fut une fausse alarme, D. Ramon et sa famille revinrent trois jours après.

On me rappelait à Madrid, et le 3 juillet je pris congé de la famille qui m'avait si bien accueilli. La belle Dolores, se dérobant aux yeux de ses parens, me donna, avec beaucoup de mystère, une image de la sainte Vierge et un scapulaire. Je ne savais trop ce que cela signifiait, n'ayant pas eu le temps de lui en demander l'explication, je crus qu'elle avait une grande confiance aux images, et que celle-là devait me préserver de la fièvre. Après l'avoir remerciée de son cadeau, je mis le scapulaire sur ma poitrine et l'image de la sainte Vierge dans mon portefeuille. En acceptant ce mystique présent, offert par une femme charmante, mon imagination exaltée lui attacha un prix que la naïve Dolores ne lui supposait pas. Hélas! en ce moment, j'étais loin de penser que ces objets précieux, ces gages d'une amitié tendre et pure, devaient influer un jour d'une manière si puissante sur ma destinée, et produire un miracle éclatant en faveur d'un malheureux captif et de ses compagnons d'infortune.

Je n'embrassai point ces dames, un baiser est la dernière faveur qu'une Espagnole accorde à son ami. Les Espagnols qui voyagent chez nous sont fort surpris qu'après avoir obtenu d'embrasser une dame on soit obligé trop souvent de s'arrêter en si beau chemin. Je me contentai donc de presser la main de l'aimable Dolores, qui me témoigna tout le chagrin que lui causait notre séparation. Chaque pays a ses usages ; en France une demoiselle donnerait une boucle de ses cheveux à l'ami de son cœur, en Espagne elle lui fait présent d'une relique ou d'un scapulaire. Le petit paquet de la belle Espagnole aurait pu contenir aussi un billet doux ; mais Dolores, ainsi que la plupart de ses compatriotes, savait aimer avec passion, mais ne savait pas écrire.

En arrivant à Madrid, j'allai visiter D. Domingo Alonzo ; j'avais logé chez lui précédemment, on me reçut fort bien. Mais les temps étaient changés. Depuis la révolte du 2 mai les Espagnols vivaient entre eux, ils évitaient les occasions de paraître en public avec des Français. Cependant D. Alonzo continua à me voir et à me donner des preuves de l'amitié qu'il m'avait déjà témoignée.

Augé, l'un de mes camarades, m'invita à dîner le 14 juillet. Cette invitation me surprit, elle ne s'accordait point avec les principes d'une excessive économie que le camarade Augé professait ; Lavigne me mit au fait. Caubet était arrivé la veille de l'Escorial et s'était permis quelques plaisanteries sur la prévoyance d'Augé et sur l'inutilité des épargnes que l'on peut faire en campagne et dans le pays ennemi; de propos en propos celui-ci finit par rétorquer tous ses argumens en le défiant à qui ferait le plus de dépense. Un dîner splendide pour huit, qu'il paya, fut le résultat de la dispute. Repas délicieux, où brilla la gaîté la plus franche; les convives étaient en belle humeur, à l'exception d'Augé.

Après le dîner, chacun sortit de son côté. Tandis que je me promenais tranquillement avec deux de nos dîneurs, Augé et Lavigne étaient allés se battre au pistolet derrière le palais du roi. Frappé d'une balle dans la tête, Lavigne se fit porter à son logement chez D. Antonio Lopez. Ce D. Lopez avait un fils nommé Santiago, et une fille belle comme les amours, la séduisante Mariquita, qui partageait l'ardeur qu'elle avait inspirée à mon infortuné camarade. Mariquita donna un libre cours à son désespoir, elle versa un torrent de larmes à l'aspect de son amant que l'on transportait chez elle dans un état si déplorable. Cette douleur se calma pourtant peu à peu, et lorsque Lavigne fut pansé, la belle Espagnole, qui ne perdait pas la tête, s'approcha doucement du lit du blessé, lui présenta une plume, du papier, une écritoire, et prit elle-même le soin de dicter un testament en sa faveur. Pour ne pas compromettre la réputation de cette jeune personne, son nom ne figura point sur l'acte, Lavigne eut soin d'y substituer celui de Santiago, frère de Mariquita. La blessure de Lavigne était grave, il mourut dix jours après. Cet événement malheureux nous priva du meilleur de nos camarades, et causa la plus vive peine à ceux qui avaient assisté au dîner charmant dont le dénoûment fut si tragique. Notre chef, mal instruit, nous mit tous aux arrêts jusqu'à nouvel ordre, sans prendre des informations plus exactes.

La belle Mariquita, désolée, s'arracha les cheveux et jeta les hauts cris. On croit peut-être que la perte de son amant lui faisait éprouver cet accès de chagrin; point du tout. En historien fidèle, il est de mon devoir d'en faire connaître la véritable cause. Le testament était rédigé en faveur de Mariquita, mais l'acte portait le nom de Santiago; celui-ci fit valoir ses droits, voulut que l'on s'en tînt à la lettre et non à l'intention bien connue du testateur : le frère s'empara de l'héritage, et ne laissa rien à sa sœur.

CHAPITRE IV.

Joseph Ier, roi d'Espagne. — Son entrée à Madrid. — Fêtes. — Insurrection des Espagnols. — Bataille de Baylen. — Capitulation. — L'amiral Rosily. — L'ennemi s'empare de l'escadre française. — Notre armée abandonne Madrid.

La bataille de Medina de Rio Seco, gagnée par le maréchal Bessières, dompta un instant les insurgés de l'Aragon et des Asturies, et le nouveau souverain que Napoléon donnait à l'Espagne put s'aventurer sur les routes de son royaume sans risquer d'être mis en pièces par ses sujets. Le roi Joseph Ier fit son entrée à Madrid le 20 juillet; la garnison était sous les armes et tous les Français allèrent à sa rencontre. Le peuple espagnol ne fit pas de même; on ne voyait personne dans les rues, les portes et les fenêtres étaient fermées. Quelques bourgeois curieux montraient le bout de leur nez pour voir passer le cortége; mais ils se retiraient bien vite, dans la crainte d'être aperçus par des compatriotes indiscrets. On avait ordonné de tapisser les maisons; ceux qui se conformèrent aux réglemens de l'autorité le firent d'une manière insultante, en suspendant de sales haillons à leurs fenêtres. Des portefaix ou porteurs d'eau, véritables *lazzaroni*, que l'on avait enivrés et payés, entouraient le char triomphal du roi *José*, et criaient comme des possédés : ¡*Viva el rey!* Ils l'accompagnèrent ainsi jusqu'au palais, où il arriva sans difficulté : la foule ne l'empêchait point de passer.

Le 25 juillet le roi Joseph Ier fut proclamé et intronisé. Un cortége assez nombreux, composé des notabilités de la ville de Madrid, se promenait avec la gravité espagnole et s'arrêtait sur toutes les places, où l'on avait élevé de petits théâtres. Là, par une harangue armée des subtilités de l'art de ratiociner et parée des fleurs de la rhétorique, on cherchait à persuader au peuple que l'excellent roi *José I^{ro}* arrivait tout exprès pour le gouverner et pour le rendre heureux, conséquence obligée et résultat ordinaire de tous les gouvernemens. Je ne sais si le discours était mal ajusté ou mal déclamé, le fait est que les Madrilègnes ne voulurent rien croire de ce qu'on leur disait. Je dois convenir que les harangueurs n'avaient pour écoutans que la lie du peuple, alléchée par les pièces de monnaie que l'on jette en pareille circonstance; un auditoire composé de tels élémens n'est point capable d'apprécier les belles choses qu'on peut lui débiter. Aussi les orateurs désappointés avaient-ils l'air de marmotter entre leurs dents ce vieux dicton : *Margaritas antè porcos.* L'usage veut que les pièces d'argent que l'on jette au peuple lors du couronnement d'un roi d'Espagne soient à l'effigie du nouveau souverain. La précipitation que l'on avait mise pour introniser Joseph ne permit pas de remplir une condition aussi importante, et ceux qui criaient ¡ *viva el rey José!* ramassaient des pièces frappées au coin des Bourbons. Le peuple remarqua cette circonstance, jusqu'alors sans exemple, et la regarda comme de très mauvais augure pour le règne de Joseph.

Toutes les ressources furent déployées, tous les moyens mis en jeu pour égayer les Espagnols; on prodigua les fêtes et les divertissemens : spectacles gratis pendant huit jours, courses de taureaux, danses, illuminations, etc. Il devait y avoir huit combats de taureaux à deux jours d'intervalle l'un de l'autre. Le monarque de nouvelle fabrique pouvait-il se montrer plus empressé envers ses sujets? Il consultait leur goût pour célébrer de la manière la plus agréable à son peuple les fêtes d'un *joyeux* avénement. Ces combats avaient été défendus par le roi Charles IV, Joseph les rétablit. Mais, hélas! les taureaux s'arrêtèrent au milieu de leur course rapide, les jeux du cirque furent suspendus; le ministre de la guerre de *José* se présenta devant son maître d'un air tout effaré, et lui répéta en vile prose ce que le pieux Énée dit à Didon en beaux vers rehaussés par la pompe du récitatif :

> Reine, aux jeux de la paix il nous faut renoncer;
> Un superbe ennemi s'avance et nous menace;
> Par son ambassadeur il s'est fait devancer,
> Et jamais avec tant d'audace
> Un vainqueur n'osa s'annoncer.

Tandis que l'on s'amusait à Madrid à faire divertir le peuple, de grands événemens se préparaient en Andalousie et dans le royaume de Valence : les paysans s'étaient levés en masse pour se réunir au petit nombre de soldats disciplinés qui se trouvaient alors dans ces deux provinces. Animés d'un zèle fanatique et patriotique allumé dans leurs cœurs par les discours des moines, ils marchaient contre les Français, le crucifix d'une main et le poignard de l'autre, portant le scapulaire sur la poitrine et l'enfer dans le cœur.

Le général Dupont, qui marchait sur Cadix avec trois divisions, fut attaqué et cerné par cette canaille, qui malheureusement était beaucoup plus nombreuse que les soldats qui devaient la disperser. Par un concours de circonstances funestes, le général, séparé des divisions Védel et Dufour, fut obligé de capituler après une bataille qui eut lieu près de Baylen, sur la route de la Sierra-Morena à Andujar, le 19 juillet, veille du jour où le roi *José* fit son entrée à Madrid.

La bataille de Baylen doit être regardée comme l'événement le plus important de la guerre d'Espagne; ses résultats furent désastreux pour nous. On conçoit difficilement qu'un chef aussi brave, aussi expérimenté que le général Dupont, se soit laissé prendre par des insurgés, malgré la supériorité de leur nombre. Ils n'avaient que très peu de troupes de ligne, Napoléon avait eu la précaution d'envoyer les régimens espagnols à sa grande armée du nord. Jusqu'à ce jour, l'Espagne avait été notre alliée et notre amie, elle nous fournissait des soldats, des vaisseaux, de l'argent; nous avons depuis lors acquitté nos dettes avec usure. Tandis que ses troupes se battaient pour la France contre les Russes et les Prussiens, Napoléon envahissait la Péninsule.

Les Espagnols, commandés par le général suisse Reding, avaient déjà pris leurs positions à Baylen, lorsque le général Dupont y arriva; il les combattit pour forcer le passage : l'action fut vive, et pourtant elle resta indécise. Nos troupes étaient accablées par la fatigue et la chaleur; elles manquaient absolument d'eau, et les exhalaisons des cadavres empestaient le champ de bataille étroit sur lequel elles étaient obligées de rester.

Reding, qui savait que les divisions Védel et Dufour pouvaient joindre bientôt le corps du général Dupont, se hâta de proposer une suspension d'armes, que celui-ci accepta, parce qu'il ignorait encore que ses lieutenans venaient à son secours. Il y avait à peine quelques heures que l'on était en armistice, que le général Védel paraît du côté opposé, attaque les Espagnols, fait mettre bas les armes au régiment de Jaën et lui prend deux pièces de canon. Ce premier succès, qui pouvait consommer la perte de l'ennemi, fut arrêté par des parlementaires que les généraux Reding et Dupont lui envoyèrent; il reçut même de son supérieur l'ordre de rendre à l'armée espagnole le régiment et l'artillerie qu'il avait pris postérieurement à l'armistice. Reding se trouvait à son tour entouré d'ennemis, et pourtant il leur dictait des lois. La division Dufour arriva, et fut encore condamnée à l'inaction : ces funestes retards donnèrent le temps au général Castaños de venir à Baylen ; il s'attacha à empêcher la réunion de nos forces; le corps du général Dupont fut serré de plus près, et devint le gage de tout ce qu'on se proposait d'exiger. Il fut convenu d'abord que notre armée d'Andalousie passerait librement par la Sierra-Morena; ce premier traité fut dressé et signé sur-le-champ. Tout était terminé, lorsqu'on remit à Castaños des dépêches que le général Savary adressait au général Dupont; elles avaient été enlevées à l'officier français qui les apportait. Castaños apprit que le mouvement de l'armée d'Andalousie sur Madrid était concerté; dès ce moment il changea de résolution, et déclara qu'il s'y opposait : la capitulation fut annulée.

Au lieu de témoigner leur indignation, et de reprendre les armes après une semblable violation du traité, les officiers-généraux qui commandaient le corps cerné par l'ennemi signèrent une autre capitulation par aquelle ils se rendirent prisonniers de guerre. Les divisions Védel et Dufour, qui n'étaient point au pouvoir de l'ennemi, s'éloignèrent pendant la nuit; elles se dirigeaient à marches forcées sur la Caroline, lorsqu'on vint leur signifier qu'elles avaient été comprises dans la capitulation, et qu'il fallait en subir les rigueurs.

La division Védel aurait dû se trouver à Baylen; elle resta en arrière, et son absence décida de la perte de l'armée d'Andalousie. Les uns disent que son chef n'avait pas reçu d'ordre pour se porter en avant; d'autres assurent que ses soldats, manquant de vivres, se livraient au plaisir de la chasse, en poursuivant des troupeaux de chèvres que les Espagnols avaient lâchés tout exprès dans les montagnes. On a droit d'être surpris que le général Dupont ait capitulé devant des insurgés; même en étant privé de tout secours, il pouvait encore percer les rangs ennemis pour revenir sur Madrid. Mais, ce qui est plus étonnant encore, c'est que les deux divisions libres aient été comprises dans la capitulation. Il me semble que les généraux Védel et Dufour auraient bien pu rejeter les sommations et les ordres d'un chef déjà tombé entre les mains des Espagnols, et qui n'avait plus aucune autorité.

Mais, dans l'un et l'autre corps d'armée, on ne pouvait se résoudre à perdre le butin dont chacun avait eu une plus ou moins grande part, après le pillage de Cordoue et des villes voisines. La convention d'Andujar faisait espérer que l'on conserverait ces richesses perfides; beaucoup d'officiers, en effet, n'en furent point dépouillés, et ce maudit butin devint ensuite la cause de bien des maux. On obligea les soldats à vider leurs havresacs; mais, par une juste compensation, il fut accordé que certains caissons ne seraient point visités.

Le général Dupont s'était engagé à faire déposer les armes aux divisions Védel et Dufour, et, d'après le traité, l'armée d'Andalousie devait être embarquée et renvoyée en France avec armes et bagages. Il était à craindre que si les deux divisions libres ne se rendaient pas, les Espagnols ne voulussent en tirer vengeance sur les Français qui étaient en leur pouvoir, et qu'alors la capitulation ne fût point observée. Tout le monde, comme on le pense bien, n'était pas d'avis de mettre bas les armes; plusieurs officiers-généraux proposaient de sacrifier l'artillerie et les bagages, et de marcher tête baissée sur l'ennemi. Les soldats frémissaient de rage, ils manifestaient hautement le désir de violer le traité et de se faire jour au travers des bataillons espagnols. Si les cuirassiers avaient partagé ce noble dévoûment, s'ils avaient consenti à seconder l'audace de leurs compagnons, la plus grande partie de l'armée se serait dégagée et sauvée, malgré l'opposition de ses chefs. L'infanterie implorait à grands cris le secours des cuirassiers ; pendant ce débat, un officier-général rompit son épée pour montrer qu'il ne voulait plus se battre, et qu'il fallait plier sous le joug. Un des articles de cette capitulation, de honteuse mémoire, portait, dit-on, que l'on restituerait les vases sacrés pillés à Cordoue et à Jaën. Consentir à la restitution de ces vases, c'est avouer qu'on les a volés; il aurait mieux valu les remettre aux Espagnols sans le constater par écrit.

L'officier Saint-Église, qui commandait un bataillon au poste de Madrilejos, ne se regarda point comme engagé par l'acte que son chef prisonnier venait de souscrire, et ramena sa troupe. Il faut convenir que nos généraux se confièrent avec une légèreté, une irréflexion inconcevables, à la loyauté des Espagnols. D'après la manière dont Napoléon en avait usé envers leur patrie et leurs souverains, pouvait-on penser raisonnablement que nos ennemis garderaient la foi jurée ? Aussi, cette capitulation n'eut-elle pas même un commencement d'exécution. A la vérité, les généraux et les chefs d'administration furent renvoyés en France, mais à leurs dépens, et après avoir été pillés par les Espagnols. L'armée fut respectée tant qu'elle resta réunie sur un même point; on lui fit prendre des cantonnemens, où l'on devait rester, disait-on, jusqu'à ce que l'embarquement fût achevé; il ne pouvait avoir lieu que peu à peu. On sépara les régimens pour ne pas épuiser les vivres d'un seul pays : lorsque l'armée fut ainsi divisée, on prit soin de débarrasser les soldats de leurs armes; c'était pour eux un poids inutile, elles devaient leur être rendues au moment de l'embarquement. Les officiers furent éloignés de leurs troupes; on leur laissa cependant leurs épées, mais bientôt, sous le moindre prétexte, on les désarma aussi. Cette belle armée fut dispersée, disséminée dans de petites villes, d'abord par régimens, ensuite par bataillons, enfin par compagnies; et quand on eut la conviction que les Espagnols violaient entièrement la capitulation, il n'était plus possible de se réunir ni de se révolter.

Napoléon venait de reconquérir les trophées de la bataille de Pavie; l'épée de François Ier était allée rejoindre à Paris les fragmens de la colonne de Rosbach et de l'ossuaire de Morat; nos aigles restèrent à Baylen !

Les conséquences de cette malheureuse journée ne sauraient être calculées, et l'on ne doit pas seulement les borner à la perte des vingt-un mille hommes d'infanterie, deux mille quatre cents cavaliers et quarante pièces de canon, c'est-à-dire le bon tiers des troupes françaises qui étaient dans la Péninsule. Les Espagnols vaincus à Baylen, tout leur pays était à peu près soumis. Nos armées avaient été devancées en Espagne par leur renommée formidable; elle frappait de terreur les partisans de Ferdinand; ce n'était qu'en hésitant qu'ils avaient livré bataille, car ils s'attendaient à être écrasés. Mais quand ils virent que le sort des armes se déclarait en leur faveur, chaque paysan devint un soldat, chaque soldat un héros. Ils avaient terrassé les vainqueurs d'Austerlitz; un enfant de quinze ans croyait valoir au moins deux grenadiers français. On sut profiter adroitement de cet enthousiasme, on l'excita par les moyens les plus puissans : *Aux vainqueurs des vainqueurs d'Austerlitz!* telle était la devise fastueuse que portèrent les drapeaux distribués à l'armée espagnole. Les officiers qui avaient pris part à cette action reçurent une médaille où l'on voyait deux épées en croix auxquelles un aigle était pendu par les pieds; au revers, on lisait: *Bataille de Baylen*, 19 *juillet* 1808.

A cette époque, l'escadre combinée, française et espagnole, qui avait échappé au combat naval de Trafalgar, était encore dans le port de Cadix. A la première nouvelle des événemens de Madrid, les vaisseaux espagnols se séparèrent des vaisseaux français, et bientôt après l'amiral Rosily, qui commandait l'escadre française, fut sommé de se rendre. L'amiral temporisa, dans l'espoir que le général Dupont viendrait à son secours. Enfin il fut attaqué en même temps par la flotte espagnole et par les forts ; les Anglais occupaient la rade et l'empêchaient de chercher son salut dans la retraite. Après avoir fait une résistance honorable pour son pavillon, mais dont on ne pouvait attendre aucun résultat avantageux, l'amiral Rosily se vit forcé de capituler. L'escadre française alors à Cadix était composée de nos meilleurs vaisseaux, montés par l'élite de nos meilleurs équipages ; la bataille de Baylen acheva donc la ruine de la marine française.

Les Espagnols ne profitèrent pas de tous les avantages que leur donnait la victoire de Baylen ; à peine la capitulation fut-elle signée, qu'ils firent partir un officier d'ordonnance, le capitaine Villoutreys, pour en porter la nouvelle à notre quartier-général à Madrid. C'était une grande faute, ils ne tardèrent pas à s'en repentir; on fit courir après l'aide-de-camp porteur des dépêches, afin de l'arrêter; heureusement il était assez loin pour qu'on ne pût l'atteindre. Sans cette maladresse, l'armée espagnole serait arrivée à l'improviste à Madrid; elle pouvait surprendre le peu de forces qui nous restaient encore, et s'emparer même de la personne du roi Joseph.

Le maréchal Moncey se dirigea sur Valence pour disperser les rassemblemens qui s'y formaient de tous côtés; il ne put aller que jusqu'à Cuença, l'ennemi le repoussa avec perte : le maréchal opéra sa retraite en bon ordre, et revint à Madrid.

La capitulation du général Dupont consterna l'armée française; il n'était plus possible de se maintenir dans la capitale, et l'on se disposa sur-le-champ à l'abandonner. L'hôpital de Madrid était alors encombré de malades; le peu de temps qui nous restait pour effectuer la retraite ne permettait point de les enlever, on le disait du moins. Il y avait d'ailleurs des objets bien plus précieux à emporter: l'argenterie, l'or, et les femmes qui voulurent suivre nos guerriers. On résolut de laisser à Madrid les malades qui ne pouvaient pas marcher, ils étaient trois mille ; un nombre suffisant d'officiers de santé devait rester pour le service de l'hôpital.

CHAPITRE V.

Je reste à Madrid. — Entrée de l'armée espagnole dans cette ville. — Prédications des moines. — Catéchisme patriotique. — Assassinats. — Contes absurdes au sujet du *Retiro*. — Castaños nous protége. — On nous conduit à San Fernando.

Le duel qui avait causé la mort de notre camarade Lavigne était une affaire trop récente pour être oubliée; il s'agissait de désigner les officiers de santé qu'on laisserait à Madrid. Pour avoir été invité à dîner le 14 juillet, et pour me punir d'une faute à laquelle j'étais étranger, je fus du nombre de ceux que le sort, ou, pour mieux dire, le caprice et l'esprit vindicatif de nos chefs, condamnèrent à tomber entre les mains des brigands.

Il fallait se presser, l'ennemi s'avançait à grands pas, et l'armée française mit toute la diligence possible dans sa retraite: le 30 juillet, il ne restait plus que les malades et nous dans Madrid. A peine l'armée française fut-elle sortie des portes de la ville, que le peuple se souleva en masse.

L'amour de la patrie, le désir de se soustraire à la domination étrangère, l'attachement des Espagnols pour leur roi Ferdinand, étaient assez forts pour inspirer une nation généreuse, et l'engager à faire tous les efforts et tous les sacrifices qui donnent à la guerre d'Espagne un caractère si remarquable. Les moines et les prêtres ne regardèrent pas ces motifs comme suffisans; l'invasion des Français les menaçait personnellement. Un gouvernement sage qui, en conservant aux prêtres séculiers toutes leurs prérogatives, aurait détruit les couvens et rendu à l'état, à la société, cette masse énorme de moines de tous les ordres qui font gémir leur patrie sous le poids de leur tyrannie et de leur inutilité; un gouvernement qui aurait appelé aux devoirs sacrés du mariage des milliers de malheureuses filles que l'injustice et l'ambition allaient condamner à la retraite et au célibat, un tel gouvernement ne pouvait pas convenir à ces gens-là. Pour éviter ce danger, ils firent servir l'intérêt du ciel à leur propre intérêt; cette guerre nationale devint par leurs soins une guerre de religion, et fut souillée par toutes les horreurs que le fanatisme religieux peut inspirer.

L'armée espagnole n'était pas encore arrivée,

et la canaille, que nulle force ne pouvait contenir, nous menaçait de ses poignards ; les portes de l'hôpital lui étaient ouvertes, et les autorités refusaient d'y mettre une garde : elles accueillirent enfin une demande réitérée avec les plus vives instances, on nous donna quelques invalides qui imposaient plus par leur âge que par la force de leurs armes. Ces braves gens nous gardèrent jusqu'à l'arrivée de l'armée espagnole; elle entra dans la ville le 5 août, et défila depuis six heures du matin jusqu'à midi. Tout le peuple se rendit à la porte d'Atocha : on se figure aisément la joie qui se manifesta de part et d'autre, les cris de *viva Fernando! viva Castaños*, retentissaient de tous côtés.

Huit jours de fête ne suffirent pas pour célébrer l'arrivée de cette armée; le général Castaños reçut des habitans de Madrid tous les témoignages de satisfaction et de reconnaissance inspirés par l'enthousiasme patriotique et le fanatisme qui venaient d'éclater en Espagne. Les esprits commencèrent à s'échauffer, et c'est à cette époque seulement que la guerre prit ce caractère d'acharnement et de fureur qu'elle a conservé jusqu'à la fin.

Les moines employèrent avec art l'influence

qu'ils ont toujours eue sur le crédule Espagnol; ils avaient prévu leur chute, ils voulurent la prévenir. Des milliers de bandits, qui avaient endossé le froc par contrainte ou par intérêt, joignirent les conseils à l'exemple pour exaspérer le peuple et pour accroître encore la haine implacable qu'il avait contre nous. Quelques-uns se dépouillèrent de l'habit religieux que leur conduite déshonorait, et devinrent des chefs de brigands; d'autres, plus attachés à la vie oisive et licencieuse du cloître, se contentèrent de prêcher la vengeance et l'assassinat. Les moines de 1808 voulurent renouveler toutes les horreurs que les Fernand de Luques et les Valverde avaient autorisées lors de la conquête du Mexique; la chaire évangélique retentit des cris de ces furieux qui prêchaient une croisade contre des chrétiens. On vit paraître à l'instant des proclamations foudroyantes, des chansons, des libelles, des catéchismes patriotiques.

Qu'est-ce qu'un Espagnol? — Un homme de bien. — Qu'est-ce qu'un Français? — Un hérétique. — Est-ce un péché, que de tuer un Français? — Non; au contraire, c'est une bonne action; etc. Tels étaient les principes de ces catéchismes; je les rapporte d'après un exemplaire que j'ai gardé quelque temps, et que j'aurais voulu conserver. Dans un autre chapitre, on supposait le diable en trois personnes : Napoléon, Murat et Godoy, composaient cet infernal trio. Ainsi, couvrant leurs infames projets du voile sacré de la religion, les moines excitaient un peuple naturellement cruel et barbare à commettre en sûreté de conscience les crimes les plus révoltans; ils nous faisaient passer pour des juifs, des hérétiques, des sorciers, pour augmenter l'aversion des Espagnols qui ne connaissent que la religion catholique, dont ils ne suivent ni la morale, ni les principes.

Le titre de Français devint alors un crime aux yeux des gens du pays; tout Français qui avait le malheur de sortir de sa retraite tombait sous le fer des assassins. Si quelque Espagnol, moins inhumain, avait tenté de le sauver ou de le protéger, il était mis à mort lui-même. Chacun aspirait à la gloire d'avoir tué un Français; peu lui importait de l'avoir frappé sur le champ de bataille, dans les rues, ou sur le lit de douleur de l'hôpital. Il est Français, je l'ai tué, cela suffit pour contenter la rage du meurtrier; ses camarades le portent en triomphe, il se présente ensuite à son confesseur, tenant encore son poignard ensanglanté, en demandant d'un air soumis l'absolution du crime qu'il vient de commettre. « Mon fils, cela n'est pas nécessaire; nous « ne donnons l'absolution que pour les péchés mor- « tels. » Telle est la réponse du moine espagnol. Ce que je rapporte n'est point exagéré, j'ai été assez malheureux pour le voir et l'entendre.

Les courses de taureaux, les feux d'artifice, les bals, les spectacles, les divertissemens de toute espèce, se renouvellent chaque jour pour célébrer la gloire des armes espagnoles. Quant à nous, pauvres diables, nous regardions comme un bonheur que l'on daignât nous oublier. Chacun gardait le silence, et craignait, avec raison, que cette fête ne se terminât par une horrible tragédie. Mais le général Castaños nous prit sous sa protection, une forte garde et quatre pièces d'artillerie vinrent nous défendre contre la férocité du peuple.

Le grand duc de Berg avait fait fortifier le *Buen-Retiro*, maison de plaisance du roi qui domine la ville, afin de contenir le peuple, et pour avoir un lieu défendu qui servît de retraite à la garnison française, dans les temps de révolte. On avait abandonné le *Retiro*, les habitans de Madrid s'y portèrent en foule, pour s'emparer de tout ce qu'on y avait laissé; ils n'y trouvèrent qu'un petit nombre de barils d'eau-de-vie et quelques sacs de biscuit; on avait eu la précaution de noyer les poudres dans le grand bassin, qui est au milieu des jardins. Ceux qui arrivèrent les premiers ne virent pas grand chose, les autres ne virent rien du tout; en effet, que pouvait-on voir dans une redoute abandonnée avant qu'elle fût achevée? Cependant les moines firent circuler mille contes absurdes et horribles au sujet du *Retiro*, afin d'augmenter la haine des Madrilègnes contre les Français. On y avait trouvé des Espagnols et des Espagnoles assassinés, des cadavres mutilés, des femmes enchaînées dans des cachots et qui devaient y mourir de faim. Les gens raisonnables rejetèrent ces perfides suppositions, mais le peuple les adopta et voulut plusieurs fois se venger sur nous des crimes imaginaires que l'on attribuait à nos compagnons d'armes.

Le *Retiro* n'a jamais été d'un grand secours pour les Français. La révolte du 2 mai détermina le duc de Berg à le fortifier; cette mesure de sûreté a pourtant empêché qu'une scène semblable ne se renouvelât. Cette redoute ou ce fort a été pris et repris ensuite par les Espagnols, les Français, les Anglais.

Lorsque je reçus l'ordre de rester à Madrid, je

déposai mon argent et ma valise chez D. Domingo Alonzo, prévoyant que j'allais être pillé comme les autres prisonniers. Cet excellent homme m'avait témoigné tant d'intérêt, que je ne pus résister au désir de le revoir. Malgré les dangers que j'avais à courir, je m'échappais quelquefois de l'hôpital pour me rendre chez lui. D. Alonzo me recevait toujours avec le même empressement; cependant il aurait mieux aimé ne pas me voir. Il redoutait mes visites; je risquais ma vie et la sienne, c'était jouer gros jeu; si un paysan m'avait reconnu, le jugement et l'exécution se suivaient de près. Un jour, que je revenais de chez D. Alonzo, je vis un rassemblement au milieu de la rue d'Atocha; on entourait un malheureux soldat assez imprudent pour être sorti en uniforme. Je prêtais l'oreille en passant, et j'entendis un moine qui disait : « Si on voulait les croire, « pas un ne serait Français. » En effet, beaucoup de nos soldats se disaient Italiens ou Allemands, pour échapper au fer des assassins. Le propos de ce moine fut l'arrêt de mort de l'infortuné que je vis tomber sous les coups de ses bourreaux.

A mesure que nos malades guérissaient on les dirigeait sur San Fernando, petit village à deux lieues et demie de Madrid. Je partis, le 5 septembre, avec le troisième convoi. La veille, j'avais fait mes adieux à D. Domingo Alonzo; il me donna de l'or d'Espagne au lieu de l'argent de France que je lui avais confié, et dont je n'aurais pas pu me servir. Je ne voulus pas me charger de ma valise, je la laissai chez lui; j'embrassai en pleurant cet ami précieux et sincère, je lui fis mes derniers adieux, et je partis.

La populace nous accompagna *intrà et extrà muros*, en vociférant des injures atroces, en nous jetant des pierres; on nous reçut de même dans un village placé sur la route. Les habitans de San-Fernando vinrent à notre rencontre et renouvelèrent la même cérémonie. Heureusement San-Fernando était, pour le moment, le terme de notre voyage; j'y arrivai sain et sauf, ce n'était pas trop mal commencer. On nous logea dans une maison de réclusion, le Bicêtre de Madrid, où l'on enfermait auparavant les femmes de mauvaise vie. Chacun obtint une cellule meublée avec une paillasse de deux pouces d'épaisseur sur laquelle on avait jeté un drap et une couverture. Dès ce moment nous fûmes traités en prisonniers de guerre; comme officier, je recevais quatre réaux (un franc) et la ration de pain; les soldats avaient la même ration et un réal (cinq sous). La maison était assez vaste : deux cours et un jardin où l'on se promenait en long ou en large selon la fantaisie de chacun. Mais nous étions prisonniers, nous étions malheureux.

La musique, les vers, la paume, le loto, les quilles, venaient de temps en temps charmer les ennuis de notre captivité. On se disputait le matin pour faire la paix à la fin du jour, et l'on dormait bien pendant la nuit malgré la dureté de la couche. La prison rassemble constamment les personnes qui subissent les mêmes peines ; on se connaît mieux que dans le monde, les occasions de se rendre des services se renouvellent à chaque instant. On observe, on étudie les caractères, et tel devient notre ami intime ou notre ennemi juré, qui toujours nous eût été indifférent. Avril et Thillaye furent les amis que je choisis dans ce triste séjour. Gai, vif comme la poudre, mauvaise tête, le premier avait un cœur excellent. Un caractère original distinguait le second, poète et musicien, plein de gaîté, même un peu bouffon, *au demeurant le meilleur fils du monde*. Notre liaison devint si intime que nous fîmes tous les trois le serment solennel de ne pas nous quitter, de courir les mêmes chances quel que fût le destin qui nous attendît.

Nous avions un grand nombre de mauvais sujets dans notre prison : un faux colonel que l'on démasqua, et plusieurs individus que l'on éloigna de la société des honnêtes gens. Trois mois s'écoulèrent à San Fernando d'une manière assez agréable pour des captifs ; nous nous plaignions pourtant. Hélas ! nous n'avions encore rien vu. Quel avenir épouvantable le sort nous préparait !

CHAPITRE VI.

Arrivée de Napoléon. — L'armée française marche sur Madrid. — On nous dirige sur Cadix. — Départ de San-Fernando. — Don Palacio. — Combat de Somo-Sierra. — Le général Montbrun. — Prise de Madrid. — Retraite de l'armée anglaise. — Affaire de Benavente. — Le général Lefèvre-Desnouettes. — L'empereur retourne en France. — Cruautés des Espagnols envers leurs prisonniers. — Misères épouvantables de la captivité. — On pille mes compagnons. — Oropeza. — Soldats anglais. — *El Castillo de piedra buena.* — Les cochons et le capucin.

L'armée française revenait sur Madrid, déjà nous entendions le bruit du canon, bruit charmant, signal de joie et d'espérance! *Ascoltate come crescendo va*, me disait un Italien; jamais l'harmonie élégante et vigoureuse de Mozart, les accens délicieux des Fodor et des Crescentini, n'ont porté dans les cœurs une émotion si profonde, un ravissement plus parfait. Chaque coup de canon nous faisait tressaillir de bonheur; il frappait de terreur les Espagnols alarmés. Notre sort allait être bientôt décidé, nous vivions entre l'espoir et la crainte; hélas! nous ne conservâmes pas long-temps cette agréable incertitude!

Le 28 novembre, à six heures du matin, trois compagnies du deuxième régiment des volontaires de Madrid arrivèrent dans notre prison. Un commissaire des guerres passa en revue les prisonniers, les partagea en trois détachemens : le premier devait partir le même jour à 4 heures du soir, le second pendant la nuit, et le troisième le lendemain matin. Thillaye, Avril et moi fûmes désignés pour le second départ, nos autres compagnons de voyage étaient MM. Luquet officier, Streykfeld officier prussien, Sauret, Bonnecarrère, chirurgiens, Perret employé dans l'administration des hôpitaux, et 160 soldats. Nous avions pour escorte une compagnie entière; le ton affable du capitaine qui la commandait nous fit bien augurer de la conduite des soldats.

Les Espagnols nous avaient permis d'emporter à San Fernando tous nos effets, ils ne s'étaient emparés que de nos armes. Nous n'avions pas été dévalisés encore, nos gardiens se bornaient à porter un œil de convoitise sur bien des choses dont ils auraient voulu nous débarrasser; il était probable que d'autres ne seraient pas si timides. Pour prévenir ce danger, Thillaye imagina d'endosser et de chausser toute sa garde-robe; rond comme une futaille, revêtu d'autant d'habits que le vicomte de Jodelet, il vint me trouver dans ce grotesque équipage. « Voilà, me dit-il, le vrai « moyen de porter sa valise, on ne risque pas « d'en perdre la clef, et l'on ne peut me voler « sans que j'en sois averti. » Je ris en le voyant affublé de la sorte, je lui fis observer que cette manière de porter son bagage ne convenait point à un prisonnier qui devait faire une longue route à pied, et qui ne serait pas libre de s'arrêter quand il le voudrait, qu'enfin il serait accablé de fatigue avant d'arriver au premier gîte. Il ne répondit rien, et, pour me convaincre, il se servit de l'argument de Zénon : il marcha dans la cour et me prouva que ses nombreuses enveloppes ne le gênaient point du tout. Je me laissai séduire, et m'habillai de la même façon sans me charger autant ; Avril suivit notre exemple.

Nous partîmes de San Fernando à deux heures de la nuit, le 29 novembre ; on nous faisait allonger le pas, la quantité d'habits que nous portions était fort incommode, elle gênait les mouvemens du corps et nous fatiguait horriblement. On ne s'arrêta point, et nous fûmes obligés de prendre patience jusqu'au soir. Notre troupe passa devant Madrid à sept heures du matin et coucha à Leganez où elle fut reçue à coups de pierres. Dans ce village, les habitans s'étaient précipités en foule sur nos pas, et ils nous accompagnèrent, en nous menaçant du poignard, jusqu'à la porte de la caserne, qui nous servit de prison. Notre escorte en défendit l'entrée aux assaillans, qui se contentèrent de jeter des pierres aux fenêtres. Notre premier soin, en arrivant, fut de nous débarrasser du poids de nos habits, et nous convînmes que cette manière de porter sa garde-robe ne pouvait pas être adoptée par des piétons.

Le 30 novembre nous partîmes de Leganez de grand matin; les habitans nous accompagnèrent jusqu'à un quart de lieue avec autant de politesse qu'ils en avaient mis à nous recevoir. Nous arrivâmes le soir à Alamo où l'on nous accueillit de la même sorte. Le lendemain à une lieue d'Alamo, le canon se fit entendre, le son augmentait à mesure que nous avancions, et donnait à nos gardiens autant de peur qu'il nous causait de joie. Peu de temps après, un bruit de chevaux et de voitures très rapproché frappa notre oreille. Un brouillard des plus épais empêchait de voir ce que c'était, nous aperçûmes bientôt une douzaine de caissons d'artillerie et des fourgons. Le capitaine de notre escorte, *el señor* D. Palacio, fit faire halte, et s'avança pour aller à la découverte. Pendant ce temps plusieurs de ses soldats, craignant de tomber entre les mains des Français, embrassaient nos genoux et nous suppliaient de leur sauver la vie. Mais quand ils virent que les caissons appartenaient aux Anglais, honteux de leur méprise et de s'être abaissés jusqu'à implorer notre protection, ils devinrent encore plus insolens, et nous firent marcher à coups de crosse en nous accablant d'injures.

Disons un mot des événemens de la guerre, pour apprendre au lecteur comme quoi ces Anglais se trouvaient sur notre passage. L'empereur était venu en Espagne avec une nouvelle armée, il arriva à Bayonne et rejoignit bientôt son frère Joseph à Vittoria où se trouvaient les troupes qui avaient évacué Madrid. Sant-Ander, la Navarre et l'Aragon furent attaqués en même temps, nous avions une telle supériorité que toutes ces expéditions se réduisirent à des marches, excepté en avant de Burgos où il fallut faire quelques efforts, et à Tudela, en Navarre, où le maréchal Lannes battit complètement l'ennemi.

L'empereur vint à Burgos où les nouvelles troupes le rejoignirent; c'est de là qu'il ordonna de recommencer le siége de Sarragosse, et fit avancer son infanterie par la route de Aranda del Duero, tandis que la cavalerie prenait le chemin de la plaine, par Valladolid; lui-même suivit avec toute sa garde : il n'allait jamais qu'à cheval. Le lendemain de son départ de Burgos, il campa à Boceguillas, près de l'entrée de la gorge de Somo-Sierra où le corps du maréchal Victor arriva le jour suivant. L'empereur fit de suite pénétrer ce corps par la vallée qui est bordée de hautes montagnes dont le sommet se cache dans les nuages. Les Espagnols qui s'y étaient postés ne découvrirent l'armée française que quand elle s'avança sur eux; quinze pièces de canon défendaient le *puerto* de Somo-Sierra, elles furent enlevées par les lanciers polonais qui prirent le grand galop au moment où la batterie fit feu, et ne lui donnèrent pas le temps de tirer une seconde fois. Cette audacieuse entreprise, exécutée sous les yeux de l'empereur, était commandée par le général Montbrun. Après avoir forcé ce passage, la cavalerie polonaise continua le galop jusqu'à Buitrago où l'empereur vint coucher le soir même; le 2 décembre sa tente était plantée sous les murs de Madrid.

La marche de notre armée avait été si rapide que la junte, ignorant encore le mauvais état de ses affaires, n'avait pris aucune détermination. Pour l'engager à se décider promptement, l'empereur fit battre en brèche la muraille du jardin de *Buen Retiro*; elle fut démolie, nos troupes entrèrent en bon ordre par cette large ouverture et vinrent se poster au Prado. Les trois grandes rues qui aboutissent à cette promenade étaient défendues par des tranchées et des parapets; un feu de mousqueterie partait des maisons voisines, on lui riposta vivement. Le général Labruyère fut tué d'un coup de fusil tiré d'une des fenêtres de l'hôtel de Medina-Celi; nos soldats pénétrèrent dans cet hôtel dont on avait laissé la porte ouverte, tuèrent tous ceux qu'ils trouvèrent armés, et la maison fut livrée au pillage. Cet exemple fit ouvrir les yeux aux membres de la junte, ils ne voulurent point exposer Madrid à un saccage qu'il serait impossible d'éviter si les troupes entraient dans la ville et pénétraient dans les maisons.

Madrid se soumit, reconnut le roi Joseph; mais comme nos troupes n'avaient pas pu entourer la ville à cause de son grand développement, la population, ainsi que les milices andalouses, qui formaient la garnison, sortirent la nuit suivante par la porte d'Aranjuez. L'armée française entra dans Madrid, l'empereur resta à Chamartin et c'est de là qu'il commanda et qu'il organisa l'administration; son frère Joseph s'établit au Pardo, château des rois, à une lieue de la capitale. Les grands d'Espagne qui, après avoir prêté serment de fidélité au roi Joseph, l'avaient trahi, furent arrêtés comme traîtres et envoyés prisonniers en France. On traita les chefs de l'insurrection comme ils avaient traité le général Dupont : tout ce qu'ils possédaient fut confisqué, on ne les ménagea en aucune manière.

L'armée anglaise soutenait l'Espagne, et sa présence faisait toute la force de l'insurrection; c'était contre ces alliés redoutables qu'il fallait diriger nos forces. Napoléon éprouva un regret mortel d'être venu à Madrid, qui ne pouvait pas lui échapper, et d'avoir ainsi perdu un temps précieux que l'on aurait employé à prendre des avantages immenses sur les Anglais qui se retiraient. L'empereur ordonna que l'on partît sur-le-champ, et notre armée traversa les montagnes de Guadarama malgré la violence d'une tempête qui jetait la neige sur nos soldats, l'amoncelait dans le défilé et rendait ainsi le passage très périlleux. Les chasseurs mirent pied à terre, et formés en colonne serrée, ils frayèrent le chemin à l'infanterie; l'armée arriva de l'autre côté de la montagne après avoir couru le danger d'être ensevelie sous la neige, des soldats périrent de froid. On apprit à Tordesillas que les Anglais étaient partis de Salamanque; à Valderas on sut qu'ils suivaient le chemin de Benavente. Impatient de les joindre, l'empereur envoya le régiment des chasseurs à cheval de la garde en avant pour atteindre leur arrière-garde. Le général Lefèvre-Desnouettes qui le commandait, ne consultant que son désir d'en venir aux mains, passe à gué l'Exla dont on avait rompu le pont et marche sur la cavalerie anglaise. Il est bientôt assailli par des forces supérieures qui le ramènent battant jusqu'au gué où tout aurait été pris sans l'adresse des chasseurs qui le repassèrent promptement. Le général Lefèvre, voulant en homme brave protéger la retraite des siens, tomba, avec soixante chasseurs, au pouvoir de l'ennemi.

L'empereur poursuivit les Anglais jusqu'à Astorga, passa la revue de ses troupes et donna le commandement de l'armée au maréchal Soult, avec ordre de hâter sa marche pour ne pas donner à l'ennemi le temps de prendre haleine. Le maréchal pressa l'arrière-garde anglaise de si près que notre avant-garde avait souvent affaire avec elle. Le général Auguste Colbert fut tué dans une de ces rencontres, ce brave emporta les regrets de tous ses camarades. Tous les jours l'empereur recevait des nouvelles qui lui faisaient connaître la situation des deux armées. Il était encore à Benavente lorsqu'il apprit l'entrée de nos troupes dans Lugo, et peu de jours après il eut avis que les transports destinés à embarquer l'armée anglaise étaient arrivés à la Corogne. Il vit alors que rien n'empêcherait cette armée de retourner en Angleterre et ne songea plus qu'à partir pour la France.

Laissons le maréchal Soult et ses compagnons d'armes, ils avaient autre chose à faire que de délivrer des prisonniers, une petite reconnaissance envoyée sur leur gauche aurait pu nous mettre en leurs mains. Nous aurions rencontré des Français au lieu de ce convoi d'artillerie qui sans doute allait joindre l'armée ennemie fuyant vers la Corogne. Notre détachement longeait la marche des troupes françaises à très peu de distance puisque en passant à Alamo nous avions entendu le canon.

Nous arrivâmes devant Noves à dix heures du matin; le brouillard avait disparu, les rayons du soleil, réfléchis par les armes de nos conducteurs, firent penser que nous arrivions avec des intentions hostiles. Tout le monde prit la fuite croyant voir un bataillon français, D. Palacio leur envoya un parlementaire pour les rassurer. Les paysans revinrent sur leurs pas avec le dessein de nous égorger et de nous punir ainsi de la terreur panique inspirée par une troupe captive. Notre escorte les en empêcha, et Palacio fit faire halte à quelque distance de la ville pendant que des soldats allèrent nous chercher du pain. On s'arrêta le soir je ne sais où; le 3 on partit avant le jour, nous devions coucher à Talavera de la Reina, on pressa la marche et nous étions à midi aux portes de cette ville. Comme elle était beaucoup plus considérable que celles que nous avions traversées, elle présentait aussi plus de dangers pour nous. Les habitans ne se bornèrent pas à nous insulter, ils vinrent à notre rencontre armés de sabres, de baïonnettes et de poignards. Palacio se conduisit fort bien, il fit charger les armes et menaça la canaille de faire feu sur elle. Le capitaine ne voulut point s'arrêter à Talavera, sa vie et la nôtre y étaient trop exposées. Nous poursuivîmes notre route jusqu'à un village situé deux lieues plus loin.

Le 4 et le 5 on se reposa je ne sais où; le 6 à

Almaraz; le 9 à Aldea Lovispo, où l'on ne trouva rien à manger mais nous eûmes de la paille pour faire notre lit : accoutumés à coucher sur le pavé, cette compensation nous parut insuffisante. Le 10 on se rendit à La Cumbre, le 11 on revint à Aldea Lovispo. Le 12 au matin, les officiers de notre garde, réunis à ceux du premier détachement qui se trouvait aussi dans ce village, appelèrent mes camarades l'un après l'autre et les firent passer dans une pièce voisine. Palacio n'y était pas; là, ils les fouillèrent pour leur enlever l'argent qu'ils pouvaient avoir; pendant cette opération ils les accablèrent des injures les plus humiliantes. On ne trouva rien sur eux, ils m'avaient tout confié; c'était à mon tour de paraître devant ces brigands, mais comme ils désespéraient d'être plus heureux avec moi, ils cessèrent leurs recherches au moment où elles auraient été fructueuses. Le porteur du petit trésor, le quartier-maître de la troupe, le dernier captif ne fut point appelé. Après cette revue des poches de mes compagnons on partit pour retourner à La Cumbre. Ces marches et ces contre-marches, que le voisinage de l'armée française motivait, nous faisaient espérer qu'on avait l'intention de nous échanger ou de nous rendre. Les malheureux pensent toujours que l'on s'occuppe d'eux; comme ils se trompent!

En arrivant à Oropeza, le 14 décembre, je vis plusieurs soldats anglais, et je tremblai qu'on ne nous remît entre leurs mains; on nous en avait déjà menacés. A mesure que nous avancions, la foule des curieux augmentait, et l'on y voyait beaucoup d'habits rouges. Je croyais qu'ils venaient comme les Espagnols pour nous jeter des pierres, insulter à notre malheur ou bien nous dire en confidence que le gibet était prêt, et que le lendemain nous ferions le saut dans la rivière. Je ne les connaissais point alors, j'ai appris ensuite à distinguer les Anglais de ces bêtes féroces qui figurent sur les pages de l'histoire sous les noms d'Espagnols et de Portugais.

On nous enferma dans le vestibule de la prison : quatre murs enfumés, deux portes armées d'énormes verroux et de cadenas, furent les seuls objets qui frappèrent notre vue. Le mobilier de cet appartement se composait d'une longue pierre destinée à nous servir de table, de siége et d'oreiller. Une fenêtre grillée éclairait cet agréable séjour; mais elle donnait sur la rue, et c'était par là que les notables du pays nous attaquaient à coups de pierres; ils étaient sûrs de ne pas nous manquer, et ne craignaient point la riposte. Tandis qu'ils s'amusaient à ce noble exercice, deux soldats anglais se présentent, écartent la foule avec quelques soufflets distribués adroitement, et pénètrent dans notre manoir. Ils ne pouvaient s'exprimer en français, l'anglais pour nous était inintelligible : nous eûmes recours à l'espagnol que les uns et les autres commençaient à parler un peu. Ce n'était plus ce langage grossier qui déchirait si souvent notre oreille, ni ce rire moqueur, ces plaisanteries atroces que nous adressaient les Espagnols, et qu'il fallait endurer sans se plaindre. Guidés par un sentiment généreux, les deux Anglais venaient soulager l'infortune et nous offrir les faibles secours dont un soldat peut disposer. Après un instant de conversation amicale, ils sortirent pour aller chercher leur souper qu'ils partagèrent avec nous.

Le lendemain, avant de partir, nous vîmes arriver sur la place un officier de la garde impériale conduit par une douzaine de brigands. On nous permit de causer avec lui; cet officier venait d'être pris à l'Escorial, il nous donna des renseignemens exacts sur la position des armées. Nous l'invitâmes à manger sa part d'un triste *rancho*, ce chevalier français répondit à notre courtoisie en acceptant de grand cœur, en mangeant comme un affamé.

Il faut que je fasse connaître à mes lecteurs ce *rancho* qu'on nous donnait toutes les fois que nous pouvions le payer. Le mot *rancho* signifie repas de soldat à la gamelle. Notre *rancho* consistait en mauvaises feuilles de chou et de laitue, des pommes de terre coupées en quatre sans être lavées ni pelées, et quelques poignées de pois-chiches, *garbanzos*, le tout cuit à gros bouillon dans un chaudron plein d'eau, et assaisonné avec du sel et du piment rouge. Le caporal qui allait en avant se chargeait de nous préparer le *rancho* moyennant les quatre réaux que chacun lui remettait exactement tous les jours. Il y trouvait son profit et nous épargnait la peine d'acheter des comestibles et de les faire cuire, chose que notre position rendait très difficile.

Après avoir marché toute la journée avec la pluie sur le corps, dans des chemins impraticables, on s'arrêta à neuf heures du soir devant la porte *del Castillo de piedra buena*. On frappa à coups redoublés; nous attendîmes long-temps sans que l'on daignât nous répondre. Enfin les créneaux furent éclairés par une lueur qui semblait venir de la cour; un moment après la porte s'ouvrit : il était temps, nos soldats allaient achever de l'enfoncer avec la crosse de leurs fusils. Je croyais arriver dans un de ces châteaux habités par les fées, ou du moins par un ogre. Je commençais à m'étonner qu'un nain à figure sinistre n'eût pas sonné du cor sur la tourelle, quand un vieux capucin, grand, maigre, sec, la robe ceinte d'une corde à gros nœuds, se présenta devant nous. Il était suivi d'une vieille femme aussi sèche que lui, aussi sale que sa barbe ; le menton et le nez de cette sorcière se touchaient et semblaient se disputer à qui le premier entrerait dans sa bouche. Ce couple décrépit était accompagné de deux enfans ; l'un portait dans sa main une poignée de joncs allumés (1), l'autre tenait sous son bras un fagot de la même plante, en tirait une poignée qu'il allumait pour la substituer à celle qui était prête à s'éteindre. C'est de cette manière que l'on éclaire *el Castillo de piedra buena* :

(1) Les Espagnols appellent cette espèce de jonc *esparto*, il croît sur quelques montagnes de la Péninsule, et sert à faire les cordes à puits, les chapeaux de sparterie. Le capucin avait conservé jusqu'à ce jour cette manière d'éclairer que ses prédécesseurs tenaient directement de nos premiers pères. Il y a loin sans doute de la poignée d'*esparto* aux lampes astrales, à la bougie diaphane, au gaz qui verse des torrens de lumière dans nos salles de spectacle.

les lumières ont de terribles progrès à faire avant de s'introduire dans ce ténébreux séjour.

Après avoir parcouru des voûtes sombres, tapissées de toiles d'araignées, nous entrâmes dans une vaste cour: on nous y parqua pendant une heure. Le capitaine Palacio, le capucin et la vieille, précédés par les deux enfans qui faisaient le service d'éclaireurs, parcouraient le château pour y trouver un coin qui pût nous servir de dortoir. Palacio désigna une salle basse qui paraissait convenable pour nous loger; mais d'après le conseil de la vieille, le révérend père fit observer que nous serions trop bien dans cette pièce, qu'il valait bien mieux y conduire les bêtes qui étaient dans l'étable, afin de nous mettre à leur place. Après une longue et sérieuse délibération cet avis prévalut, Palacio n'osa point contredire le capucin qui reçut les complimens de ses dignes compagnons; et ce trait de patriotisme vint ajouter un nouveau lustre à sa réputation d'homme sage et religieux.

Ce fut une méchanceté bien basse et bien gratuite, que dis-je? dans l'intérêt des animaux on aurait dû nous mettre ailleurs. Si les cochons avaient été admis au conseil de nos hôtes, ils auraient dit en leur patois, qu'ils aimaient beaucoup mieux leur litière puante que le parquet en dalles d'un réfectoire; mais il fallait nous humilier et nous priver des douceurs du repos : tel était le but du charitable solitaire.

On nous conduisit donc à la porte de l'étable, et l'on fit défiler devant nous vingt-six cochons, trois ânes, deux mules et une jument. Un vieux cheval restait, mais on ne voulut point le faire sortir, dans la crainte qu'il ne fût pas à son aise sur le pavé de la grande salle. Il nous fut permis de partager l'appartement du coursier monacal, sous la défense expresse de l'incommoder en faisant du bruit, et surtout d'usurper sa litière qui n'était pas si sale que la place cédée par les cochons. J'ai couché plus d'une fois à l'écurie, et j'y dormais très bien quand les chevaux avaient quelque politesse ; on n'est pas aussi proprement dans une loge à cochons. Nous nous y accommodâmes pourtant aussi bien qu'il fut possible, et après avoir dévoré un morceau de pain, réservé sur la ration de la veille, chacun s'étendit et dormit comme s'il avait été dans la rue. Ce jour-là nous n'eûmes point de *rancho*, mais le lendemain nous mangeâmes quelques poignées de glands que les deux enfans nous vendirent un peu trop cher.

1.

CHAPITRE VII.

Albuquerque. — La messe de Noël. — La danse interrompue. — Panorama, signaux, consolations. — La mère du prisonnier. — Le transfuge provençal. — Des rimeurs français reçoivent la bastonnade. — Tempête, passage de la Guadiana. — Miracle opéré par mon scapulaire. — Le bal des tonsurés.

Au moment de partir, Palacio reçut un message; on l'avertissait que les habitans d'Albuquerque avaient formé le projet de nous assassiner. Le capitaine différa notre départ jusqu'au soir, afin d'entrer dans la ville au milieu de la nuit. Cette précaution nous préserva de la mort, mais non pas des insultes accoutumées. On nous logea dans la plus haute tour de la citadelle ; là nous étions à l'abri de la fureur des paysans, nous respirions un air pur ; les rayons du soleil arrivaient jusqu'à nous malgré les grilles de la fenêtre, et nous pouvions faire du bruit, chanter même, sans que l'on nous imposât silence. Le geôlier faisait notre *rancho ;* moins voleur que le caporal, il nous amusait quelquefois par sa burlesque originalité.

Palacio nous annonça que l'on séjournerait quelque temps à Albuquerque : nous allions enfin prendre un peu de repos.

Le jour de Noël on nous permit d'entendre la messe dans la chapelle du château. Jamais cette chapelle n'avait contenu tant de beau monde. Les notables y vinrent pour parler de la guerre ou par curiosité, pour voir comment les Français étaient faits; d'autres pour nous humilier; tous semblaient prendre pitié de notre sort, et tous se réjouissaient de nos malheurs. Ces notables, hidalgos et bourgeois, avaient amené leurs femmes : celles-ci avaient pour compagnie leurs filles et leurs amies. Notre surprise fut extrême quand nous vîmes la gothique chapelle embellie par une si brillante société. Nous devions des remercîmens aux dames, qui avaient grimpé jusqu'au plus haut de la tour dans la seule intention de venir nous voir. Était-ce la curiosité qui les avait guidées ? voulaient-elles se rendre agréables à Dieu, en célébrant un si beau jour par une bonne action, par un acte de charité chrétienne, en visitant de pauvres prisonniers? L'événement dissipa tous les doutes.

Les hommes nous regardaient avec un mépris insultant, le regard des femmes avait une expression bien différente! Les Espagnoles ont des yeux séduisans, un cœur tendre, une ame passionnée : elles ne se montrèrent pas insensibles pour des infortunés. Rangées à gauche de l'autel, à genoux, les mains jointes sur un rosaire, la tête baissée, les dames se tournaient de temps en temps et portaient sur nous leurs regards enchanteurs. Nous entendîmes quelquefois des propos qui faisaient honneur à leur sensibilité et flattaient agréablement notre petite vanité, *¡ Jesus qué lástima! y qué guapos son!* Jésus quel dommage! comme ils sont gentils!

Ite missa est fut le signal du départ des fidèles qui s'étaient réunis dans notre chapelle; on nous permit cependant de présenter nos respects et l'hommage de notre reconnaissance aux bonnes ames qui nous visitaient. On pense bien que les dames obtinrent la préférence, qui leur était due à tant de titres. Elles nous adressèrent une infinité de questions : notre situation paraissait les intéresser vivement, et comme le fils d'Ulysse nous contâmes nos aventures à ces nymphes du Tage; aussi belles que les suivantes de Calypso, elles n'étaient point immortelles, il est vrai, cela ne les rendait pas moins adorables. On se promenait sur la plate-forme, on écoutait nos récits avec intérêt. La pitié, l'attendrissement se peignaient sur les traits des aimables visiteuses, et souvent un ¡*Jesus qué lástima!* suivi d'un soupir et même d'une larme, interrompait la conversation.

En perdant notre liberté et notre argent, nous avions conservé notre gaîté; c'était le seul bien qui nous restait. Après avoir entendu la narration de nos infortunes, les dames, par une heureuse transition, changèrent adroitement le sujet de la conversation: elle prit une tournure plus agréable. Nous étions en verve, notre humeur joyeuse, notre galanterie délicate et spirituelle, je puis me permettre ce mot, leur plut. Inspirés par de si beaux yeux, chacun de nous pouvait dire comme Figaro: *E di me stesso maggior mi fà.* Notre amabilité s'était signalée, de nouveaux succès devaient la couronner. Les belles Espagnoles voulurent visiter notre appartement; là, quelques valses attaquées sur le flageolet avec une élégance de style, une vigueur d'exécution qui feraient pâlir Collinet lui-même, électrisèrent la société. A ce signal, chacun s'empare d'une danseuse, et nous voilà pirouettant au milieu d'une prison que ma flûte enchantée venait de changer en salle de bal. Le lecteur est trop intelligent pour que j'aie besoin de lui dire que les maris, les frères, que sais-je? peut-être les amans de ces dames, étaient en faction, rangés le long des murs, et formaient ce que l'on nomme vulgairement la tapisserie. Leurs figures étaient à peindre, leur situation comique, et nous en aurions ri de bon cœur si nos regards et nos soins n'avaient pas dû se consacrer et se concentrer sur les objets séduisans que nous pressions dans nos bras.

L'orchestre était infatigable comme les danseurs; il doublait, il triplait les reprises; la sixième valse allait commencer, quand les maris, lassés de leur repos, mirent fin à notre ballet impromptu en enlevant nos danseuses. Elles nous firent de tendres adieux, et nous remercièrent d'un divertissement qu'elles avaient trouvé de leur goût; les hommes nous souhaitèrent le bonsoir d'un ton brusque, et qui faisait comprendre qu'ils n'avaient pas pris la même part à nos plaisirs. On ne nous permit point d'accomplir les devoirs de la civilité, en reconduisant les dames jusqu'au bas de l'escalier; mais on ne pouvait nous défendre de les suivre des yeux du haut de notre tour. Quand elles arrivèrent sur la place de la citadelle, un geste avec l'éventail, un mouchoir blanc qu'elles faisaient flotter au-dessus de leur tête, annonçaient qu'on nous voyait encore; et leurs yeux ravissans, dirigés sur notre donjon, semblaient nous dire encore : ¡ *Jesus qué lástima !!!*

Enfin elles disparurent, sans nous laisser l'espérance de les revoir; leurs chevaliers n'étaient pas disposés à les ramener à pareille fête. Ces messieurs interrompirent notre bal; c'était sans doute un grand coup de politique pour eux, mais ils n'avaient pas tout prévu; la pitié, tout le monde sait que

La pitié n'est pas de l'amour,

la pitié mit en défaut leur prudence jalouse. Certains signaux convenus avec nos danseuses devaient nous faire arriver des consolations d'une autre espèce : puisqu'il leur était impossible de répondre aux vœux de nos cœurs, ces dames voulurent au moins procurer quelques jouissances à nos estomacs, que tant de repas exigus ou désagréables avaient cruellement attristés. Le donjon où l'on nous avait confinés était une superbe position télégraphique : toute la ville était sous nos pieds, aucune maison ne se dérobait à la domination de nos regards. Un mouchoir blanc ou bien une cravate noire étaient les signes de jubilation ou de détresse qui faisaient connaître l'état du buffet et du cellier des pauvres prisonniers.

Le lendemain, pas plus tard que le lendemain, un serviteur discret et fidèle parut à nos yeux, portant une corbeille pleine de provisions. Les anges et les oiseaux descendaient du haut de la voûte azurée pour donner à dîner aux prophètes assis sur le gazon, notre pourvoyeur prit la peine de monter six cents marches. La position de la tour d'Albuquerque était bien plus commode pour recevoir des secours d'en haut, il suffisait de tendre la main. Le voile qui couvrait la corbeille est enlevé, et nous voyons d'abord du beau pain plus blanc que la neige, *candidior nive*, et dont la croûte était dorée comme les cheveux d'Apollon que les ciseaux du barbier avaient toujours respectés, *intonsus Apollo*. Dieu! que le beau pain est une belle chose pour de pauvres diables que le malheur condamne à se farcir l'estomac avec les mets les plus rebutans, et qui souvent n'en ont pas assez pour soutenir leur existence misérable! Vins exquis, jambons et volailles froides; elles n'étaient pas truffées, l'exactitude que demande l'histoire me force d'en convenir; mais qu'importe, on ne les trouva pas moins bonnes; confitures, biscuits, chocolat,

chocolat d'Espagne, bien entendu, et non pas cette pâte où la farine s'allie à l'ignoble mélasse, et que les Parisiens décorent du nom de chocolat ; tel était le cortége que nos aimables bienfaitrices avaient donné au pain, qui le premier avait frappé nos yeux et reçu nos premiers hommages. Je n'ai pas tout dit encore, des tablettes de nougat excellent complétaient cette précieuse collection : ce nougat me fit verser bien des larmes, en me rappelant de trop doux souvenirs (1) !

> Je laisse à penser la vie
> Que firent nos *bons* amis !

Je ne plaindrai qu'à demi le prisonnier que les belles se chargent d'alimenter. Tout allait à merveille dans notre donjon, le service des signaux se faisait avec exactitude de part et d'autre ; au

(1) Dans le midi de la France, en Provence surtout, les parens se réunissent la veille de Noël, on sert une collation très-recherchée où le nougat abonde. Les Provençaux qui ont conservé les anciennes traditions, joignent à ce repas diverses cérémonies. C'est pour les familles le jour le plus solennel de l'année ; on retarde un voyage, on presse son retour afin d'assister à cette réunion, qui est un motif très puissant pour rapprocher les parens que des raisons quelconques auraient pu séparer. Les familles provençales établies à Paris ou dans les colonies ont conservé cet usage. La collation de la veille de Noël se compose de certains mets

moment où le drapeau noir succédait au mouchoir blanc, un grand éventail vert paraissait à une lucarne que nous savions très bien distinguer des autres; c'était l'emblème de l'espérance : elle n'était jamais trompée, et le messager ordinaire se hâtait de remplir son devoir. Toujours même abondance et même délicatesse dans le choix de nos provisions de bouche. Hélas ! il n'est point de félicité durable dans ce monde, pas même en prison !

Le 27 décembre, au moment où les rayons de l'aurore venaient d'éclairer le faîte de notre donjon; Thillaye dormait encore; Avril était à la fenêtre des signaux; moi, comme Cendrillon, je soufflais le feu pour réchauffer mes doigts, lorsque la porte s'ouvrit : un sergent nous annonça d'un air effrayé qu'il fallait partir à l'instant. Nous apprîmes ensuite qu'une découverte

---

prescrits par la coutume; on peut en ajouter d'autres, mais il faut que ceux-là conservent leur place d'honneur. Le lendemain les mêmes convives dînent ensemble, un seul plat est alors de rigueur, c'est le dinde rôti. Le 24 décembre est un jour néfaste pour ces paisibles volatiles, des milliers tombent sous le fer meurtrier. Le pauvre fait des épargnes pour se procurer le dinde de Noël ; si elles ne suffisent pas, il vendra ses bijoux, mettra ses vêtemens en gage, pour subvenir à cette dépense, qu'il regarde comme une dette d'honneur. Ce fanatisme est gastronomique, il durera long-temps.

de cavalerie française était venue dans la nuit jusqu'aux portes de la ville. Nos préparatifs furent bientôt faits; un quart d'heure après, nous marchions déjà sur la route de Codocea.

Généreuses et sensibles dames d'Albuquerque, ô vous qui, par vos soins et vos confitures, avez adouci nos peines et charmé notre captivité; vous, les premières personnes qui ayez encore eu le courage de braver l'opinion publique pour nous accorder une protection dont nous avons senti tout le prix, on nous priva de la satisfaction de vous adresser nos adieux et le témoignage de notre reconnaissance! Mais le langage des cœurs ne vous est point inconnu, et vous avez reçu nos remercîmens et l'expression de nos regrets; le souvenir touchant de vos bienfaits ne s'effacera jamais de notre mémoire.

Nous arrivâmes à Codocea dans l'après-midi; on nous laissa quelque temps au milieu d'une rue pendant que l'on allait chercher les clefs de la prison, ou pour donner aux habitans le plaisir de nous voir et de nous insulter à leur aise. Je n'aimais pas à servir de spectacle aux passans, comme une bête curieuse; leurs grossières plaisanteries étaient un supplice pour moi; je m'y dérobai en entrant dans une maison où je m'instal-

lai bravement près du foyer domestique : je me souvenais que Coriolan en avait agi de même chez son ennemi Tullus. La maîtresse de la maison était sortie pour voir les prisonniers, elle rentra ; ses yeux étaient mouillés de pleurs. Voyant qu'elle me pardonnait la liberté que j'avais prise de me chauffer à sa cheminée, j'eus la hardiesse de lui demander un verre d'eau ; elle me donna du vin en pleurant à chaudes larmes, et m'offrit tout ce qu'elle pouvait avoir dans sa maison. Surpris d'un procédé si noble, et surtout si nouveau pour moi, je voulus connaître la cause de sa douleur. « Hélas ! me dit-elle, j'avais un fils
« dans l'armée espagnole, il est maintenant pri-
« sonnier de guerre en France ; je vous vois si
« malheureux, si misérables, que la seule idée que
« mon fils peut l'être autant que vous me fera
« mourir de chagrin. Acceptez, je vous supplie,
« acceptez de trop faibles secours ; je suis si heu-
« reuse de pouvoir vous les offrir ! Puisse quelque
« ame charitable rendre à mon fils ce que je fais
« pour vous ! »

Je me contentai d'une orange et d'un peu de pain ; après avoir remercié cette femme je lui dis : « Votre fils est malheureux sans doute,
« puisqu'il est prisonnier ; mais, rassurez-vous,

« sa vie n'est point en danger, il n'est pas ex-
« posé aux humiliations que nous endurons ici,
« on ne l'a point enfermé dans une prison ; je
« vous en donne l'assurance et vous devez me
« croire. Il lui est permis de travailler s'il a un
« état, un métier; s'il n'en a point, il trouvera des
« ames charitables qui lui donneront du pain s'il
« en a besoin (1). Les Français ne sont pas..... »

(1) Je ne me trompais pas dans mon assertion ; les prison-sonniers espagnols étaient accueillis avec des sentimens de pitié et d'humanité par les habitans des départemens du Gard et de Vaucluse. Ces malheureux captifs recevaient des secours et l'on cherchait à améliorer leur condition, que la politique voulait rendre affreuse, insupportable, afin de les forcer à s'en affranchir en s'enrôlant dans les troupes françaises. Les gens du pays étaient indignés d'un semblable machiavélisme, on désapprouvait généralement l'invasion de la Péninsule. Girone se rendit, sa garnison fut conduite à Avignon ; elle y arriva pendant les derniers jours du carnaval, et l'on vit défiler sur la promenade les fantômes de soldats qui venaient d'échapper aux horreurs de la guerre et de la famine. Ils présentaient une vivante image des maux que les Français captifs souffraient en Espagne. A l'intérêt que le malheur inspire, se joignaient encore d'autres raisons sur lesquelles je garderai le silence, elles tournaient à l'avantage des prisonniers espagnols dont on favorisait la désertion: on leur donnait de l'argent; des bateaux postés la nuit sur le Rhône et le Gard les passaient sur la rive droite; ces fugitifs suivaient la côte et gagnaient les Pyrénées sans de grandes difficultés, puisque les habitans s'empressaient de les recevoir et de les dérober aux poursuites des gendarmes.

Un coup de crosse dans les reins m'avertit que j'en avais trop dit et qu'il fallait suivre mes camarades qui prenaient le chemin de la prison.

Le 29 on coucha à Campo Mayor, place forte sur la frontière du Portugal. Le matin, avant notre départ, un chef de bataillon portugais entra dans la prison avec un homme en uniforme de musicien de régiment. Ce musicien nous adressa quelques questions en français, il traduisait à l'instant nos réponses au commandant. Il

---

Dans une petite ville du Gard, une famille fut assez heureuse pour donner des soins à un Espagnol dont les parens rendaient le même service au fils de la maison, captif en Espagne; les deux guerriers ont ensuite épousé la sœur l'un de l'autre, et ce double mariage a resserré les liens d'une reconnaissance réciproque. Mon frère aîné me dépêcha plusieurs de ces déserteurs; il m'adressait des lettres dans tous les lieux où il pouvait croire que j'étais : je n'en reçus aucune. Un jeune soldat, José Vega, qu'il avait pris en affection, partit d'Avignon et trouva des obstacles qui l'obligèrent à rentrer au dépôt; cet honnête déserteur s'empressa de rapporter la lettre et l'argent qu'on lui avait donnés, on pense bien que mon frère ne reprit que la lettre.

Dans leur état de misère et de captivité, les Espagnols conservaient leur fierté et leurs idées extravagantes de noblesse et de distinction nationale; les officiers castillans avaient leur table particulière, à laquelle les Manchègues, les Catalans, etc., n'étaient point admis. Un des commensaux avait fait une course dans les environs, il trouve à son retour un nouveau venu qui dînait avec les officiers : cette augmentation de société le molestait singulièrement; il regarde, il

comprit à mon accent que j'étais Provençal, et, parlant aussitôt la langue de mon pays, il voulut savoir quelle était ma ville natale. Je lui dis que j'étais de Cavaillon, et que ma famille habitait Avignon. Alors il me demanda des nouvelles de M. Lapierre, organiste de Cavaillon, et de MM. Fialon et Borty qui jouaient les parties de premier cor et de violoncelle au théâtre d'Avignon. Je fus très surpris de trouver un compatriote à une distance si éloignée et dans les rangs ennemis; je me souvins de l'avoir connu à Ca-

examine ce convive et demande ensuite s'il est Castillan. « S'il « ne l'était pas, dînerait-il avec nous ? » lui dit-on. Cette réponse le rassura, dissipa ses scrupules et lui rendit l'appétit.

En 1814 les Avignonais pouvant fraterniser librement avec les Espagnols donnèrent un repas splendide aux officiers de cette nation. Mon frère aîné fit quelques couplets pour cette fête ; je n'en citerai qu'un seul :

> Mars, dieu terrible et furieux,
> Tes fruits sont la mort, l'esclavage ;
> Le Castillan pleure en ces lieux,
> Le Français pleure aux bords du Tage.
> Mais il est un terme à nos maux :
> L'olive en main Bourbon s'avance,
> Castille, reprends tes héros,
> Et rends ses héros à la France.

Tous les prisonniers espagnols voulurent avoir ces couplets pour les emporter dans leur patrie. Celui que je rapporte ici fut accueilli avec des transports d'enthousiasme.

vaillon, je cherchais à me rappeler son nom, quand il disparut après m'avoir fait signe de garder le silence.

Le 30 on s'arrêta à Grumeña ; le matin nous avions passé sous les murs d'Elvas, ville très forte de Portugal. Le peuple furieux se présenta sur la route pour nous égorger. Notre garde ne pouvait nous défendre ; mais on pointa des pièces d'artillerie sur les assaillans en les menaçant de faire feu; ils se retirèrent aussitôt. Ce fut très heureux pour notre troupe, qui se trouvait postée de manière à recevoir la mitraille de la seconde main : « Après vous s'il en reste, » disions-nous aux brigands.

Nous quittâmes Grumeña le 1er janvier 1809. On voulut nous faire passer la Guadiana ; mais le temps était si mauvais, la rivière si agitée, que nous faillîmes nous noyer. Notre départ fut donc différé jusqu'au lendemain. La Guadiana est une rivière assez forte qui sépare l'Espagne du Portugal, ses bords sont couverts de myrtes et de lauriers-rose. Non loin de là se trouve l'antique village de Castil-Blazo, *Castellum Blasiorum*, fondé par un de mes ancêtres, Caïus Attilius Blasio, lieutenant de Sertorius. Je voulais aller réclamer la protection de mes parens qui habitent encore le vieux manoir que Caïus Attilius leur a légué; Palacio se montra inexorable et je fus obligé de mêler mes plaintes au mugissement de la tempête, espérant les confier à l'aile du zéphir dans un moment plus favorable. Mais hélas! l'esprit patriotique avait peut-être éteint, dans le cœur de mes cousins, les sentimens de la nature et de l'amitié. Ces orgueilleux hidalgos avaient sans doute oublié qu'un des cadets de leur famille avait suivi Charles V en Provence pour y laisser une colonie de l'ancienne race consulaire des Cornelius et des Quintius qui s'illustrèrent dans les guerres puniques. J'étais en butte à tant de traverses et de tribulations, que je me consolai facilement de ce qu'on me refusait d'aller embrasser mes parens, en passant si près de leurs domaines.

Thillaye faisait bien les vers, l'ennui m'avait donné le goût de la poésie, je rimais aussi dans ma prison, ce sombre gîte invite à réfléchir sur les misères humaines ;

Car, que faire en un gîte à moins que l'on n'y songe?

a dit le grand La Fontaine ; après avoir bien ruminé nos pensées philosophiques nous finissions par les ajuster en vers. Nos aventures, notre situation, nous inspiraient des stances gaies ou mélancoliques selon les événemens de la journée. Souvent les murs de notre cachot étaient charbonnés de nos essais poétiques. Le départ ayant été différé à cause du mauvais temps et de l'agitation de la Guadiana, on nous fit rentrer dans la maison où nous avions passé la nuit. Nous y trouvâmes des gens occupés à racler la muraille pour effacer les vers que nous y avions tracés. Ces vers étaient écrits en français, on ne les avait pas compris, voilà une raison plus que suffisante pour tomber sur les impertinens auteurs de ces lignes rimées. A Paris, les poètes se fâchent quand on les siffle, que feraient-ils si on leur donnait la bastonnade ainsi que cela se pratique en Portugal?

La tempête s'apaisa, et nous passâmes, le 2 janvier, la rivière sans accident. Nous devions aller coucher à Olivencia; à peine étions-nous sur l'autre bord, qu'un moine apprit à Palacio que les habitans ne voulaient point nous recevoir. Toutes les portes étaient fermées, excepté une où l'on avait placé quatre canons prêts à tirer sur nous. Le capitaine vira de bord, il nous fit faire un grand détour à travers les champs pour aller prendre une autre route, cette contre-marche nous fit perdre du temps et nous arrivâmes très tard.

Palacio, qui sans doute avait été mal reçu en Portugal depuis que nous y étions entrés, ne cessait de faire l'éloge de l'Espagne et de blâmer hautement les Portugais. Je ne m'étais pourtant pas aperçu que les Espagnols fussent plus polis ; mais il fallait nécessairement être de l'avis du señor D. Palacio, et je m'empressais de convenir qu'en effet les Espagnols valaient mieux que les Portugais.

A dix heures de la nuit nous marchions encore. On ne nous avait pas donné de vivres la veille, et nous mourions de faim. Palacio, dans le feu de sa déclamation contre les Portugais, voulut nous montrer le caractère espagnol, non pas tel qu'il est, mais avec les embellissemens qu'il se plaisait à lui donner. Il nous fit entrer dans une maison placée sur la route ; là, d'après son ordre souverain et son pouvoir discrétionnaire, on nous distribua du pain et du vin pour notre argent. Il est juste de dire qu'on nous avait déjà donné du pain en cachette pendant que notre escorte vidait les bouteilles et les brocs ; cette libéralité mystérieuse était peut-être une ruse de Palacio qui ne cessait de dire avec une emphase comique : « On voit bien que nous « sommes en Espagne! » La distribution faite on se remit en chemin; à minuit nous étions à Taliga.

Comme il n'y avait pas de prison dans ce petit village on nous logea chez un savetier. Le capitaine, voulant toujours soutenir l'honneur de son pays, fit apporter deux bottes de paille pour notre litière, et nous répéta plus d'une fois en se frottant les mains d'un air de triomphe et de satisfaction : « On voit bien que nous sommes en Espagne! »

Le lendemain on s'arrêta à un petit village à quatre lieues de là et dont le nom échappe à ma mémoire. Cervantès avait été reçu d'une manière peu courtoise dans un bourg de la Manche, on croit même qu'il y fut maltraité. C'est dans ce misérable endroit que l'auteur de D. Quichotte a fait naître son héros et qu'il a placé les scènes principales de ce roman fameux. D. Miguel Cervantès de Saavedra était fier et rancuneux comme un Espagnol, il se vengea de ce bourg incivil en ne pas le nommant. Si je suivais cet exemple la seule ville d'Albuquerque aurait obtenu la faveur d'être inscrite sur mes tablettes, et, comme l'auteur de D. Quichotte, j'aurais oublié les noms de toutes les villes et de tous les villages qui se sont trouvés sur notre route.

Nous fûmes assaillis, selon l'usage, par la canaille du lieu. Les rues étaient pleines, il y avait du monde aux fenêtres, sur les toits et même au clocher. On nous déposa dans une salle basse dont les fenêtres donnaient sur la rue. La populace se pressa auprès des fenêtres, ils s'étouffaient, ils escaladaient les murs, ils montaient les uns sur les autres pour nous voir, nous huer et nous jeter des pierres. Il n'y avait aucun moyen de se dérober à ces attaques, nous étions en quelque sorte attachés au carcan, il fallait tout endurer sans se plaindre. Après les pierres et la boue, les poignards se montrèrent et j'avoue que je les vis sans effroi. Ces horribles traitemens peuvent être supportés dix, vingt fois avec résignation; mais enfin l'esprit se révolte, la crainte de la mort disparaît et l'excès de l'exaspération fait mépriser toute espèce de prudence. Les poignards étaient levés sur nous; guidé par le désespoir et la rage: « Frappez brigands, et que cela finisse, » leur dis-je en découvrant ma poitrine.

Le regard de Marius, la voix de Mahomet, la lyre d'Orphée, que dirais-je encore, *il Bondocani*, la baguette d'Armide, la tête de Méduse, n'ont jamais produit un effet plus prompt et plus surprenant que mes paroles et le geste qui les accompagna. Les scélérats ne tombèrent point à mes genoux, il est vrai; mais on cacha les poignards, chacun déposa les pierres qu'il nous destinait et l'on entendit à l'instant ce cri général : « Ils sont chrétiens! ils sont chrétiens! amis il ne faut pas leur faire de mal. »

Étonné de ce changement subit, j'en demande la cause, et l'orateur de la bande me dit gravement que tous les Français étaient juifs, hérétiques, sorciers, que du moins ils passaient pour tels en Espagne; mais que l'on voyait bien que nous étions chrétiens et même catholiques zélés. «—Oui, sans doute, et telle est ma profession de foi, mais qui vous l'a prouvé? — Le signe que vous portez.»—C'était le scapulaire de la belle Dolores que je n'avais point quitté depuis mon départ d'Aranjuez. Ce gage de l'amitié la plus tendre opéra le prodige, il désarma nos assassins et les soumit à notre volonté, je me garderai bien de dire à notre puissance.

Dicitur lenire tigres rabidosque leones.

Les paysans s'empressèrent de réparer leurs torts, en ayant pour nous des égards et de la complaisance; ils allaient nous chercher de l'eau et de la paille :

C'était beaucoup pour *nous*, ce n'était rien pour *eux*.

Cet événement seul pourrait faire connaître le caractère des Espagnols et les moyens perfides employés par le despotisme monacal afin d'exciter contre nous un peuple superstitieux et crédule. Partout nous étions accueillis avec les mêmes clameurs et les mêmes transports de haine et de fureur, notre garde était obligée de croiser la baïonnette et de charger les armes pour nous garantir des poignards. Mais ce premier moment passé, le peuple revenait de lui-même à des sentimens plus humains, surtout quand il était possible de lui faire comprendre que nous étions catholiques, il nous aurait apporté des secours si on ne l'en eût empêché.

On séjourna dans ce village. Le lendemain on sut que parmi les prisonniers français il y avait des médecins et des chirurgiens, que, de plus, ils étaient catholiques, et que par conséquent ils ne se servaient point de pierres constellées, de magie et de sortiléges pour guérir les malades. Tous les incurables du lieu vinrent se confier à nos soins, nous fîmes beaucoup de consultations que l'on paya en remercîmens, en bénédictions ; cette monnaie n'était pour nous d'aucune valeur.

Palacio nous retint dans ce village, parce qu'il s'y amusait ; il avait trouvé une société agréable chez son hôte ; le capitaine, en chevalier galant, imagina de donner un bal aux demoiselles du pays. Thillaye et moi fûmes appelés pour former l'orchestre. Dans toute autre circonstance j'aurais repoussé l'invitation de Palacio avec le mépris qui lui était dû ; mais il n'est pas toujours permis d'avoir de l'amour-propre. Nous suivîmes le caporal qui nous conduisit au logement du capitaine. Trois abbés, le fils de la maison, quelques anciens des deux sexes, D. Palacio et cinq demoiselles charmantes, composaient cette réunion. Le capitaine ouvrit le bal et dansa le fandango avec la plus jolie. Je ne voyais de danseurs que Palacio et le fils de la maison ; il me paraissait difficile que l'on formât une contredanse à quatre. Je ne songeais point aux abbés qui furent les premiers en place avec leurs danseuses. Il faut avouer ici que l'espoir d'être invités à souper fut le principal motif qui nous décida tous les deux à faire l'office de ménétriers. Cette idée occupait agréablement notre imagination; pressé par la faim, le loup sort du bois; la faim nous avait conduits au bal.

Nous soufflions comme des enragés, et toutes les fois qu'une porte s'ouvrait, notre œil tourné de ce côté s'empressait de voler sur les pas d'une servante que l'on aurait envoyée pour offrir au moins des oranges, du vin, des biscuits à l'orchestre. Mais inutiles soins! espérances trompeuses! Jean s'en alla comme il était venu, l'estomac à l'espagnole, c'est-à-dire vide, et, pour comble d'infortune, il ne restait absolument rien du *rancho*. Nos camarades l'avaient mangé, présumant que nous retournerions suffisamment repus. Il fallut donc s'étendre sur la paille sans pouvoir contenter les désirs de notre organe digestif que la faim et la fatigue du bal avaient délabré. Nous avions ri comme des fous en voyant cabrioler ces têtes tonsurées; c'était une chose tout-à-fait nouvelle pour nous; les danses de la Provence, les ballets de l'Opéra ne nous avaient jamais présenté des figurans de cette espèce. A chaque chaîne anglaise, j'attendais un *pax vobis*, et *Dominus vobiscum* me semblait devoir naturellement suivre le dos-à-dos.

Nous partîmes le 5 de ce village, accompagnés par les naturels du pays que nous avions drogués; ils nous suivirent pendant un quart de lieue, en nous donnant mille bénédictions. On coucha à Oliva; les curieux vinrent nous rendre leur visite comme partout, plusieurs se montrèrent honnêtes; on ne nous jeta pas des pierres, et le curé du lieu mérite une mention particulière à cause de sa bonne conduite. Ce digne pasteur nous fit porter du vin, et se mit dans les vignes du Seigneur en buvant à la santé du roi Ferdinand, à la prospérité de ses armes.

Le scapulaire de l'aimable Dolores nous avait si bien servis, que, depuis lors, je l'avais mis en évidence, ainsi que cela se pratique en Espagne. J'étais, d'ailleurs, tellement persuadé que tout ce qui tient aux pratiques religieuses et aux prêtres impose aux Espagnols, que quand on me demandait « de quel pays êtes-vous ? — Des États du Pape, » était ma réponse ordinaire. Si l'on voulait avoir quelques explications, je leur disais que le Comtat Vénaissin avait appartenu à Sa Sainteté jusqu'à l'époque de la révolution française. Cette manière adroite de ramener les esprits à la douceur, sans trahir la vérité, en m'épargnant bien des coups de bâton, m'a valu quelquefois des ¡*Jesus qué lástima!*

CHAPITRE VIII.

Séjour à Frejenal. — Je me fais marchand de bagues. — Tout le monde n'abandonne pas les malheureux. — Le médecin Velasco. — Je suis dangereusement malade. — Abîme de misères. — On me laisse à Frejenal. — Je deviens valet du geôlier. — On me fait professeur de langue italienne.

Après avoir marché toute la journée par des chemins affreux, avec une pluie glaciale, nous arrivâmes à Frejenal à neuf heures du soir. «On voit bien que nous sommes en Espagne!» s'écria notre alguazil en chef; en effet la prison était ouverte, le *rancho* prêt, un bon feu brillait dans la chambre du geôlier, où l'on nous mit. Palacio avait pris soin de nous annoncer, il voulait absolument nous convaincre que les Espagnols étaient de meilleures gens que les Portugais. Ils valent un peu plus, sans doute; mais ils ne valent guère mieux. Cette singulière préférence me rappela un quatrain impromptu qu'une dame avait demandé à l'auteur des *Cadet Roussel* et des *Madame Angot*. Elle faisait partie d'une réunion nombreuse, et déjà toutes les autres belles avaient été l'objet des complimens rimés de l'improvisateur; sa verve paraissait épuisée, il s'était arrêté, et pourtant la dame dont il s'agit n'avait pas eu sa part des hommages poétiques. Elle les réclama; soit la rougeur trop vive de son teint, soit une animosité particulière qui aurait indisposé le rimeur, celui-ci répondit par ces vers impertinens :

> Si l'on pouvait, pour beaucoup d'or,
> A vos boutons porter remède,
> Vous en seriez beaucoup moins laide,
> Mais vous seriez bien laide encor!

Le lendemain Palacio nous annonça que l'on s'arrêterait pendant quinze jours à Frejenal. Nous ouvrîmes nos sacs pour faire sécher les haillons qu'ils renfermaient; le reste de la journée fut employé à nous débarrasser de certains petits insectes dont les morsures nous causaient beaucoup d'ennui et de douleur.

J'ai déjà dit qu'un nommé Perret faisait partie de notre convoi; ce Perret avait été marchand de bagues de crin au Palais-Royal, au Jardin des Plantes et sur le Pont-Neuf, à Paris. Ennuyé de son métier obscur, et se croyant destiné aux grandes aventures, il partit pour l'armée d'Espagne, laissant à sa femme le soin de son petit commerce. Il entra au service en qualité d'infirmier-major ; avec des protections et de la conduite (1), il était devenu ensuite employé de troisième classe dans l'administration des hôpitaux.

Le sieur Perret avait emporté une pacotille de crins de toutes les couleurs. Quand il sut que nous devions passer quinze jours à Frejenal, il se mit à faire des bagues de crin qu'il vendait deux réaux chacune, dix sous. Ce petit bénéfice journalier le mettait à l'abri du besoin. Je n'étais point jaloux de ses profits, mais j'aurais voulu faire le même commerce. Je le priai de me donner des leçons ; mais comme le prix qu'il y mit était au-dessus de mes facultés financières, je résolus de lui voler son métier, c'est-à-dire, d'apprendre en le regardant travailler. J'y serais parvenu sans peine ; Perret voyant qu'il ne gagnerait rien à faire le renchéri, se décida à me vendre le cahier qui lui servait de guide, moyennant 12 réaux, trois francs, et je lui payai huit réaux une poignée de crins assortis. Je me mis à l'ouvrage à

---

(1) Les infirmiers-majors ont l'habitude de fouiller dans les poches des morts et même des malades, pour les débarrasser de leur argent. Lorsque les infirmiers sont assez généreux pour partager cette dépouille avec leur chef, on appelle cela *avoir de la conduite*.

l'instant même, et je fis, pour mon coup d'essai, et comme une espèce d'étude, une bague assez grande pour contenir les vingt-quatre lettres de l'alphabet, et je l'ornai d'un filet jaune et rouge.

Ce beau chef-d'œuvre était presque fini, lorsque trois paysannes se présentèrent pour acheter des bagues. Perret n'en avait pas de prêtes; elles me demandèrent si celle que j'achevais était à vendre. J'avais quelque scrupule de leur donner cela pour une bague à devise; d'ailleurs je ne présumais pas qu'il y eût au monde un doigt assez volumineux pour en remplir la circonférence. Toutes trois l'essayèrent, et l'une d'elles avait des doigts si gros que la bague lui sembla un peu petite, elle s'en accommoda pourtant. « C'est très bien, me dit-elle, quel en est le prix? — Señora, peut-être n'en serez-vous pas contente? — Pourquoi donc? — La devise est en français. — Peu importe, je ne sais pas lire. Dites-moi seulement ce que cela signifie en espagnol. — Si vous le désirez, je vous en ferai une autre. — Non, c'est celle-là que je veux, d'ailleurs je ne pourrai pas revenir. — Eh bien, señora, puisque vous le voulez absolument, cela signifie en espagnol : *Amour pour la vie.* — Cette devise me plaît beaucoup, combien cela vaut-il? — Deux réaux. — Les voilà. » Elle sortit avec ses compagnes, après me les avoir remis.

Quand ces bonnes femmes furent parties, je donnai un libre cours au rire que j'avais retenu jusqu'alors. « Que dites-vous de mon adresse, cher camarade? Le métier est excellent; je ne suis encore qu'un faible apprenti, et j'ai déjà gagné ma journée. Nécessité d'industrie est la mère, me répondit Avril, cependant qui aurait pu penser, il y a un an, que nous serions obligés de faire ce métier pour vivre. Ah! si ma mère me voyait....» Je l'arrêtai, en le priant de garder ses réflexions pour la nuit, et de profiter de la clarté du jour pour travailler.

Ce premier succès me donna tant d'émulation, que, du matin au soir, j'étais occupé à tresser des crins. Notre boutique s'achalandait de jour en jour ; la marchandise était enlevée à mesure qu'elle sortait des mains de l'ouvrier. Nous ne pouvions suffire aux commandes qui nous arrivaient de toutes parts, on envoyait les devises, la mesure des doigts; et, pour contenter tout le monde, pour expédier nos pratiques par rang d'ancienneté, nous fûmes obligés d'avoir recours à un livre de commerce où chacun était enregistré par dates et par numéros.

Notre appartement ne désemplissait pas. La fabrique de bagues était un nouveau prétexte pour les curieux qui, à Frejenal comme ailleurs, se portaient en foule à notre prison, nous fatiguaient de leur sotte présence, et nous humiliaient par leurs discours impertinens. Comme je connaissais le motif du plus grand nombre des visites que nous recevions, j'avais pris le parti de ne faire attention à personne, et d'écouter en silence toutes les sottises dont on nous accablait. Il fallait en agir ainsi pour ne pas s'exposer à quelque chose de pire.

Un jour, je distinguai dans la foule un homme d'une haute stature, maigre, d'une figure belle mais sévère, bien vêtu et couvert d'un grand manteau brun. Cet homme nous regardait avec une attention particulière; je lui trouvai l'air hypocrite, je ne doutai pas qu'il ne vînt aussi pour nous insulter. Une imagination frappée croit toujours voir ce qu'elle craint ou ce qu'elle désire, je repris mon ouvrage. L'homme au manteau resta long-temps dans la même attitude, sans que l'on daignât jeter les yeux sur lui. Immobile comme une statue, il ne dit mot, tant qu'il y eut d'autres Espagnols dans notre appartement, et se contenta de nous considérer avec la même attention. Enfin, lorsqu'il fut seul avec nous, je l'entendis prononcer à voix basse ces vers d'Ovide :

*Donec eris felix multos numerabis amicos,
Tempora si fuerint nubila, solus eris.*

Je me levai à l'instant et lui pris vivement la main en lui disant : « Señor, je n'ai jamais si bien reconnu la vérité de ce que vous venez de dire que depuis ma captivité. Il n'est que trop vrai que les malheureux n'ont point d'amis. Vous en avez encore, me répondit cet homme généreux, mais ils craignent de se faire connaître. Si je ne suis pas venu plus tôt, c'est que je ne l'osais point. — Vous n'osiez pas! Ceux qui se rendent ici à toute heure pour nous obséder et nous outrager, ont bien osé venir nous voir. — Sans doute, si j'avais eu les mêmes intentions que ceux dont vous me parlez et avec lesquels vous semblez me confondre, je n'aurais point à redouter la fureur d'un peuple aveuglé par les préjugés et le fanatisme. Vous connaissez bien peu les Espagnols, si vous ne partagez pas mon opinion.

« La guerre entraîne à sa suite des malheurs inévitables, mais elle devient plus terrible encore, lorsque la religion peut en être le prétexte. Nos prêtres et nos moines redoutent de perdre l'influence qu'ils exercent depuis si long-temps sur le peuple. Ils l'excitent contre vous, ils aiguisent ses poignards et prêchent l'assassinat; les Français sont des juifs, des hérétiques, des excommuniés, ils seront damnés ainsi que ceux qui les fréquentent ou les protégent : telle est la conclusion de tous leurs sermons. D'après cela vous devez sentir combien ma démarche est délicate et périlleuse. Je suis médecin, et je jouis dans Frejenal d'une réputation excellente ; tout le monde me considère, et je serais perdu sans ressource, si l'on pouvait avoir le moindre soupçon sur le motif de ma visite. Je suis touché de vos infortunes, je sens combien votre situation est déplorable, je ne puis l'adoucir autant que je le désire; comptez sur le cœur de Bartholomé Velasco. En attendant qu'il me soit permis de vous rendre des services plus importans, acceptez, je vous prie, les seuls secours qu'il soit en mon pouvoir de vous offrir. »

A ces mots il me présente quelques pièces d'argent. Une offre de cette nature m'aurait offensé dans toute autre circonstance; mais je jugeai Velasco, je ne devais pas refuser, et je tendis la main en rougissant. Il s'en aperçut, et pour que mon amour-propre ne fût pas blessé, il ajouta : « Faites-moi deux bagues, je viens de « vous les payer d'avance. » Je le remerciai, en le louant sur la délicatesse qu'il mettait dans ses bienfaits. Ce brave homme nous quitta, des larmes roulaient dans ses yeux ; il promit de revenir le lendemain. Si notre fabrique de bagues amenait les importuns auprès de nous, elle favorisait Velasco et servait de prétexte aux visites de cet ange consolateur. Son amitié tendre et touchante avait pour mon cœur un charme inexprimable ; les momens que je passais avec lui pouvaient seuls adoucir l'amertume de mes afflictions. Toujours prudent, Velasco savait profiter du temps où nous n'étions point assiégés par la foule insolente des curieux.

Les mauvais traitemens, les chagrins, la fatigue, la faim surtout, la faim ! avaient beaucoup altéré ma santé. Je ne m'en étais point aperçu pendant la route, nous étions lancés, et les dangers qui suivaient nos pas depuis que nous avions quitté Madrid, nous fouettaient le sang et pressaient notre marche. Mais à peine eus-je pris un peu de repos que je ressentis les atteintes violentes de la fièvre, elle se déclara avec les symptômes les plus alarmans. Je fis appeler Velasco, qui me donna les soins d'un frère et d'un ami : il me voyait deux fois par jour, et s'arrêtait long-temps auprès de moi. Il faut que je fasse connaître toute l'horreur de ma position, et, comme les témoins qui chargent un accusé, je dirai la vérité, rien que la vérité, mais toute la vérité. Ami lecteur, si tu redoutes de voir l'affreux tableau, la dégoûtante image des misères humaines, garde-toi de lire les trois pages suivantes.

J'ai déjà dit qu'on nous avait logés dans l'appartement du geôlier; on entrait par la cuisine, un réduit obscur, venait ensuite et conduisait dans la chambre de notre gardien. Ce réduit obscur était notre partage; mais nous n'étions pas seuls à l'occuper, le geôlier avait des parens et des amis qui y couchaient: son beau-frère, borgne et boiteux, il était crieur public; un aveugle mendiant et sa femme, ces deux individus passaient la journée à chanter des chansons dans les rues; un autre gueux, leur camarade, rentrait quelquefois avec la bande et passait la nuit avec nous. Telle était l'aimable société qu'il fallut accepter, encore ces citoyens croyaient-ils que nous devions être reconnaissans de ce qu'on voulait bien nous permettre de partager leur taudis. Le mobilier de cette chambre noire consistait en deux chaises boiteuses et un sac de paille à moitié plein, c'était le lit du crieur public; les autres couchaient sur les dalles, et nous aussi.

Me voilà donc gisant à terre au milieu d'une troupe de gueux, dont le voisinage était d'autant plus incommode qu'ils étaient couverts de vermine. Les demandes que j'adressais par l'intermédiaire du médecin se bornaient à obtenir un lit, ou bien à être porté à l'hôpital. Velasco pria, supplia; tout lui fut refusé. On plaint un pauvre malade couché sur la paille, lorsqu'il n'a pour nourriture qu'un fade bouillon, du pain et de l'eau. Mais quand il repose sur le pavé! pendant l'hiver! et qu'il n'a pas même ce bouillon insipide! N'est-il pas mille fois plus digne de pitié? Voilà pourtant comme j'étais à Frejenal!

Oserai-je peindre cette horrible situation? Où trouver des expressions assez fortes, assez décentes, pour décrire l'excès de ma misère, sans blesser les bienséances, et sans révolter la nature? Des insectes dévorans m'avaient fait une large plaie sur la poitrine. Pendant tout le cours d'une longue et cruelle maladie, j'ai resté couché sur la pierre, et par conséquent tout habillé. D'abondantes transpirations trempaient mes vêtemens, et je ne pouvais pas même changer de linge; le frisson, un froid mortel leur succédaient; je n'avais rien pour me couvrir! Et, quand un besoin pressant survenait, je n'avais ni le temps, ni la force de me lever, et mon pantalon recevait tout. Il fallait attendre avec une patience surhumaine et dans des angoisses affreuses que l'accès fût passé. Je me traînais alors auprès du feu, j'allais recueillir quelques étincelles de vie, et quand j'avais repris l'usage de mes facultés, je quittais mes vêtemens, et, avec un couteau.... je ne puis y songer sans frémir!

Quinze jours s'étaient écoulés depuis notre arrivée, et Palacio se préparait à partir. Je le suppliai d'attendre encore et de me donner le temps de me rétablir. Il différa de deux jours, après lesquels on me signifia l'ordre du départ. Le capitaine vint lui-même pour m'engager à prendre courage; il me dit qu'il avait à sa disposition une monture pour me porter. Il ne restera plus de troupes à Frejenal, après que nous aurons quitté cette ville, ajouta-t-il, je ne réponds de mes prisonniers qu'autant qu'ils sont avec moi, en vous laissant ici, je vous expose à être égorgé par le peuple. Il disait la vérité; je savais bien moi-même que c'était là le sort que je devais attendre, mais j'étais accablé, terrassé par le mal; il m'était impossible de me lever sur mes jambes et de faire un seul pas. Je répondis à Palacio avec beaucoup de calme, que, dans un tel état d'épuisement, je ne pouvais pas supporter la fatigue du voyage; qu'il ne me restait plus qu'à tomber et mourir, et qu'il m'était indifférent d'expirer dans un cachot ou sur un grand chemin. Le capitaine me quitta sans renouveler d'inutiles instances, et dit en sortant : « Voilà un « homme perdu. »

Il fallut me séparer de mes bons amis, Avril et Thillaye. J'avais juré de ne les quitter jamais. Ah! que cette séparation fut cruelle! Le désir de les suivre, l'horrible désespoir où me jetait leur départ, m'auraient donné des forces, si j'avais pu en trouver encore dans un corps épuisé par les fatigues et la misère.

Après l'éloignement de mes camarades, je restai seul dans la prison, sans amis, sans ressources, sans défense, dans un entier abandon au milieu d'un pays de barbares, exposé chaque jour à être assassiné par le premier qui aurait envie de le faire. Le généreux Velasco m'apportait des consolations; mais ses visites étaient alors de peu de durée, et, pendant le reste du jour, je n'avais pour société que le geôlier, sa femme, et les mendians qui couchaient auprès de moi.

Je passais au coin du feu tous les momens dont la fièvre me laissait disposer. Domingo, c'est le nom du geôlier, prit alors sur moi plus d'autorité, il me parlait en maître; j'étais en effet directement sous sa garde. Comme il me trouvait presque toujours assis contre la cheminée, il me faisait écumer son pot. Voulait-il se régaler, un morceau de lard piqué au bout d'une brochette m'était présenté; Domingo me disait, en me frappant un grand coup sur l'épaule : « Tiens, « tourne ça; tu m'avertiras quand il sera cuit. » Sans murmurer, je prenais la brochette, je tournais et retournais le morceau de lard avec une constance admirable; je le voyais fumer en le convoitant du regard, mais sans oser y toucher. Était-il cuit, je le mettais sur une assiette pour le présenter au señor Domingo, qui le mangeait sans m'en offrir.

Notre fabrique de bagues avait accoutumé les gens du pays à nous voir, ils s'étaient même familiarisés avec moi; cela me donnait une espèce de sécurité. Dès que je pus me lever, je me remis à l'ouvrage, et je consacrai à mon industrie les momens qui me restaient, après avoir donné mes soins à la cuisine du geôlier.

Attirés par la fabrique de bagues, les amateurs se rendaient toujours en foule à la prison, et, depuis qu'on m'avait enlevé mes compagnons d'atelier, je ne pouvais plus suffire à ma besogne.

Un jour, trois fashionables du pays vinrent me commander plusieurs bagues; ils s'étaient présentés poliment, je les reçus de même, et les priai de s'asseoir. La conversation eut d'abord pour objet la guerre, l'Espagne, la France; l'un d'eux, D. Basilio, me demanda de quel pays j'étais. « Des États du Pape, lui répondis-je comme à tant d'autres. » J'eus alors l'idée de me faire passer pour Italien, à cause de la préférence que les Espagnols montraient pour cette nation.»— Vous n'êtes donc pas Français? — Non, señor. — Êtes-vous de Rome? — Pas précisément, mais d'une petite ville voisine, et j'ai été élevé dans la capitale du monde chrétien par mon oncle, qui était secrétaire du cardinal Ruffo. — Avez-vous resté long-temps à Rome? — Mais.... il n'y a que deux ans que j'en suis sorti. — Vous devez bien connaître cette ville? — Mieux que mon village. — Elle est belle? — Superbe, admirable. — Et l'église de Saint-Pierre? — Magnifique. — Le Capitole? — Tout ce qu'on peut voir de plus beau dans le monde. »

Don Basilio m'adressa une infinité de questions de ce genre sur les monumens de Rome; je lui répondis toujours d'une manière évasive, et comme quelqu'un qui n'a jamais vu la plus petite ville d'Italie. Des questions générales, il passait aux détails, quand je me hâtai de l'interrompre, en lui disant: « Je vous entretiendrais jusqu'à demain, sans pouvoir vous donner une idée de la basilique de Saint-Pierre; ce sont des choses que l'on ne saurait décrire, il faut nécessairement aller les voir; les récits les plus fastueux sont encore très loin de la vérité ; d'ailleurs, je ne possède pas assez bien votre langue pour m'exprimer clairement. »

Les trois jeunes gens se dirent quelques mots à voix basse, et l'orateur D. Basilio m'adressa la parole. « Seigneur Italien, je connais une dame qui a le plus grand désir d'apprendre la langue toscane; pourrait-on vous prier, sans indiscrétion, de lui donner quelques leçons? — Impossible, je suis prisonnier, cette dame ne voudra pas venir ici. — Je me charge d'obtenir du corrégidor une autorisation pour que vous puissiez aller dans la ville. — Cela peut vous compromettre, et m'exposer à de mauvais traitemens. — Reposez-vous sur moi, je vous réponds que tout ira bien. » Je m'étais enferré, il était impossible de reculer, il fallut dire oui.

Le lendemain matin, la soupe de Domingo n'était pas tout-à-fait écumée quand D. Basilio, muni d'un permis du corrégidor, vint me chercher. Je le suivis chez une jeune dame qui me reçut fort bien ; je la saluai d'un *Ave Maria*. Après les complimens d'usage, elle me dit qu'elle aimait beaucoup la langue italienne, et que le hasard l'avait bien servie, en lui procurant l'avantage de l'apprendre d'un Romain. Je me trouvai dans un étrange embarras, il fallait absolument être Romain, enseigner l'italien, ou bien se laisser éconduire comme un imposteur. Cependant, je ne me déconcertai pas, je fus assez effronté pour offrir mes services. Fort heureusement pour moi, cette élève n'avait aucune connaissance de l'italien; il lui était même impossible de se procurer à Frejenal une grammaire et des dictionnaires : l'ignorance complète de la dame vint me rassurer tout-à-fait, et je me décidai bravement à lui apprendre le provençal, ma langue maternelle, au lieu de l'italien, qui m'était tout-à-fait étranger; et, pour ne pas perdre de temps, elle voulut à l'instant même recevoir la première leçon.

Je lui dictai des thèmes et des versions; ses progrès furent rapides. Le français, l'italien, l'espagnol, ont emprunté une infinité de mots au provençal, qui est la langue la plus ancienne et la plus riche de l'Europe méridionale. Mon élève trouvait quelquefois des mots de sa connaissance, elle me faisait répéter souvent les mêmes phrases, afin de bien prendre l'accent et la prononciation. Nos premières leçons n'étaient que des conversations; je lui expliquais les mots qu'elle me demandait, et les noms des objets qui s'offraient à nos yeux. Elle savait à merveille que *una silla* signifie *une cadière; los estrevedes, lèïs escarfio; unas parrsillas, une grazie; una mariposa, un parpaïoun; una berenjena, un viadazé;* etc.

Tant d'intelligence et tant d'émulation auraient en peu de temps rendu l'élève aussi savante que son maître, si l'obligation de continuer ma route ne m'avait enlevé ma charge de professeur. Ce départ m'épargna du moins les désagrémens de l'explication qu'un seul livre italien aurait pu provoquer.

CHAPITRE IX.

Départ de Frejenal. — Le verre d'eau. — Coups de bâtons employés pour guérir de la fièvre. — Santa Olalla. — Le moine capitaine de brigands. — Il me vole ma montre et mon habit. — San Lucar de Barrameda. — J'y retrouve mes camarades. — Le gouverneur fait rendre gorge au bandit. — Dernière perfidie du moine capitaine.

Convalescent mais non pas guéri, je n'avais point assez de force pour marcher. Mon ami Velasco fit tout ce qui était en son pouvoir pour me retenir à Frejenal, ses démarches et ses prières n'eurent aucun résultat satisfaisant. Les Français s'approchaient de la ville, ils m'auraient délivré ainsi que six prisonniers qui, comme moi, étaient encore malades ; on nous fit partir le 4 février. Le geôlier Domingo, un alguazil et quatre paysans armés formaient notre faible escorte, elle ne pouvait résister aux furieux qui se présentaient toujours à mon imagination le poignard à la main. Notre garde se renouvelait à chaque gîte, et ce changement m'exposait à être insulté chaque jour par de nouveaux personnages.

J'étais d'une faiblesse extrême, et mes compagnons d'infortune et de voyage ne paraissaient pas plus vigoureux que moi. Nous ne pouvions faire un pas, on plaça les six prisonniers sur trois ânes, Velasco obtint que j'en aurais un pour moi seul, je fus d'abord flatté de cette faveur, je la maudis ensuite. Lorsque les quadrupèdes pacifiques n'allaient pas au gré de leurs impatients conducteurs, c'était sur nous que tombait le bâton. Je regrettais alors de ne point partager avec un autre cavalier cette place dont on m'avait accordé la jouissance exclusive. Je n'aurais eu du moins que la moitié des coups. En vain je mettais pied à terre pour me dérober aux estocades, mes jambes pliaient sous mon corps; il fallait remonter à l'instant sur le baudet.

En arrivant à Rio Molinos, je tombai de faiblesse sur le seuil d'une porte, la pâleur de la mort était sur ma figure, et je restai sans mouvement. Un de mes compagnons voulut m'apporter un verre d'eau, on le lui refusa. Pressé par le danger de ma situation, il renouvela ses instances et demanda ce verre d'eau *pour l'amour de Dieu!* Une femme, je devrais dire une furie, fit éclater un rire infernal en disant : « ¡*Ahora piden por* « *Dios, los indignos!* Maintenant ils demandent

« pour l'amour de Dieu, les indignes ! » Il fallait écouter cela sans murmurer, trop heureux si, après avoir subi tant d'humiliations, nous obtenions enfin ce verre d'eau si ardemment désiré.

On me transporta de la même manière jusqu'à Santa Olalla. J'avais de temps en temps quelques accès de fièvre, et je recevais, pour tout remède, quelques coups de bâton. Les paysans trouvaient un plaisir infini à cet exercice, ils riaient de bon cœur, et criaient en me frappant ¡ *Arre borrico !* Plus tard les Espagnols se montrèrent plus féroces encore, ils se débarrassaient des malades et des traînards en les fusillant. Des soldats postés à la gauche du convoi étaient chargés d'exécuter à l'instant les prisonniers qui ne pouvaient pas marcher aussi vite que les autres. Ne valait-il pas mieux être fusillé que d'éprouver sans cesse les angoisses de la mort?

Il y avait un hôpital à Santa Olalla; je me flattais d'y trouver un lit et un bouillon, voilà tout ce que je désirais; un mourant peut-il porter plus loin son ambition? Mon espérance fut encore trompée.

On nous jeta dans un cachot où quatre scélérats enchaînés attendaient que la justice les envoyât à l'échafaud. Ils commencèrent par nous assaillir d'une bordée d'injures épouvantables; nous étions Français! Cette première insulte ne nous offensa point. Mais quand ils voulurent changer de ton et nous parler familièrement, comme à des compagnons d'infortune, cet outrage fut repoussé par nous avec toute l'indignation qu'il devait inspirer. Après avoir fait observer à nos conducteurs que nous étions des prisonniers de guerre, et qu'il était injuste de nous confondre avec des criminels, de nouvelles injures nous furent adressées et la porte du cachot se ferma à double tour. On vint nous chercher quelque temps après pour nous conduire à l'hôpital. Il y avait des lits et du bouillon dans cet hospice, mais ce n'était pas pour nous. On eut la cruauté de nous laisser pendant trois jours, étendus par terre, sans jeter seulement une poignée de paille sur cette dure couche. Le lendemain de notre arrivée le médecin nous visita, sans oser nous toucher : « Ils sont malades de misère! » dit-il, en s'éloignant au plus vite. O vertueux ami! où étais-tu Velasco?

Trois jours se passèrent dans cette pitoyable situation; le quatrième au matin, nous vîmes entrer dans notre chambre un bandit qui portait deux galons d'or sur sa veste de paysan.

« Levez-vous, et suivez-moi, nous dit-il d'un ton brutal. — Mais nous sommes malades, et ne pouvons marcher. — Vous marcherez à coups de bâton. » Il fallut bien se lever et se traîner sur ses pas. Il nous conduisit à un autre brigand qu'il appelait son officier. Ce prétendu capitaine n'était distingué des autres bandits que par deux petits galons cousus sur ses épaules en manière d'*espérances*. Son habit marron râpé, culotte courte et gilet noirs, bas de soie de la même couleur, costume singulier, m'auraient fait soupçonner que l'officier était l'écume d'un couvent, si sa tonsure encore dessinée par de trop jeunes cheveux ne m'en eût donné la certitude.

Ce moine travesti commandait une quinzaine de paysans armés, brigands comme lui, et disposés à tout faire pour le bien de l'état, et surtout pour le bien de leur bourse. Ils conduisaient douze prisonniers ramassés dans divers hôpitaux; on nous réunit à ce petit convoi. Notre nouveau chef commença l'exercice de ses fonctions en confisquant à son profit les quatre réaux que le gouvernement espagnol nous accordait. Les moyens de transport furent supprimés, et l'on nous ordonna de marcher ou de mourir sur place. La peur donne du courage, a dit un plaisant; je partage maintenant son avis. Les menaces terribles de ces bandits firent un tel effet sur moi, que je trouvais encore des forces pour les suivre. Bien plus, la fièvre me quitta peu-à-peu et je me portais bien quand nous entrâmes à Camas.

Le moine capitaine vint nous voir le lendemain de notre arrivée; il allait partir pour Séville, et comme son chapeau n'avait pas une tournure assez militaire, il pria l'un de nous de lui prêter le sien. Son choix tomba sur le couvre-chef de Bonnecarrère; c'était le meilleur, il s'en empara, et nous quitta après avoir donné des ordres secrets à son sergent. Dès qu'il fut sorti, le sergent, fidèle aux instructions qu'il avait reçues, nous fit monter à la terrrasse et de là nous fit passer dans un galetas où nous fûmes dépouillés entièrement par ce chef subalterne, aidé de deux de ses estafiers. Protégés par le capitaine Palacio, nous n'avions pas été pillés jusqu'alors. Je possédais encore une quadruple, et, pour n'être pas obligé de m'en séparer contre mon gré, je l'avais changée en huit petites pièces d'or que j'avalais tous les deux ou trois jours.

Mon tour vint, on me demanda ma bourse, je la donnai, elle ne contenait qu'une piastre, et cette petite somme ne les contenta pas. J'affirmai que je n'en avais pas davantage, ils s'emportèrent au point de me maltraiter; ils me déshabillèrent tout-à-fait, et je n'eus pour me couvrir que mes vêtemens les plus mauvais et dont ils n'avaient pas voulu se charger. Le soir notre bandit tonsuré arriva ou feignit d'arriver de Séville. Après avoir joué la surprise en apprenant ce qui s'était passé pendant son absence, il prit une note détaillée de ce qu'on avait eu recours à chacun et promit que tout nous serait rendu à notre arrivée aux pontons de Cadix. Il avait pris cette mesure, disait-il, afin d'empêcher les douaniers de nous voler. Le berger Agnelet tuait les moutons de son maître afin de les empêcher de mourir.

Le scapulaire se montra aux yeux des brigands qui me dépouillaient, mais ce précieux talisman ne pouvait agir sur des scélérats accoutumés au crime; au contraire, ils parurent irrités en rencontrant un objet qui semblait leur reprocher l'indignité d'une telle conduite et la violation de leurs sermens. La vue du scapulaire vint ajouter à leur fureur, et je fus le plus maltraité de la troupe captive.

On partit le 11 février pour San Juan d'Alfarache, où nous devions descendre sur le Guadalquivir. Avant de nous embarquer, l'officier à tonsure fit des provisions comme pour un voyage d'outremer et les paya avec l'argent qu'il nous avait volé. Tandis qu'il faisait ses dispositions de départ, nous étions dans une basse-cour à croquer le marmot en attendant qu'il lui plût de nous envoyer quelque chose pour manger. Un soldat vint me dire que le capitaine m'attendait au salon, je m'y rendis, et le trouvai en grande discussion avec un alguazil à qui il voulait vendre ma montre. Ne sachant pas au juste ce qu'elle valait, j'étais appelé en qualité de commissaire appréciateur. Je dis ce qu'elle avait coûté, le marché se conclut à l'instant, l'acheteur paya, comme pot de vin, une bouteille de rosolio et l'on eut l'extrême politesse de m'en offrir un petit verre.

Je tenais cette montre de mon oncle, elle portait son chiffre, et je la conservais comme l'objet le plus précieux. Ah! que j'éprouvai de chagrin en la voyant passer entre les mains de l'alguazil mayor de San Juan d'Alfarache, par l'entremise d'un moine défroqué!

Le marché terminé, l'argent compté et emboursé, nous fûmes entassés dans un bateau et l'on mit à la voile. Bien que notre abbé capitaine eût fait des provisions pour six mois, il les distribuait à ses prisonniers de manière à leur faire croire que le voyage devait durer un an. Il est vrai qu'il en usait largement pour lui-même et pour ses soldats.

Le 14 nous abordâmes à San Lucar de Barrameda; avant de sortir du bateau le sergent m'enleva mon chapeau qu'il lorgnait depuis longtemps d'un œil de convoitise. C'était la seule chose qui me restait ou du moins qui valait la peine d'être volée. Après le débarquement on se dirigea vers la ville; à une certaine distance de la rivière, le brigand en chef nous fit faire halte pour que l'on déployât devant lui les paquets des bagages qu'on nous avait enlevés. Il choisit sur le tout de quoi se faire un ajustement complet. Mon uniforme était le plus propre, il l'endossa après avoir pris le gilet de l'un, le pantalon de l'autre, les bottes d'un troisième, et, grotesquement paré de nos dépouilles, il fit son entrée triomphale dans la cité de San Lucar. J'aurais ri de bon cœur si la colère ne m'en avait empêché, en voyant ce moine renégat revêtu des habits de tant d'honnêtes gens.

On nous conduisit dans une maison de réclusion; en y arrivant je m'entends nommer. Ce n'était pas moi que l'on appelait, mais mon habit qu'on avait reconnu sur le dos du moine. Je lève la tête. « Comment, c'est toi?—C'est vous?—Te voilà? —Nous voici.—D'où venez-vous ? Que vous est-il arrivé ? » Nous étions avec nos camarades partis les premiers de San Fernando. Dans la confusion qui régnait au moment de cette reconnaissance, l'habit que portait le tonsuré lui valut quelques accolades fraternelles que l'on croyait me donner. Nos camarades partagèrent avec nous leur modeste repas. L'habit de l'officier leur apprit qu'on nous avait pillés, et nous leur donnâmes tous les détails de notre mésaventure.

Notre gouverneur est un brave homme, dit Sicard, contez-lui ce qui vous est arrivé, je vous réponds qu'il rendra justice à qui elle est due. J'avais bien quelque désir de suivre ce conseil; mais j'étais retenu par la crainte que l'officier ne se vengeât d'une manière plus terrible quand nous serions loin de San Lucar. Il devait s'embarquer avec nous le même jour, et je le connaissais suffisamment pour le croire capable de tout. Je priai donc Sicard de garder le silence sur tout ce qui s'était passé, me réservant d'adresser mes plaintes au gouverneur de Cadix, lieu de notre destination. La fatigue m'accablait, le sommeil fermait ma paupière, il termina bientôt notre entretien; je m'étendis à terre, et, sans avoir eu le temps d'invoquer Morphée, je fus comblé de ses faveurs.

Le gouverneur vint à la prison pendant que je dormais, mes camarades lui firent une entière confidence qu'il reçut avec l'expression de l'indignation la plus vive. Il me fit appeler sur-le-champ, et, après m'avoir demandé la liste des objets volés, il manda l'officier qui eut l'impudence de se présenter couvert de nos habits. Le gouverneur l'accabla des reproches les plus humilians, le fit déshabiller devant nous et lui ordonna de tout restituer. Je rattrappai mon uniforme et une partie de l'argent de ma montre; je retrouvai mon chapeau sur la tête du sergent; le caporal me rendit mon pantalon, et les soldats le reste de ma garde-robe dont ils s'étaient emparés.

Après cet acte solennel de justice, je ne devais pas craindre de m'adresser au gouverneur avec confiance. Je lui fis connaître combien ma position devenait difficile, à quels périls je m'exposais en m'embarquant avec un fourbe que j'avais démasqué, avec un voleur que j'avais fait punir. Je finis en priant ce brave militaire de me garder à San Lucar, ou de nous donner une autre escorte

« Soyez tranquille, me dit-il, je vais recommander ce drôle au gouverneur de Cadix, et s'il se conduit mal il aura affaire à moi. — A la bonne heure ; mais, en attendant l'effet de votre juste sévérité, je serai roué de coups, étranglé, noyé, et quand même vous le fissiez pendre à son retour, cette satisfaction ne me rendrait pas la vie. » Le gouverneur convint que je n'avais pas tort, il réfléchit sur la conséquence de mon argument et nous donna un officier de sa garnison pour nous accompagner, et pour surveiller la conduite du brigand tonsuré.

Nous partîmes le lendemain en adressant mille remercîmens et des bénédictions au gouverneur de San Lucar. On coucha à Rota, et l'on s'embarqua le 15 pour Cadix. Nous passâmes la nuit dans la rade et le lendemain on nous conduisit au ponton. Avant de nous quitter, le moine défroqué se signala par un dernier trait de vengeance ; il ne voulut point que l'on nous menât au ponton *la Vieille-Castille* où se trouvaient les officiers, et nous fit mettre à bord du ponton *le Terrible*, prison des soldats. Il savait bien que là nous serions privés des quatre réaux que le gouvernement espagnol accordait aux officiers.

CHAPITRE X.

Ponton *le Terrible*. — Horreur de ma situation. — Je me fais malade pour aller à l'hôpital de *la Segunda Aguada*. — Nous jouons la comédie. — Une dame de Cadix me témoigne l'intérêt le plus tendre. — Elle me fournit les moyens de me sauver. — Je suis repris et mis au cachot. — Je passe sur le ponton *la Vieille-Castille*. — Les pontons. — Massacre des Français à Valence.

Je grimpai à l'échelle avec un plaisir infini, joyeux de me retrouver avec des compatriotes et d'avoir terminé mon périlleux voyage. Je ne regardai point alors le ponton comme la prison la plus effroyable qu'on puisse imaginer ; mais comme un asile où mes jours allaient être en sûreté. La distance qui le séparait de la terre me paraissait une barrière protectrice qui désormais devait me mettre à l'abri des persécutions des moines, des brigands et des attaques d'une canaille sottement superstitieuse qui croyait voir l'ennemi de Dieu dans son propre ennemi et son ennemi dans tout ce qui n'était pas de sa nation.

Nous nous présentâmes, en arrivant, au sergent espagnol chargé de la police du bord. Chacun déclina ses noms, prénoms et qualités; on nous conduisit ensuite, ou pour mieux dire on nous porta sur le tillac où la grande foule des prisonniers nous attendait avec impatience pour écouter le récit que nous devions leur faire. Nous étions des messagers de malheur, et les nouvelles que nous apportions n'étaient pas du tout satisfaisantes. Pendant le cours de notre narration on apporta le *rancho*, il consistait en quelques poignées de fèves sèches cuites à l'eau, contenues dans un baquet de bois que l'on appelait gamelle.

Après avoir pris ma part de ce repas, après avoir raconté de nouveau mes aventures et satisfait la curiosité de mes compagnons d'infortune, enfin quand il ne me resta plus rien à dire, je m'enveloppai dans une couverture et j'exterminai d'un seul coup tous les ennemis que j'apportais avec moi, c'est-à-dire que je plongeai dans l'eau de mer bouillante les guenilles dont j'étais revêtu.

En arrivant au ponton *le Terrible*, je fus traité comme un soldat, je recevais la ration de vivres et ne touchais aucune paye. J'attendis avec impatience le commissaire des guerres; il ne vint que dix jours après et n'écouta point mes réclamations. Je lui demandai qu'il me fît conduire au ponton *la Vieille-Castille*, cette faveur me fut refusée. Très mécontent du commissaire et ne conservant aucun espoir de toucher la solde d'officier, je commençai à faire de tristes réflexions sur mon avenir. Hélas! elles ne servaient qu'à me faire sentir plus vivement le poids de mes maux et l'horreur de ma situation.

On nous donnait chaque jour une ration de pain et la gamelle de fèves ou de riz, quand il y avait à bord de quoi faire une distribution. Mais très souvent on nous laissait manquer de pain, de légumes ou d'eau ; de manière que nous recevions rarement ce qui nous était dû. En nous privant d'eau, on nous privait de tout, il était alors impossible de faire cuire les légumes. Pendant mon séjour au *Terrible*, il nous est arrivé deux fois de manquer d'eau pendant cinq jours de suite. Nous n'avions que du pain, cette nourriture ne pouvait satisfaire un besoin sans en aggraver un autre. Le hasard voulut que j'eusse alors quelques oranges dont je mangeais une tranche de temps en temps. Je restais couché toute la journée afin que l'exercice n'irritât pas davantage un désir que je ne pouvais satisfaire. Quelques tuyaux de paille placés dans la bouche aident à supporter les angoisses de la soif plus affreuses encore que celles de la faim ; j'avais recours à ce moyen pour calmer un instant ma souffrance. Les prisonniers qui, comme moi, n'avaient pas quelques fruits pour apaiser le feu brûlant de leur gosier étaient en proie à d'horribles tourmens. Plusieurs ne pouvaient les supporter, la force du besoin les entraînait, mourir de soif au milieu de la mer est un supplice épouvantable : ces malheureux s'abreuvaient d'eau salée, elle les soulageait un instant pour accroître ensuite leurs douleurs.

J'étais depuis un mois sur ce ponton, vivant avec ma ration de pain, quand on me la donnait, des fèves et du riz, quand il y en avait. Le bateau qui portait les malades à l'hôpital vint à passer un jour pour prendre ceux qui étaient à notre bord. On m'avait dit que les malades se trouvaient bien à l'hôpital, je me mis un mouchoir à la tête, je fis le malade et m'embarquai dans la chaloupe. On reconnaîtra bien que je ne le suis pas, disais-je en moi-même, mais pour peu que les médecins aient d'humanité et d'égards pour un confrère, ils favoriseront cette innocente ruse et me laisseront en paix savourer les douceurs du lit et du bouillon de l'hôpital. D'ailleurs, ce qui peut m'arriver de pire est d'être renvoyé au ponton. Tandis que je devisais ainsi avec moi-même, la nef allait son train et me déposa bientôt à l'hospice de *la Segunda Aguada*, où je me trouvai en pays de connaissance.

Mes anciens camarades du 2ᵉ corps d'observation de la Gironde faisaient le service de cet hôpital, et le médecin était mon ami; je ne craignis plus d'être banni de cette retraite vraiment hospitalière. « Quelle est votre maladie? me dit le médecin. — *Una fame da gigante*, une faim d'enragé. » Il se mit à rire et sans me prendre le pouls, il improvisa l'ordonnance suivante avec une admirable sagacité : « Portion entière le matin, trois quarts le soir, de l'eau vineuse pour tisane. » Le mal était connu, un traitement rationnel venait d'être appliqué, la guérison paraissait à peu près certaine.

J'étais en effet insatiable, je dévorais comme un être vivant et raisonnable qui a reçu plus de coups de bâton que de morceaux de pain. La ration complète que le médecin m'avait adjugée ne suffisait pas pour contenter mon appétit glouton ; je m'occupai donc de me procurer quelques supplémens. Il y avait dans la même salle un pharmacien espagnol, nommé Agudo, qui se faisait apporter à manger de la ville; je l'aidai à manger ses provisions exotiques et m'appropriai sa ration de l'hôpital. J'avais encore une autre ressource : mes deux voisins étaient très malades, et la diète la plus sévère convenait seule à la gravité de leur état. Je priai mon ami le docteur de mettre ces braves gens à la demi-portion, et cela me valut un total de plus à ajouter à l'actif de mes provisions de bouche. Quand elles ne suffisaient pas, je me levais la nuit pour dérober le pain des imprudens qui en avaient laissé sur leur tablette. La mort d'un de mes voisins, la guérison de l'autre, me firent perdre la moitié de mon revenu; mais les désirs effrénés de mon estomac commençaient à s'apaiser, l'équilibre s'était à peu près rétabli, et je ne conservai que l'appétit vigoureux et l'activité qui ont toujours présidé à mes fonctions gastronomiques.

Lorsque je fus obligé de me séparer de mes amis en restant à Frejenal, le désespoir s'empara de mon ame, je me repentis plus d'une fois en route de n'avoir pas fait de plus grands efforts pour les suivre. Palacio nous protégeait; avec lui, je n'aurais pas été pillé, je n'aurais pas reçu tant de coups de bâton. Mortels impertinens, laissez-vous conduire par l'invisible main qui règle vos destinées, acceptez sans vous plaindre le lot qui vous est départi, ne vous plaignez pas d'une sévérité salutaire, et

Craignez que le ciel rigoureux,
Ne vous haïsse assez pour exaucer vos vœux.

En effet, si j'avais suivi mes camarades jusqu'au ponton, on m'aurait forcé de les accompagner plus loin, aux Iles-Canaries, en Angleterre, où ceux qui ont échappé à la mort n'ont recouvré leur liberté que cinq ans après. A quelque chose malheur est bon.

Tandis que je passais mon temps à manger les rations de mes voisins de *la Segunda Aguada*, on enleva une partie des prisonniers des pontons pour les transporter aux Iles-Canaries. Avril et Thillaye, qui se trouvaient à bord de *la Vieille-Castille*, furent embarqués à cette époque. Des médecins espagnols vinrent à l'hôpital pour désigner ceux qui pouvaient supporter les fatigues du voyage. Nous étions prévenus, et ceux qui, comme moi, n'étaient pas malades, tâchèrent de le devenir ou de le paraître; les uns se donnèrent la fièvre au moyen d'une gousse d'ail, d'autres se firent des plaies avec un couteau : je me fis souffler de l'alun en poudre dans les yeux, et me mis un mouchoir à la tête. Les médecins, trompés par cette ophtalmie apparente, me laissèrent à l'hôpital; l'eau fraîche me guérit en cinq minutes, et mes yeux rouges et chassieux reprirent leur éclat et leur sérénité.

Je me trouvais fort bien à l'hôpital; le loto,

le reversis, étaient nos passe-temps ordinaires ; les jours de fête, on jouait la comédie. *Les Plaideurs* étaient à l'étude quand j'y arrivai; le rôle de Dandin me fut offert, et je l'acceptai. La chambre des chirurgiens devint la salle de spectacle où l'on éleva un théâtre avec les bancs et les planches des lits; des couvertures étendues sur des cordes formaient les coulisses. Cette chambre était fort étroite, il ne restait qu'un petit espace entre le théâtre et le mur; il fut rempli par les officiers qui ne jouaient pas. Les invitations avaient été faites avec trop de précipitation, le médecin Ferrax fut oublié; négligence fatale, dont le docteur se vengea sur-le-champ d'une manière odieuse, en renvoyant au ponton les officiers et les aspirans de marine qui n'étaient pas malades. On les embarqua bientôt pour les Canaries, où plusieurs trouvèrent la mort.

Tantum comœdia *potuit suadere malorum!*

La curiosité attirait sous nos fenêtres la belle société de Cadix ; c'est vers ce lieu de prédilection que chacun dirigeait ses pas, c'était le boulevart favori des Gadétanes. Voir des prisonniers français enfermés dans un hôpital, cela est si plaisant et si doux! Il n'était à Cadix aucune fille bien née qui ne voulût se procurer ce plaisir une fois la semaine, au moins. Nous pouvions examiner de nos croisées le beau sexe qui, de son côté, faisait aussi ses petites observations. Ces dames ne se contentaient pas de nous regarder, elles nous faisaient des signes, des grimaces, pour nous faire enrager. Au lieu de se fâcher de ces impertinences, on leur répondait par des témoignages muets d'estime et d'affection. Elles en riaient quelquefois ; n'importe, nous leur avions fait passer un moment agréable, nous avions excité une petite saillie de gaîté, notre peine n'était pas tout-à-fait perdue. D'ailleurs nos compagnons, les officiers de marine qui montaient l'escadre commandée par l'amiral Rosily, connaissaient parfaitement la plupart de ces dames. Quatre ans de garnison dans une ville d'Espagne, et surtout en Andalousie, sont un siècle pour la galanterie et les intrigues d'amour : nos officiers français étaient forts sur cette tactique, et la manœuvre des signaux que faisaient les aimables Gadétanes ne leur était point étrangère.

Cracher devant nous pour exprimer le mépris, faire signe qu'il fallait nous couper la tête, nous menacer du poing ; tout cela était interprété par l'amour, et les tendres regards qui accompagnaient ces gestes, témoignaient assez que les dames n'avaient aucune intention coupable. Jetaient-elles des pierres, c'était pour nos captifs une faveur bien chère; les billets doux n'auraient pu fendre l'air sans cet auxiliaire précieux.

Nous avions encore parmi les prétendus malades beaucoup de Franco-Espagnols habitans de Cadix, que l'on avait enfermés sur un ponton, et qui se faisaient conduire à *la Segunda Aguada* pour avoir plus souvent des nouvelles de leurs femmes, de leurs filles ou de leurs amies. Ces dames venaient se promener auprès de l'hôpital pour voir leurs parens ou leurs amis; elles en amenèrent d'autres, et bientôt toutes les belles Gadétanes eurent adopté cette promenade.

Je me postais aussi sur les balcons, je montais à la terrasse, et là, comme Pierrot ou Polichinelle, je faisais la parade pour amuser les promeneurs, ou plutôt pour captiver l'attention de quelque sensible Espagnole. Mes soins ne furent pas longtemps sans résultat; je m'aperçus qu'une dame semblait me regarder avec intérêt; elle passait et repassait sous ma fenêtre, faisait des signes avec son éventail, agitait un mouchoir qui finit par me dire clairement : « c'est à vous que cela s'adresse. » Je pourrais faire ici le portrait de mon inconnue, et l'embellir de tous les attraits que les romanciers prêtent à leurs héroïnes : taille élégante, pied mignon, cheveux d'ébène, teint de lis, vingt ans au plus, et toutes les graces d'une nymphe de Diane. Mais j'ai promis de ne point m'écarter de la vérité; je dirai donc avec franchise que l'inconnue n'était ni jeune ni jolie, dût cet aveu diminuer l'intérêt de mon petit roman.

Voir mon inconnue du haut de la terrasse, répondre aux signes qu'elle faisait, fut pendant quelques jours la seule satisfaction que j'obtins. J'étais impatient de mettre à fin cette aventure, je sus faire entendre à la constante promeneuse qu'elle trouverait de l'autre côté de la maison une fenêtre basse par laquelle nous pourrions nous entretenir. Elle me comprit à merveille, et vint au lieu désigné; mais elle passa rapidement, afin de n'être pas remarquée, et je n'eus que le temps de lui dire : « Si vous m'aimez, prouvez-le-« moi. »

Trois jours après, une blanchisseuse se présente à l'hôpital sous le prétexte d'apporter du linge, elle me cherche et me trouve, au moyen des renseignemens qu'on lui avait donnés. Je reçois une lettre dictée par l'amour et la pitié; elle se terminait par les offres les plus obligeantes. Je réponds à l'instant par le même courrier. Dès ce moment, la correspondance fut établie ; le panier de linge servait de sauf-conduit à notre jeune Iris, favorisait la contrebande, et la messagère d'amour apportait avec les billets du chocolat, des confitures et d'autres petites friandises. Ce commerce épistolaire et nutritif continuait depuis quelque temps avec un succès parfait. Beaucoup se seraient contentés de manger le chocolat et les confitures, en attendant patiemment qu'un destin plus favorable leur permît d'aller déposer aux pieds de leur conquête l'hommage de l'amour et de la reconnaissance. Je portai mes vues plus loin, et je pris la ferme résolution de tenter les grands coups, et de tirer parti de la circonstance pour recouvrer ma liberté. Après y avoir mûrement réfléchi, après avoir reçu les conseils des amis qui partageaient avec moi les bienfaits de l'inconnue en dégustant ses confitures et son vin de Xérès, j'adressai, en espagnol, la lettre suivante à la dame de mes pensées.

« Adorable inconnue,

« Pénétré de reconnaissance pour vos bienfaits, je remercie tous les jours la providence de ce qu'elle m'a envoyé un ange consolateur pour soutenir mon courage prêt à s'évanouir; les sentimens que vous m'avez témoignés me donnent une confiance sans bornes, elle est due à la personne qui semble compatir à mes malheurs avec tant de persévérance. Veuillez me pardonner, si j'ose vous demander une faveur..., la seule que je puisse solliciter dans ma triste position. »

« Je crois inutile de vous en dire davantage, vous m'avez compris; je vous devrai plus que la vie, je vous devrai la liberté.

« Recevez, je vous prie, adorable inconnue, l'expression la plus vive, et la plus tendre, de mes sentimens d'amour et de reconnaissance, et daignez vous souvenir que mon sort est entre vos mains. »

« A la *Segunda Aguada*, le 12 mai 1809. »

Je remis la lettre à la messagère, qui, trois jours après, m'apporta la réponse la plus satisfaisante. On devait me marquer le jour et l'heure de l'évasion; en attendant, on me traçait mon plan de conduite. Le voici : j'étais chargé de trouver moi-même le moyen de sortir de l'hôpital, pour me rendre ensuite, en habit bourgeois, chapeau rond, etc., à l'entrée de la ville, seul. On me prendrait sans doute pour un promeneur de Cadix. Là, je verrais une femme, tenant à la main un mouchoir blanc déployé. Assise sur le troisième banc de la promenade, à gauche, cette femme se leverait en m'apercevant; je la suivrais de loin, en observant de garder le silence pour ne pas me trahir. Elle devait me conduire dans une maison sûre, où je resterais caché jusqu'à ce qu'on m'eût procuré les moyens de m'embarquer pour l'Afrique.

Je ne pouvais contenir ma joie en lisant cette lettre, je me croyais déjà à Tanger, je me voyais en France. Je m'occupai d'abord de préparer les voies pour sortir de l'hôpital, et cela n'était pas facile; je commençai à dresser mes batteries. Il fallait obtenir la clef des champs; je fis une cour assidue au sergent, dont la physionomie me promettait le plus de chances de succès. Il était de garde à la porte tous les deux jours; je le chargeais alors de quelques petites commissions, et lui donnais ensuite de l'argent pour aller boire. Il y allait en effet, et s'en acquittait fort bien. Je devins peu à peu l'ami de ce sergent, en le faisant griser à mes dépens toutes les fois qu'il était à la porte. Je captivai si bien sa confiance, qu'il finit par m'inviter à aller boire avec lui : c'était l'objet de mon attente, cela entrait à merveille dans mon plan de campagne;

J'abandonnai mes pas à cet aimable guide.

Je fis les honneurs de la partie, et le drôle en fut si content, qu'il réitéra son invitation le lendemain et les jours suivans. Il répondait de moi; d'ailleurs la taverne était si près, que l'on ne s'opposait point à mes fréquentes sorties. Peu à peu j'accoutumai le sergent à me laisser sortir seul, je n'allais pas loin, et je ne tardais pas à revenir.

Enfin l'heure tant désirée sonna; la blanchisseuse m'apporta un gros paquet où se trouvait tout ce qui était nécessaire pour m'habiller de façon à n'être pas pris pour un échappé des prisons. Demain, dit-elle, je serai au lieu convenu, depuis sept heures du matin jusqu'à midi. J'étais dans un ravissement difficile à décrire; toute la journée fut employée à prendre les commissions de mes compagnons d'infortune, qui tous enviaient mon sort. La nuit me parut éternelle, je ne dormis pas un instant. Le jour vint briller à mes yeux, et chaque minute hâtait l'instant de ma délivrance. Après la visite du médecin, je me lève, j'embrasse encore une fois mes compagnons, et, d'un pas ferme et sûr, je franchis les barrières de l'hôpital.

Les jours précédens, je me promenais avec une tranquillité parfaite aux entours de la prison ; il est vrai que je n'avais rien à craindre, j'étais en habit d'uniforme, et dans l'impossibilité de me sauver. Cette fois-ci, mon courage m'abandonne, je tremble d'être découvert ; ma démarche est mal assurée, je pâlis, je rougis tour-à-tour ; il me semble que chacun doit lire sur mon front ces mots terribles : *c'est un prisonnier.*

Cependant je m'avance vers le but, les murs de Cadix se découvrent à mes yeux, je me crois hors d'atteinte. Il me semble que je vois déjà la personne qui va diriger mes pas incertains ; je me lève sur la pointe des pieds, mon cœur bat, j'ai vu le mouchoir ! « Où vas-tu, me dit un sergent qui croit me reconnaître. — Cela ne vous regarde pas, » lui répliquai-je, en réprimant la frayeur que m'avait causée sa question imprévue et brutale. Il allait me quitter ; mais je déguisais mal mon trouble, le sergent m'avait surpris au moment où les plus douces illusions occupaient mon esprit, la sensation avait été trop vive pour en dérober l'expression à l'œil scrutateur du sbire. Il s'en aperçut, et m'adressa plusieurs questions. Peu satisfait de mes réponses et de l'épreuve à laquelle il me soumit en me faisant prononcer le mot *carajo* (1), il réfléchit un instant, et me conduisit ensuite à la porte de la ville, où je fus remis entre les mains de la garde.

Il fallut décliner mon nom; j'avouai que j'étais sorti de l'hôpital pour me promener comme à l'ordinaire, et que je n'avais pas l'intention de m'échapper. L'excuse ne parut pas suffisante, on appela le commissaire de police; le corrégidor vint après; ils m'interrogèrent et n'apprirent rien de plus. Enfin on me ramena à l'hôpital, où je fus mis au *cepo* en attendant que l'on eût prononcé sur mon sort. Le *cepo* est une espèce de carcan dans lequel on passe les jambes ou le cou du coupable, selon la gravité de la faute. Le *cepo* est un meuble que l'on rencontre dans presque toutes les prisons d'Espagne; j'en ai visité quelques-unes. Je restai huit jours dans les entraves, et je fus reconduit au ponton, sans être instruit de la décision qui avait été prise sur mon compte. Depuis lors, je n'ai plus entendu parler de la dame in-

---

(1) Je parlais assez bien l'espagnol alors, mais la prononciation de la lettre *J* est d'une grande difficulté pour les étrangers. Ce mot me trahit comme *ciceri* avait trahi les Français aux Vêpres Siciliennes.

connue; ses lettres n'étaient pas signées, je n'ai jamais pu savoir son nom.

La Vieille-Castille me reçut le 27 mai : ce ponton renfermait tous les officiers prisonniers. Avant d'y entrer, je dois donner quelques détails sur les divers pontons de Cadix.

Les troupes désarmées après la capitulation du général Dupont furent dispersées dans l'Andalousie, et quand les Français marchèrent de nouveau sur Madrid, on mit tous ces prisonniers de guerre sur de vieux vaisseaux rasés appelés pontons. Les premiers que l'on disposa pour servir de prison furent *le Terrible*, *le Vainqueur*, *l'Argonaute*, *le Minho*, vaisseaux de 74 canons, *la Vieille-Castille* de 64, *la Rufina* et *la Horca*, frégates.

Lorsque la guerre éclata avec fureur en Espagne, un soulèvement général, un mouvement terrible de patriotisme se manifesta à la fois dans toutes les villes, comme une fièvre ardente se communique dans toutes les parties du corps. Les Français venus avec l'armée, et que les événemens en avaient éloignés, furent arrêtés dans toute l'Espagne; la même rigueur s'exerça contre les familles françaises établies et naturalisées dans ce royaume depuis plus de trente ans. Ces bourgeois ou négocians franco-espagnols tombèrent les premiers sous le fer des assassins. Plus de deux cents Français des deux sexes et de tout âge étaient enfermés dans la citadelle de Valence depuis le commencement de l'insurrection. Un scélérat qui s'était emparé du pouvoir dans cette ville, Balthazar Calvo, chanoine de Saint-Isidore, leur fit dire qu'on voulait les assassiner et qu'ils n'avaient d'autre parti à prendre, pour éviter la mort, que de s'enfuir. Pendant qu'ils s'y préparaient, le monstre, qui venait d'ouvrir les portes de la prison, répand le bruit que les captifs cherchent à se sauver. Puis il accourt avec ses sicaires et fait un carnage épouvantable des malheureux fugitifs, le peuple se joint à la troupe du chanoine et les Français sont massacrés par ceux qui depuis longues années avaient habité parmi eux, et peut-être même vécu de leur bienfaisance. Les magistrats, la force armée accourus pour rétablir l'ordre, les images de la Sainte-Vierge, le Saint-Sacrement présentés au milieu des assassins, n'arrêtèrent point leur rage. Quelques victimes sauvées par des Espagnols charitables trouvèrent le lendemain une mort plus cruelle encore que celle de leurs compagnons. On les enferma dans le cirque avec des taureaux furieux, et quand le peuple eut assez long-temps joui de cet horrible spectacle, le poignard donna la mort à ceux que les bêtes avaient épargnés : hommes, femmes et enfans, tout périt. Les habitans de Cadix se montrèrent plus humains, leurs relations de commerce avec les nations policées ont hâté la civilisation de cette ville, on y rencontre peu de traces de la barbarie espagnole. Les Franco-Espagnols y furent traités avec douceur; comme on ne pouvait pas les soustraire à une mesure générale on les enferma dans *la Rufina*, autant pour leur propre sûreté que pour les empêcher de servir l'armée française au moyen des intelligences qu'ils avaient dans le pays. Les officiers de marine avaient *la Horca* pour prison et les officiers de terre *la Vieille-Castille*, les autres pontons étaient remplis de soldats.

Ces prisons flottantes ne pouvaient pas cependant contenir tous les captifs français, l'armée prise à Baylen avait grossi leur nombre de vingt mille. On en laissa beaucoup dans les cantonnemens les plus rapprochés de Cadix, de grands convois partirent pour les îles Baléares et pour les Canaries. Le quartier San Carlos dans la petite île de Léon en fut rempli, c'est là que l'on plaça les femmes, elles y étaient mieux et plus décemment qu'aux pontons. Leurs maris vrais ou faux obtinrent la permission de rester avec elles.

L'homme est partout le même, une nombreuse réunion d'hommes offre toujours l'assemblage de toutes les vertus et de tous les vices. Et quand cette société n'est plus contenue par les lois, les mœurs, la religion ou la présence d'un chef qui impose, les vertus y paraissent avec plus d'éclat, les vices y deviennent effroyables : chaque individu se montre à découvert, puisque l'hypocrisie ne doit mener à rien.

Les officiers de marine avaient fait partie de l'escadre commandée par l'amiral Rosily, ils laissaient à Cadix des amis et même des amies qui leur procuraient des secours de toute espèce. Ces officiers entassés sur *la Horca* se cotisèrent pour former une somme considérable, elle fut offerte à un pêcheur espagnol qui leur livra en échange une chaloupe à voiles. Elle ne pouvait contenir que trente hommes, ils étaient six cents; il fut convenu que le sort désignerait ceux qui devaient la monter pour se sauver. Le sort est impartial, il distribua ses faveurs aux grands comme aux petits sans s'arrêter à la hiérarchie des grades. Officiers et aspirans de la marine, non-combattans, officiers de santé, agens comptables, employés, tout était confondu sur ce ponton. Croira-t-on que plusieurs de ces derniers que le hasard avait favorisés vendirent leur liberté? Ils cédèrent leur place à des militaires moyennant une certaine somme, chacun prit le nom de l'acquéreur de son numéro gagnant, et figura sur les contrôles des Espagnols sous le nom de celui qui l'avait remplacé dans la chaloupe. Et cela pour une misérable poignée d'écus et pour toucher ensuite la solde d'officier accordée à ceux qui la leur abandonnaient avec raison. Quel était le but de ces vendeurs insensés ? Quel était leur espoir ? Est-il un bien que l'on doive préférer à la liberté? Et si ce bien existait sur la terre, le trouverait-on dans les cavités infectes d'un ponton ?

La chaloupe partit au milieu de la nuit et traversa l'escadre anglaise sans accident. Elle était déjà loin lorsqu'on la signala, une frégate se mit à sa poursuite et ne put l'atteindre, nos intrépides marins abordèrent en Afrique. Cette entreprise donna l'éveil au gouvernement espagnol et tous les officiers de marine qui restaient sur *la Horca* furent transportés aux îles Baléares et aux Canaries.

CHAPITRE XI.

Ponton *la Vieille-Castille*, habité par les officiers prisonniers. — Le commissaire des guerres espagnol me met à la ration des soldats. — Vanité ridicule de nos officiers. — Je me fais de nouveau malade et vais à l'hôpital de l'île de Léon. — Prise de Sarragosse. — Quartier San Carlos de l'île de Léon. — Joyeuse vie des prisonniers. — Concerts, comédie, ballet. — Vente des femmes. — La femme en loterie. — Mariages. — *La Cortadura.* — Meurtre de Solano.

Je n'avais point encore paru à *la Vieille-Castille*, en y entrant il me fallut absolument conter mon histoire à tout le monde, et même donner des nouvelles qui commençaient à vieillir. On ne voyait point dans ce lieu des figures maigres et blêmes, de ces ombres errantes qui peuplaient *le Terrible*. Des officiers supérieurs au triple menton, au teint frais et coloré, au ventre arrondi, tels étaient les habitans du ponton de la grande propriété. Papimanie et Papefiguière n'offraient pas des contrastes plus forts, et les deux pontons voisins étaient la fidèle image des deux contrées si plaisamment décrites par le joyeux Rabelais. Quoique les officiers subalternes fussent payés avec moins de libéralité que leurs supérieurs qui recevaient une piastre (cinq francs) par jour, les huit réaux (deux francs) de leur solde suffisaient pour vivre honorablement en prison. Ces huit réaux me furent alloués et comptés régulièrement à dater du jour de mon entrée; le pourvoyeur nous faisait payer nos provisions trois fois plus cher qu'à la ville, mais nous avions huit réaux et avec cette somme on achète beaucoup de choses en Espagne.

Je retrouvai mes joueurs de reversis de *la Segunda Aguada*, et la partie fut réorganisée; tous les jours Phébus sortant de l'onde nous la voyait commencer, rarement elle était finie quand il se cachait dans le sein d'Amphitrite. Cependant comme on ne peut pas toujours s'occuper de placer ou de forcer des quinolas, je me donnai un autre divertissement en apprenant le jeu des échecs, c'est un admirable jeu, pour les prisonniers surtout.

Mes petits talens en musique me signalèrent bientôt auprès des *dilettanti*, car il y en avait à *la Vieille-Castille;* où n'en trouve-t-on pas ?

    Divine mélodie, ame de l'univers,
    De tes attraits sacrés viens embellir mes vers.
    Tout ressent ton pouvoir. Sur les mers inconstantes
    Tu retiens l'aquilon dans les voiles flottantes.

Tu ravis, tu soumets les habitans des eaux,
Et ces hôtes ailés qui peuplent nos berceaux.
L'Amphion des forêts, tandis que tout sommeille,
Prolonge en ton honneur son amoureuse veille,
Et seul, sur un rameau, dans le calme des nuits,
Il aime à moduler ses douloureux ennuis.
Tes lois ont adouci les mœurs les plus sauvages;
Quel antre inhabité, quels horribles rivages
N'ont pas été frappés par d'agréables sons?
Le plus barbare écho répéta des chansons.
Dès qu'il entend frémir la trompette guerrière,
Le coursier inquiet lève sa tête altière,
Hennit, blanchit le mors, dresse ses crins mouvans,
Et s'élance aux combats, plus léger que les vents.
De l'homme infortuné tu suspends la misère,
Rends le travail facile et la peine légère.
Que font tant de mortels en proie aux noirs chagrins,
Et que le ciel condamne à souffrir nos dédains;
Le moissonneur actif que le soleil dévore,
Le berger dans la plaine errant avant l'aurore?
Que fait le forgeron soulevant ses marteaux,
Le vigneron brûlé sur ses ardens coteaux,
Le captif dans les fers, le nautonnier sur l'onde,
L'esclave enseveli dans la mine profonde;
Le timide indigent dans son obscur réduit?
Ils chantent, l'heure vole, et la douleur s'enfuit (1).

La musique, cette aimable compagne des malheureux, *consolatrix afflictorum*, me fit faire la

---

(1) Dorat, poëme de *La Déclamation*, chant III. Delille a gâté ces vers en se les appropriant; il les a reproduits dans *L'Imagination*, poëme : ce versificateur ne parle pas du captif, un pareil oubli ne saurait être pardonné. Ce n'est point ainsi que Molière pillait ses contemporains.

connaissance de M. de Beaufranchet, chef de bataillon d'artillerie (1), brave homme, chantant bien, excellent joueur d'échecs, c'était le Philidor de *la Vieille-Castille.* Il avait un trésor bien précieux pour nous, les brigands espagnols ne pouvaient être tentés de le lui enlever, c'était une collection de musique vocale des meilleurs auteurs. Lorsque ce chevalier troubadour allait en guerre, Mozart et Cimarosa, Haydn et Paër trouvaient place dans un caisson, et les partitions de ces maîtres galopaient à côté des boulets et de la mitraille. Quand j'eus fait la découverte de ce trésor, le reversis fut négligé, *la Clemenza di Tito, le Nozze di Figaro, il Matrimonio segretto, la Griselda, etc.,* eurent seuls droit à mon hommage, et je passais mon temps de la manière la plus agréable en exécutant les duos, les trios même, avec M. de Beaufranchet. Notre gosier éprouvait-il quelque fatigue, une partie d'échecs lui donnait le temps de reprendre sa vigueur, et nous comptions des pauses en faisant manœuvrer les pions et les chevaliers.

Voici comment on vivait à bord de *la Vieille-Castille.* Dans le commencement on se divisa par

(1) Maintenant colonel, directeur de l'artillerie à Paris.

ordinaires de quinze ou vingt personnes ; chaque chef de gamelle était chargé de faire ses provisions. Un batelier apportait tous les deux jours les vivres et tenait son marché sur le pont. On faisait cuire à la fois dans une grande chaudière la viande de tous les ordinaires, un numéro gravé sur une petite planchette de sapin et ficelé sur chaque morceau de viande faisait reconnaître à chacun sa propriété. Mais les vingt-six morceaux de bois donnaient au bouillon un goût de térébenthine fort désagréable, il fallait d'ailleurs que chacun pût avoir à son tour le dessus ou le fond de la marmite. Le bouillon était distribué chaque jour, en suivant un nouvel ordre de numéros. On se dégoûta bientôt de cette soupe résineuse, chaque chef de cuisine fit l'acquisition d'une marmite et d'un fourneau du moment qu'il en eut les moyens, et chaque ordinaire se fit à part.

Je ne jouis pas long-temps de la solde accordée aux officiers. Le 6 juillet le commissaire des guerres espagnol Aborrea vint passer la revue, prit note des non-combattans et leur signifia qu'à l'avenir ils seraient traités comme les soldats. Nous adressâmes des pétitions au gouverneur de Cadix, il répondit que les non-combattans n'étant pas considérés comme prisonniers de guerre, nous ne devions point recevoir la solde d'officier. — Puisqu'il en est ainsi, rendez-nous donc, vous ne sauriez retenir des gens qui ne sont pas prisonniers de guerre. — On ne vous rendra point, attendu que vous êtes utiles à l'armée captive; au reste c'est un parti pris, et l'on ne répondra point aux nouvelles lettres que l'on écrirait pour cet objet. — Telle fut la réponse du gouverneur et son ultimatum.

Me voilà donc réduit, une seconde fois, à la ration de soldat. Ma position devenait plus pénible, je me trouvais au milieu de cinq cents officiers qui jouissaient d'une certaine aisance. Ces messieurs, la plupart mes égaux, croyaient s'être élevés au-dessus de moi depuis que leur soupe était meilleure que la mienne et qu'un gouvernement inique me privait de la solde qui m'était due. Le plus grand nombre affecta de regarder les non-combattans avec un air d'autorité et même de mépris. Vanité ridicule et mesquine ! Les officiers supérieurs proposèrent d'établir un prélèvement d'un sou par franc sur la solde touchée par tous les officiers, pour venir au secours des non-combattans. Ce projet fut adopté, mais non pas généralement; des murmures s'élevèrent, des propos indécens blessèrent notre amour-propre, et nous repoussâmes avec dédain un secours que le plus grand nombre n'offrait qu'à regret.

J'avais supporté avec courage et résignation les insultes des Espagnols, ma patience ne put résister contre les humiliations que je recevais de mes compatriotes, surtout de mes compatriotes malheureux. Je pris en horreur tous les hommes, je cessai de fréquenter ceux avec lesquels j'étais auparavant lié, et quoique nous fussions entassés dans un ponton où l'on se portait les uns les autres, je savais trouver le moyen de m'éloigner de la société pour être toujours seul avec moi-même. La misanthropie retrempa mon opiniâtre et noble fierté que l'infortune avait abattue. Croyant avoir épuisé la coupe du malheur, je défiais hautement le sort d'augmenter encore mes peines. J'étais moins humilié d'aller prendre dans la gamelle des soldats une misérable ration de fèves, que d'accepter d'une main timide l'aumône qui m'était offerte par l'ostentation et que l'avarice me refusait.

Je ne cessai pourtant pas de rendre des visites à M. de Beaufranchet, à ses amis Mozart et Cimarosa. Je faisais toujours ma partie d'échecs avec cet officier, il me consolait par ses discours, mais mon goût pour le chant s'était singulièrement refroidi. Je lisais les partitions sans les chanter, ma voix de baryton sonnait mal et la misanthropie avait terni ma quinte haute. M. Demanche, commissaire des guerres (1), était souvent avec M. de Beaufranchet. M. Demanche est un homme accompli de toutes les manières ; à la plus belle figure il joint le caractère le plus franc, le plus noble qu'on puisse imaginer. Il joue du violon à merveille, il peint encore mieux, et avec tous ces avantages un cœur !... un cœur !... comme on en trouvait peu sur le ponton de *la Vieille-Castille.*

Ces messieurs me conseillèrent de prendre le titre d'officier sous un nom supposé, afin de rattraper ainsi la paie dont je venais d'être privé. Beaucoup d'autres avaient réussi en employant le même moyen. Il fallait pour cela passer à l'hôpital et se faire inscrire au retour sous le nom et le grade qu'on voulait se donner. Je m'embarquai pour l'hôpital de *la Isla*, après avoir obtenu le consentement de M. Dégrometti, major, chargé par les Espagnols de la haute-police du ponton.

(1) Maintenant sous-intendant militaire à Brest.

Le quartier de San Carlos, dans *la Isla de Leon*, était une espèce de colonie formée par les matelots de l'escadre française, les débris des régimens de la garde de Paris, les hommes mariés et leurs compagnes ; on y comptait environ quatre-vingts femmes. Le nombre des hommes était infiniment plus considérable, et cette disproportion donna lieu à beaucoup d'aventures comiques et galantes. La plupart de ces dames étaient mariées comme on se marie à l'armée, il leur était donc loisible de changer quelquefois d'époux. Des jeunes gens de la garde de Paris jouaient la comédie au quartier San Carlos, et la jouaient fort bien, sur un théâtre passablement décoré. Un élève de Rode, violoniste excellent, M. Perret, chef de musique de la 4° légion, et ses symphonistes, M. Petit, danseur de l'Opéra de Paris, et beaucoup d'autres artistes, rivalisaient de zèle et de talent ; ils donnaient aux représentations dramatiques un brillant éclat, un intérêt que n'ont pas toujours nos théâtres de province. On s'amusait beaucoup au quartier San Carlos.

Les femmes n'étaient pas très fidèles, ces dames avaient de quoi choisir et savaient profiter des avantages de leur situation. On vivait là comme chez les sauvages, avec cette simplicité de mœurs qui exclut toute idée de jalousie et de rivalité. Un mari cependant semblait se distinguer des autres en se montrant très attaché à sa femme, il ne voulait point s'en séparer; la dame était jolie et vivement poursuivie par des centaines d'adorateurs. Ce mari, prévoyant qu'il n'échapperait pas long-temps à la destinée de la plupart de ses confrères, imagina de tirer parti de la circonstance et de se réserver de quoi noyer dans le vin les chagrins de l'amour. Il mit sa femme en loterie, et distribua les billets au prix de deux réaux: la belle échut à un matelot et lui apporta en dot la moitié du produit des billets, l'ancien mari garda le reste. Cette aventure égaya beaucoup la société; elle était encore l'objet des conversations de la colonie, quand un sous-officier de la garde de Paris fit représenter sur le théâtre de San Carlos un vaudeville de sa façon, où les héros de l'aventure étaient mis en scène avec esprit. *La Femme en loterie* eut un succès d'enthousiasme.

Les Espagnols, scandalisés de ce genre de vie, mirent dans une autre prison les femmes qui ne pouvaient justifier de la légitimité de leur union. On ne les garda pas long-temps ainsi, ces dames leur donnaient trop de soins, il fallut y renoncer et les ramener au bercail. Les aventures singulières se succédaient, la cession de gré à gré moyennant le remboursement des dépenses extraordinaires de la femme étaient fréquentes. Des veuves trouvèrent à se remarier tout de bon. Il faut avoir le diable au corps pour songer à contracter un mariage en prison, quand on ne peut offrir à sa future que la solde d'un captif et que la dame n'a pour dot qu'une ration de légumes. Les femmes ne recevaient que la ration de soldat, quel que fût le grade de leur mari.

A cette époque on reçut à Cadix la nouvelle de la prise de Sarragosse. Une proclamation, qui avait pour titre *Zaragoza rendida*, fut répandue sur-le-champ. Après avoir donné à cette malheureuse ville tous les éloges qu'elle méritait on engageait les autres villes qui n'étaient point encore au pouvoir des Français à imiter son dévoûment et son héroïque résistance. En effet, les Espagnols n'ont jamais montré tant de courage et d'opiniâtreté qu'en cette circonstance. La défense de Sarragosse prouve que s'ils avaient eu des chefs et de la discipline, les Espagnols auraient été d'excellens soldats. En bataille rangée ils ne résistaient point à l'attaque, derrière des murailles ils étaient invincibles. Le siége de Missolonghi peut seul être comparé au siége de Sarragosse, mais Missolonghi est un place forte et Sarragosse ne l'est pas. Les Espagnols s'y défendirent avec une vigueur, une constance surnaturelles; après avoir pénétré dans la ville les Français furent encore obligés de faire le siége de chaque maison et ne s'en rendirent maîtres que quand il ne resta plus que des blessés et des malades mourans de faim pour la défendre.

C'est dans le même temps que l'on termina les travaux de *la Cortadura*, la coupure de la chaussée qui conduit à Cadix; beaucoup de prisonniers français y furent employés. Depuis cette coupure Cadix est aussi fort que Gibraltar. *La Cortadura* met Cadix dans une telle position qu'il faut que la ville se rende volontairement ou qu'elle soit livrée pour être occupée par l'ennemi; elle ne peut pas être prise. L'idée de ce moyen de défense et le commencement de son exécution appartiennent au général Solano, gouverneur de Cadix à cette époque: cette opération seule aurait dû l'immortaliser. Hélas! cet ingénieux et brave guerrier n'eut pas le temps de jouir de la gloire qui devait être le prix de ses travaux. Il avait eu l'imprudence de désigner les Anglais comme les ennemis de l'Espagne; le peuple de Cadix se rassembla, s'arma, pilla l'arsenal, et des furieux, conduits par un jeune chartreux du couvent de Xérès, assiégèrent le gouverneur chez lui, comme il était à table. La porte est enfoncée à coups de canon, la maison envahie; Solano gagne, par une issue secrète, la maison du banquier irlandais Strange, voisine de la sienne. Il monte sur le toit; un ouvrier le suit; Solano le saisit et le précipite dans la rue. Mais l'ouvrier blessé a montré du doigt la retraite du malheureux gouverneur, d'autres assassins y montent, s'emparent de Solano, le traînent de rue en rue, le frappent de leurs poignards, et le font expirer après une longue et cruelle agonie. Cet habile général tomba sous les coups de ceux que sa prévoyance et ses talens devaient garantir des atteintes de l'ennemi.

Vainqueurs à Baylen des vainqueurs d'Austerlitz, les Espagnols se croyaient invincibles; l'histoire nous dévoilera sans doute le mystère d'iniquité des succès de Baylen. Depuis lors ils marchaient au combat avec cette assurance qu'une première victoire, légitime ou non, donne à des gens sans expérience. Lorsqu'ils étaient battus, et c'était leur lot ordinaire, ils rendaient leurs généraux responsables, et suivant l'exemple des

Carthaginois, ils les accusaient de trahison, et ces traîtres supposés étaient assassinés et traînés dans les rues. De tous ces meurtres dont la nation entière s'est rendue coupable, celui de Solano est le plus injuste et le plus odieux.

J'étais venu au quartier San Carlos en qualité de malade, je tombai entre les mains d'un médecin espagnol qui me guérit sans peine et beaucoup trop vite. Je repris le chemin du ponton.

CHAPITRE XII.

Je change de nom et me fais lieutenant. — Je suis rayé des contrôles.— Je trouve encore un ami. — M. Demanche.— Je retourne à l'hôpital pour y prendre un nouveau brevet de lieutenant. — Je suis admis dans la cinquième légion.

En rentrant à bord de *La Vieille Castille*, je me fis inscrire sous le nom de M. Pallière, lieutenant au huitième régiment provisoire; je choisis ce corps, parce qu'étant formé de plusieurs dépôts d'autres régimens, je pouvais mettre en défaut avec plus de facilité la vigilance de nos gardiens. Le sergent espagnol n'était pas à son poste quand je m'y présentai, il était nuit lorsque j'y retournai; il ne me reconnut point. Je me croyais tout-à-fait en règle, ne prévoyant pas que les désagrémens que je pourrais éprouver dussent venir d'autre part que du sergent espagnol. Cette apparence de succès ne me rendit pas plus fier, je continuai à manger des fèves avec les soldats, en attendant que l'arrivée des espèces sonnantes m'eût confirmé dans le grade que je venais de me donner. Je ne restai pas long-temps dans l'incertitude; on m'annonça, trois jours après, que M. Dégrometti m'avait fait rayer des contrôles.

Et pourquoi le fit-il? Parce qu'il était major au huitième régiment provisoire. Comme je n'avais pas l'honneur de connaître M. Dégrometti, comme j'ignorais parfaitement qu'il appartînt à ce corps, j'eus l'imprudence de me dire de son régiment sans avoir été préalablement lui faire une humble révérence, afin d'obtenir de lui mon grade supposé. Faute très-grave, omission indigne de pardon, que j'avais commise, à la vérité, sans intention, mais qui ne méritait pas moins une punition exemplaire. D'ailleurs cet officier, en agissant ainsi, épargnait huit réaux par jour à nos bons amis les Espagnols; peut-être voulait-il avoir des droits à leur reconnaissance?

Quoi! dira-t-on, dans un cachot, où le soldat n'a plus de chef, où l'officier perd son rang et son autorité, où tous ceux qui y sont entassés doivent nécessairement vivre ensemble; réduits à peu près au même degré de misère, ils ne sauraient se tromper ni se voler; dans un cachot obscur et infect on connaît encore les passions? Oui, sans doute, dans un ponton comme partout ailleurs, les hommes sont méchans, vains, cruels, égoïstes, ambitieux, et le plus sot orgueil préside encore à leurs actions. Il est si doux pour un homme en place de pouvoir se dédommager quelquefois des bassesses qu'il fait auprès de ceux qui sont au-dessus de lui! il est si doux de prendre une bonne revanche en écrasant ses inférieurs! Peu de gens résistent au désir de signaler le pouvoir que leur donne un degré de plus. Ainsi, de grade en grade, il n'est pas même de caporal qui ne veuille aussi faire le petit despote, quand il tient une escouade sous sa baguette.

Réduit pour la troisième fois à la ration de fèves, que j'avais eu le bon esprit de ne pas dédaigner, je supportais mon malheur avec patience. La musique et les échecs charmaient un peu mes ennuis. MM. Demanche et de Beaufranchet furent indignés en apprenant ma radiation des contrôles, ils ne pouvaient point y remédier. Le premier surtout parut en être profondément affecté.

Plongé dans de tristes réflexions sur mon avenir, je me promenais un soir sur le pont, M. Demanche m'aborda, me prit en particulier et m'adressa plusieurs questions sur les moyens d'existence que je pouvais avoir encore. « Je jouis d'une
« solde assez forte, ajouta-t-il, permettez-moi de

« la partager avec vous. Accordez-moi la satisfac-
« tion de vous défrayer des petites dépenses que
« vous êtes obligé de faire; venez me voir chaque
« fois qu'on nous paiera. En attendant veuillez
« accepter ce que vous offre votre ami, votre
« frère. » Il me serrait la main, il la quitte en y
laissant deux piastres et s'enfuit pour prévenir
toute explication.

Grâces aux soins de M. Demanche ma situation devint plus douce; les jours de solde, il me cherchait pour m'en remettre la moitié dans la crainte qu'une fausse honte ne m'éloignât de lui. Trois mois s'écoulèrent ainsi, ce généreux ami continuait ses bons offices avec le même empressement et le même plaisir.

M. Dégrometti, chargé jusqu'alors de la haute police du bord et de la répartition de la solde, cessa d'exercer ce dernier emploi que les Espagnols confièrent à M. G***, commissaire des guerres, dont j'ai oublié le nom. M. G***, homme franc et loyal, étant lui-même non-combattant, nous favorisait de tout son pouvoir. Je fis donc, d'après ses conseils, une nouvelle tentative pour obtenir enfin le grade d'officier, c'est annoncer que je retournai à l'hôpital, c'est là que j'allais chercher mes brevets.

Les Espagnols s'étaient aperçus que l'hospice était plein de malades qui se portaient à merveille. Afin de prévenir cet abus on envoyait au ponton un chirurgien qui visitait ceux qui se plaignaient de quelque maladie. Il s'agissait de tromper ce chirurgien, je l'eusse fait aisément s'il s'en était rapporté aux signes extérieurs tels que la pâleur, la fièvre, mais il fallait avoir recours à d'autres moyens plus puissans pour le persuader. L'alun en poudre soufflé dans les yeux m'avait servi à *la Segunda Aguada*, je voulus en essayer une seconde fois, mais en vain. Trois jours après je me donnai la fièvre en mâchant du tabac dont j'avalais le suc, peine perdue. Enfin de guerre lasse, voyant que toutes mes ruses étaient déjouées, je résolus d'employer une ressource dont le succès était certain. L'état de mes finances m'avait engagé à la réserver pour la dernière, ne voulant en faire usage qu'en désespoir de cause. Le lendemain je me couchai au moment où le docteur montait à bord, un de mes amis l'amena près de mon hamac. Alors parodiant la scène charmante du *Barbier de Séville*, « Je suis bien malade, je voudrais aller à « l'hôpital, dis-je au nouveau Bartholo ; » il s'avance pour me tâter le pouls et je lui glisse deux piastres dans la main. — « En effet, vous avez une

« fièvre terrible, habillez-vous à l'instant et des-
« cendez dans l'embarcation. » Je ne me fis pas
prier afin que l'obligeant docteur ne fût pas forcé
de me chanter : *Buona sera, ben di core*. Il l'aurait fait avec plaisir pour hâter le moment où je
pourrais être traité d'une fièvre ardente qui ne
menaçait pourtant que ma bourse. Je jouai le rôle
de Basile avec une variante notable, qui rendait
pour moi la scène moins plaisante; je payais, hélas! au lieu d'être payé. Les critiques me feront
observer peut-être que le quintette du *Barbier de
Séville* de Rossini n'existait point en 1809, j'en
conviens, mais je parle ici du morceau que Paisiello a composé sur la même scène, morceau
d'un grand mérite que nous chantions au ponton;
il n'est pas impossible que le docteur en eût retenu le refrain.

Je m'embarquai sur la nef vagabonde et j'arrivai bientôt à *la Isla*. J'avais gagné le chirurgien,
il fallait encore corrompre le caporal qui accompagnait le convoi, c'est lui qui devait dire en arrivant : « J'amène tant d'officiers et tant de soldats. »
Quand nous eûmes pris terre, je m'approchai très
humblement du seigneur caporal; tout en chemi-
nant vers l'hospice je lui fis part de mon projet,
et trois piastres servirent de péroraison à mon dis-

cours. « Je vous entends à merveille, me dit-il, vo-
« tre affaire est certaine, je suis un bon enfant qui
« ne demande pas mieux que de rendre service. »
Voilà des hommes comme on en trouve trop! Voilà
cet animal orgueilleux, chétif et rapace! C'est
d'après nature que je le peins, il doit m'être permis de lui laisser toute sa laideur. D'autres portraits plus flatteurs et non moins fidèles prouvent
assez que je ne suis pas tout-à-fait misanthrope.
Un major français me fait rayer des contrôles
parce que je ne me suis pas incliné devant sa sei-
gneurie. Un chirurgien espagnol me trouve la
fièvre quand il a pu toucher deux piastres au
lieu de mon pouls. Et pour quinze francs, un caporal, de son autorité privée, m'élève au grade
de lieutenant à la cinquième légion.

Le médecin me fit sa visite, je lui dis que je
souffrais d'une affection rhumatismale et pour le
persuader de la réalité de mon mal, je me fis appliquer un large vésicatoire à la cuisse. Ce traitement devait prolonger mon séjour à l'hôpital.
Après ma guérison, je rentrai à bord où je fus
inscrit sous le nom de M. Passaire, lieutenant à
la cinquième légion. Je ne manquai pas cette fois
de remplir toutes les formalités voulues par l'é-
tiquette, j'allai présenter mes respects à M. Roch,

chef de bataillon dans cette légion; après avoir obtenu son agrément, faveur qu'on ne refusait jamais, on me reconnut et l'on me paya comme lieutenant.

CHAPITRE XIII.

Une journée au ponton *la Vieille-Castille*. — Concerts. — *Prima donna*. — Quatuors de Pleyel. — Partitions italiennes arrangées pour l'orchestre du ponton. — Concerto de clarinette. — Finale *delle Nozze di Figaro*.

L'aurore avec ses doigts de rose ouvre les portes de l'orient, les rochers de la côte d'Afrique se couronnent d'un voile d'or et d'azur que l'onde refléchit : le soleil brille dans la rade. Un tintamarre affreux se fait entendre à bord et réveille ceux qui voudraient prolonger encore leur sommeil et l'oubli de leurs infortunes. On entend de tous côtés les éclats d'une gaîté bruyante, et ces cris long-temps répétés : « Branle-bas général ! Tout le monde sur le pont ! »

On saute à terre, le hamac est promptement relevé et l'on grimpe sur le pont afin de ne pas déranger les matelots chargés d'entretenir la propreté. Après les complimens d'usage, la première chose qu'on se demande, c'est : « Que dit-on de nouveau ? » Tout le monde sait pourtant que la veille personne n'est entré ni sorti. Cette circonstance fâcheuse pour tout autre ne saurait mettre en défaut un faiseur de nouvelles, il débite alors celles qu'il a fabriquées pendant la nuit dans un moment d'insomnie ou qu'il a rêvées en dormant. Toute l'assemblée les écoute comme si le conteur les avait prises dans une gazette, en effet la plupart n'en sont pas plus fausses pour cela. Chacun fait ses réflexions sur ces nouveaux récits, et bâtit ses châteaux en Espagne. Les politiques expérimentés en ont tiré de grandes conséquences : ils tracent avec un couteau des plans de bataille sur le plancher, et prouvent mathématiquement aux plus incrédules qu'avant un mois nous serons tous délivrés.

Dès que le lavage est achevé et que le parquet est à-peu-près sec, chacun reprend ses occupations ou ses divertissemens accoutumés. Les tables de jeu se préparent, les capotes et les couvertures servent de tapis, les échecs marchent sur le damier. Le reversis et le boston occupent la moitié de la société, les regardans conseillent et jugent des coups. Ceux qui n'ont aucun goût pour le jeu savent se créer de plus utiles occupations. Celui-ci fait une table avec les débris d'une cloison qu'il vient d'abattre, un autre sculpte un jeu d'échecs, un cercle de fer arraché à un tonneau est redressé pour se changer en scie, et la lime criarde en aiguise les dents. La tapisserie de fer blanc qui couvre les panneaux de la cuisine est découpée avec soin pour fournir les joueurs de fiches et de jetons, des fragmens du plomb qui couvre le plat-bord sont arrondis et gravés comme des médailles. Enfin un autre prisonnier travaille avec une admirable constance : du soir au matin on le voit couper et tailler des pièces de bois, chacun l'examine et cherche à deviner le plan de l'ouvrier, on s'attend à voir éclore un chef-d'œuvre de mécanique de l'assemblage de tant de pièces diverses. Point du tout, notre homme ne sait ce qu'il veut, il n'a aucun plan, son couteau rogne, taille et ne fait que des copeaux. Mais cet exercice amuse le pauvre captif qui se plaît à penser qu'avec du temps et de la patience il parviendrait à trancher le grand mât à coups de canif.

Viennent ensuite les amateurs des arts. Les musiciens, les peintres, les danseurs s'exercent ou donnent des leçons. Gare les oreilles, j'ai vu les flûtes, les violons, les clarinettes, sortir de leur étui, l'un souffle en *ré*, l'autre attaque en *mi bémol* une double corde traîtresse, celui-ci fait galopper des arpèges en *ut*. C'est un bruit discordant et barbare, un vacarme assourdissant, un charivari d'enfer. Les traits des concertos, les périodes brillantes des sonates que nos virtuoses exécutent, voudraient en vain se faire jour à travers cette cacophonie, *Dupont mon ami* est le plus fort, *Triste raison* se montre formidable et le manœuvre écrase l'ouvrier. En vain nous adressons nos très humbles doléances aux enragés racleurs, à la troupe soufflante :

> On a beau la prier,
> La cruelle qu'elle est *déchire* nos oreilles
> Et nous laisse crier.

Voilà bien des gens occupés, il en reste encore un bon nombre qui ne prennent aucune part aux divertissemens de l'intérieur. Leur occupation favorite est de ne rien faire, et du soir au matin ils se promènent en long et en large sur le pont, armés d'une lorgnette. Ces vedettes, en faction continuelle, donnent l'alerte au corps d'armée, en criant d'une voix de tonnerre : « Tout le monde sur le pont ! » A ce cri les parties sont interrompues, les symphonistes s'arrêtent, le musicien arrive sur le pont une flûte à la main, la foule se presse de s'y rendre en croyant qu'il s'agit de quelque chose d'extraordinaire. Point du tout, ce n'est rien, ces messieurs ont voulu s'amuser aussi ; chacun prend son plaisir où il le trouve.

Le déjeûner suspend tous les exercices, personne ne se fait attendre, les couvertures qui servaient de tapis sont enlevées, et la table de jeu sert de table à manger. On apporte le *ranche* dans une grande gamelle, les souscripteurs associés se rangent autour, chacun tire de sa poche la cuiller d'étain ou de bois, et le *rancho* disparaît trop tôt aux yeux du consommateur affamé. Après ce premier repas on fait un tour de promenade sur le pont : « Que dit-on de nouveau ? » répète-t-on encore, et les conteurs s'empressent de débiter les nouvelles qu'ils ont faites en déjeûnant. Le couvert est bientôt levé, les joueurs reprennent les cartes, le musicien son instrument, le peintre ses pinceaux ; le *tutti*, je devrais dire le sabbat recommence, et les flaneurs restent sur le pont, s'arment de leur lunette et continuent d'observer ce qui se passe dans la rade.

Ces sentinelles à poste fixe crient encore : « Tout le monde sur le pont ! » On a été cent fois attrapé, complètement désappointé par cette fausse alerte, n'importe on remonte encore une fois avec le même empressement. Les regards se dirigent de tous les côtés, on aperçoit une chaloupe, elle vient à nous, ce sont de nouveaux prisonniers que l'on nous amène. L'impatience est peinte sur toutes les figures, l'esquif ne marche pas assez vite, on voudrait pouvoir renforcer le vent, elle aborde enfin. C'est à qui donnera la main au nouveau débarqué, à peine a-t-il posé le pied à bord, on l'entoure, on le presse, on l'étouffe. Il est accablé de questions, il doit répondre à toutes avant de savoir seulement où il est : « D'où venez-vous ? — Où vous a-t-on pris ? — « L'empereur est-il en Espagne ? — L'armée s'a- « vance-t-elle ? — Parle-t-on de nous échanger ? « Serons-nous bientôt délivrés ? » Le nouveau venu, qui juge les choses comme il vient de les voir, répond tranquillement à toutes ces demandes, donne des détails sur la position des armées à l'époque où il a été pris, et finit en disant : « Mes- « sieurs je crois qu'il est impossible qu'on nous dé- « livre avant quatorze mois. » Cette nouvelle consterne tout le monde, on se regarde en silence, on gémit, on se plaint, on murmure ; un moment de réflexion succède à l'accablement où chacun est plongé, et l'on s'accorde à dire que le nouveau venu déraisonne complètement. S'il avait dit, au contraire : « Dans quinze jours nous

« serons libres, » il eût été aux yeux de tous un homme prévoyant et sensé.

Ceux qui, les premiers, se sont emparés de ce prisonnier l'invitent à dîner, lui donnent la place d'honneur, on le sert avant tout le monde, on lui verse à boire, mais il faut absolument qu'il recommence le récit de ses aventures. Les autres expédient leur repas avec célérité pour venir se ranger en cercle auprès de la table privilégiée et demandent à entendre la narration qu'il a faite en abordant, qu'il a répétée pendant le dîner, qu'il ne cessera de redire jusqu'à l'arrivée d'un nouveau captif.

Le jour baisse après le dîner, on n'y voit plus assez pour jouer et pour dessiner, la promenade rappelle la société sur le pont, et l'éternelle question : « Qu'y a-t-il de nouveau ? » sert de prélude à toutes les conversations. On joue à des jeux innocens ; la main-chaude, Colin-maillard, les rondes, les danses même terminent la soirée quand il fait beau. Cela n'empêchait pas les joueurs déterminés de faire leur partie de piquet, on était convenu de réserver le reversis pour la matinée.

Je n'étais point assez habile pour me mesurer avec nos joueurs de piquet, mais je cherchais à m'instruire, à saisir les finesses du jeu. En me voyant suivre la partie avec tant d'intérêt les amateurs me demandaient si j'étais savant, et je leur répondais que mon grand-père avait été le plus habile joueur de piquet de sa province, que mon oncle était très fort à ce jeu et que j'aspirais à recueillir cette part de leur succession. Tel cet amateur qui s'empressait d'organiser un concert, tout le monde croyait qu'il était capable d'exécuter la première partie; prié de choisir entre le violon ou la clarinette, la flûte ou le violoncelle, il répond qu'il n'est pas musicien, mais qu'il a un cousin qui sait le plain-chant à merveille et qui prend des leçons de flageolet. S'il ne m'était pas permis de lutter les cartes à la main avec de si rudes champions, je leur contais du moins les faits et gestes de mon aïeul, les coups fameux par lesquels il s'était signalé dans son pays et que plusieurs *dilettanti* gardaient par écrit comme des monumens de l'art. Tous ces coups étaient présens à ma mémoire, j'arrangeais les cartes pour les exécuter et les reproduire aux yeux de nos officiers. Afin de rendre la démonstration plus intelligible, je faisais parler mon grand-père et je rapportais même les propos de ses adversaires. Voici le coup qui plaisait le plus aux joueurs du ponton :

« Madame de Tarlet et M. de Joucas, de Pernes, faisaient tous les soirs leur partie de piquet avec moi. Observez que M. de Joucas était de la plus grande force. Un jour, c'était le dernier coup de la partie, j'étais premier, et pour gagner la queue, il fallait que je fisse pic et capot; le repic seul n'aurait pas suffi.

« En allant au talon, je n'avais pas grande espérance; je portais quarante en cœur par as, roi, valet et neuf; plus as et dix de pique et le roi de carreau. J'avais à l'écart huit et neuf de pique, neuf de trèfle, sept et huit de carreau.

« Comme je prenais le talon, M. de Joucas me dit : « Nous sommes repic et capot. » Je m'arrêtai et proposai de rendre la partie nulle; on n'en voulut rien faire. Je trouvai au talon dame et dix de cœur, le roi de pique, l'as de carreau et l'as de trèfle. Je fus tellement ravi de cette rentrée que je mis sur la table l'as de trèfle et l'as de carreau en disant avec transport : « Voyez ce que je tire! » Cette exhibition soudaine me fut très utile, quoique je l'eusse faite sans dessein.

« En faisant repic, je perdais la partie d'un jeton, pic et capot me la faisaient gagner de justesse. Cela fut calculé sur-le-champ. Je comptai vingt-deux de ma sixième majeure, trois as vingt-cinq, trois rois vingt-huit; et vingt-neuf et soixante, en jouant. Madame de Tarlet dit à M. de Joucas : « Il a écarté le quatorze d'as. » Celui-ci lui répondit : « Il nous a montré le point en cœur dont il a l'as; il a trouvé au talon l'as de carreau et l'as de trèfle qu'il nous a montrés; c'est l'as de pique qui lui manque. »

« Je dois faire observer que deux très bons joueurs de piquet, assis à mes côtés, se levèrent à l'instant où je prononçai : « Vingt-neuf et soixante, » et que l'un d'eux s'écria : « Voilà mes grands joueurs de piquet....! » Heureusement il s'arrêta pour ne terminer sa phrase qu'à la fin du coup. Les adversaires étaient décidés à garder à pique et à carreau, et M. de Joucas assurait toujours à madame de Tarlet, qu'en gardant la dame de carreau troisième, et la dame de pique seconde, ils n'avaient rien à craindre. De manière que quand il fallut se réduire à cinq cartes, madame de Tarlet voulait garder la dame de pique troisième, parce qu'il y avait trois piques contre deux carreaux ; M. de Joucas lui dit : « Vous avez oublié qu'il a l'as de pique à l'écart ; ainsi, gardez trois carreaux et deux piques, vous ne risquez rien et je vous réponds de la réussite. » Ce conseil fut suivi, je les fis capot et gagnai la partie. »

« Alors, celui qui s'était écrié : « *Voilà mes grands joueurs de piquet.....!* » dit qu'il allait ajouter : « *qui oublient le quatorze d'as,* » et qu'il s'arrêta présumant que j'avais quelque pensée secrète. »

La tristesse augmente les maux, la gaîté quelquefois peut les faire oublier. Il n'était pas toujours facile de retrouver cette gaîté, on avait recours alors au spécifique le plus puissant, le vin chaud, nectar des militaires et surtout des prisonniers. Il fallait nécessairement faire des épargnes pour subvenir aux frais de la liqueur vermeille et des ingrédiens qui doivent la parfumer. Après avoir bu de l'eau pendant une semaine, après avoir économisé une poignée de panais et de carottes sur la soupe quotidienne, la tire-lire s'emplissait et la coupe aromatique paraissait enfin sur la table. La joie renaît sur tous les visages, chacun tend son gobelet de fer blanc, et le chef de gamelle fait sa distribution avec une irréprochable égalité. C'est alors que pour se faire entendre Jupiter eût tonné vainement. Ce ne sont plus les trop faibles accens des flûtes et des clarinettes mêlés aux sons aigres du flageolet et du violon. Bacchus inspire ses disciples, ils entonnent en chœur des chansons si joyeuses qu'elles font rire même ceux qui les écoutent sans boire. On chante mal, on détonne, on frappe à faux, n'importe on chante toujours : ce n'est pas la beauté de l'harmonie que l'on cherche, mais l'oubli de ses maux ; on le trouve.

Nous célébrions de la même manière toutes les fêtes qui se rencontraient le jour ou le lendemain du paiement. Quand on a de l'argent il n'est pas difficile de dénicher un saint pour le fêter avec solennité. Une petite quantité de flaneurs que nous nommerons flaneurs parasites, confrontaient sans cesse les contrôles avec l'almanach. Avec six cents hommes la chance était superbe, on en découvrait toujours un ou deux qui portaient le nom du saint du jour. Cette découverte faite, on se rend en grande cérémonie chez le futur amphytrion qui reçoit les complimens flatteurs de la société. S'il propose lui-même le régal désiré, les bravos éclatent de toutes parts, et son nom est porté jusqu'aux nues. Veut-il esquiver la partie ? La troupe bachique se met à sa poursuite ; pressé, obsédé, harcelé, il faut bien qu'il se rende et que d'amples libations viennent désaltérer les visiteurs industrieux et courtois.

On dort bien quand on a pris du vin chaud, ce précieux narcotique nous était offert trop rarement encore. La nuit m'eût paru trop longue, si je m'étais couché après le dîner; je me promenais sur le pont jusqu'à ce que le sommeil m'eût fait sentir son empire. C'est alors que mon imagination me transportait aux lieux qui m'ont vu naître, vers ce beau pays de France; j'oubliais un moment l'excès de mon malheur, je croyais voir, presser dans mes bras les personnes dont le souvenir m'attachait à la vie; des larmes d'attendrissement coulaient encore de mes yeux, que la douleur avait desséchés. O mon père! ô ma mère! frères, sœur, parens, amis, je vous portais tous dans mon cœur! Je me fatiguais l'esprit et le corps, à force de rêver et de me promener, et par cet artifice, j'obtenais enfin le sommeil, que le chagrin éloignait de moi. Quelquefois, un songe heureux prolongeait l'oubli de mes maux jusqu'au lendemain; mais, hélas! quel réveil!

Nous avions beaucoup d'amateurs de musique à bord de *la Vieille-Castille;* leurs exercices étaient fort ennuyeux, attendu que chacun jouait à part un morceau différent, et cet ensemble aurait déchiré les oreilles d'un Patagon. J'imaginai de réunir les musiciens qui avaient un talent réel et ceux qui pouvaient faire leur partie, pour former un petit orchestre. M. de Beaufranchet possédait une jolie collection de partitions, mais malheureusement elles étaient réduites avec accompagnement de piano, et cet instrument nous manquait, comme on doit bien le penser. Je ne me laissai point arrêter par ce contretemps, avec un peu d'adresse et beaucoup de patience, je sus retrouver les parties d'orchestre de Cimarosa et de Paisiello dans l'accompagnement de piano. Mozart me donna plus de peine, et je ne réponds pas d'avoir suivi toujours les intentions de ce compositeur sublime. J'établis d'abord les quatre parties des instrumens à cordes, elles devaient être confiées à nos meilleurs artistes; j'eus soin de disposer ce quatuor de manière qu'il soutînt sans cesse l'harmonie, il exécutait ainsi tous les traits de mélodie instrumentale. Les parties de flûte et de clarinette pouvaient donc être supprimées, au besoin; nous n'avions ni cors, ni bassons, ces instrumens ne figurèrent point sur ma partition. Ce petit concert nous fit passer des momens fort agréables; quelques séances nous suffirent pour obtenir un ensemble, une vigueur d'exécution qui charmaient notre auditoire nombreux et fidèle. Le choix de la musique était excellent, notre bibliothèque se composait des chefs-d'œuvre de Mozart, de Cimarosa, de Paisiello et de Paër. M. de Beaufranchet chantait le baryton, le ténor même, et moi la basse; madame Mollard, excellente cantatrice, vint ensuite, et fut le plus bel ornement de notre société philarmonique : cette dame romaine était fort aimable et fort jolie, la beauté de sa voix, la perfection de son talent, l'avaient placée au rang des virtuoses fameuses de l'Italie; c'était un vrai trésor pour nous. M. de Beaufranchet avait chanté plusieurs airs avec succès; je m'étais signalé à mon tour dans *Sei morelli, Non più andrai*, etc.; nous avions exécuté ensemble de très beaux duos. L'acquisition d'une *prima donna* de cette force étendit le domaine du répertoire; un nouveau renfort de musiciens nous permit d'attaquer les trios, les quatuors, les chœurs, et même d'exécuter l'admirable finale, *Esci don garzon, mal nato* des *Nozze di Figaro*.

Je dois un juste tribut d'éloges à notre orchestre ; il accompagnait le chant avec beaucoup d'intelligence et d'aplomb : M. Demanche jouait la partie du premier violon, et s'en acquittait à merveille; M. Chivaux, sous-lieutenant à la cinquième légion, était notre second violon; M. Genty, sous-lieutenant à la première légion, exécutait la partie de viole sur un violon monté en viole; et

M. Savournin, agent-comptable de vaisseau, musicien consommé, s'était chargé de la basse.

La musique instrumentale n'était pas négligée, M. Chivaux possédait un œuvre de quatuors de Pleyel, que l'on jouait souvent; M. Perret exécutait des solos* de clarinette, dans la perfection. Nos concerts étaient suivis, non-seulement par nos compagnons d'infortune, mais encore par les officiers anglais, qui s'y rendaient en canot. Les stupides Espagnols qui nous gardaient n'étaient pas insensibles à nos mélodieux accens; Orphée apaisait la fureur des tigres et des lions, il faisait danser les diables au son de sa lyre; notre musique ne fit pas de semblables prodiges, nous avions beau chanter, nos cerbères veillaient toujours.

La musique charmait nos ennuis, et rendait nos chaînes plus légères; pour nous, c'était un amusement. D'autres surent profiter du crédit que donne le talent, et la musique leur rendit les services les plus importans. Les capitaines de vaisseau anglais se disputaient l'élève de Rode, qui était au quartier San Carlos, et dont j'ai déjà parlé, il recevait tous les jours les plus belles propositions; il finit par se décider à passer sur un vaisseau anglais: je n'ai pas su, depuis, ce qu'il était devenu.

M. Perret, clarinettiste distingué, chef de musique de la quatrième légion, fut sollicité de la même manière, et refusa toujours. Le capitaine d'une frégate anglaise, qui était à l'ancre près de *la Vieille-Castille*, vint lui-même le chercher; M. Perret ne consentit à le suivre qu'à condition qu'on le ramenerait tous les soirs au ponton. Quelque temps après, ce capitaine reçut l'ordre de quitter la rade de Cadix; il désira s'acquitter envers M. Perret. Celui-ci ne voulut point accepter d'argent, mais il pria le capitaine de le faire aborder sur la côte que les Français occupaient alors. L'Anglais lui répondit que cela était impossible, à cause de la surveillance des Espagnols, et lui offrit de le conduire en Angleterre, sous la promesse de le faire passer en France s'il ne voulait pas rester avec lui. M. Perret n'osait pas se confier à un tel guide, craignant qu'il ne lui jouât quelque mauvais tour; il se décida pourtant, et n'eut pas à s'en repentir; le capitaine tint sa parole, et le renvoya en France.

Parmi les peintres de *la Vieille-Castille*, on distinguait un jeune sous-officier du 4ᵉ suisse, élève de David, sa réputation s'établit bientôt sur le continent; les Espagnols, ne pouvant pas obtenir la permission de l'emmener à terre, venaient se faire peindre sur le ponton. M. Petit, danseur que j'avais vu au quartier San Carlos, passa à bord de *la Vieille-Castille;* mais son talent lui devint à peu près inutile, parce que les planchers étaient trop bas pour un danseur; il ne pouvait s'exercer que sur le pont.

CHAPITRE XIV.

Arrivée de l'armée française sur la côte. — Beaucoup de prisonniers tentent de se sauver. — Famine épouvantable sur le ponton *la Horca*. — L'amiral anglais envoie des vivres à nos malheureux compagnons. — Le matelot l'Hercule. — Les dames du quartier San Carlos passent à bord de *la Vieille-Castille*. — Scène burlesque. — Procès, jugement prononcé par une dame. — Le capitaine Grivel, enlèvement de la barque à l'eau. — Vent de percale. — On fait le projet de se sauver. — L'indécision des chefs supérieurs le fait échouer.

Sur la fin de janvier 1810, trois mois après ma promotion au grade de lieutenant à la cinquième légion, ou, si l'on aime mieux, après mon dernier voyage à l'hôpital, les Espagnols prirent des dispositions qui nous annoncèrent l'approche de l'armée française. Les prisonniers qui se trouvaient à terre furent amenés au ponton, les convalescens quittèrent l'hôpital. Les officiers qui rentraient à bord ne savaient aucune nouvelle, mais ils avaient vu arriver des troupes espagnoles épuisées de fatigue, et la consternation des gens de Cadix prouvait qu'ils redoutaient un changement de situation.

Nous étions alors dans le canal de *la Caraca*;

les Anglais nous remorquèrent dans la grande rade, et le ponton *la Vieille-Castille* fut placé entre quatre vaisseaux de leur escadre. C'est alors que les orateurs politiques eurent beau jeu; que de nouvelles ils débitèrent! Ceux même qui n'en avaient jamais fabriqué commencèrent ce jour-là : on faisait arriver l'armée française à marches forcées, on pariait des dîners, des déjeûners, à manger à Cadix dans une quinzaine. D'autres, jugeant les choses d'une manière moins satisfaisante, apprenaient la langue anglaise pour se préparer au voyage de la Grande-Bretagne. En même temps, les Anglais faisaient sauter les forts Matagorda et Sainte-Catherine, et ainsi nous confirmaient que les Français allaient paraître incessamment sur la côte. En effet, quatre jours après, nous vîmes passer dans la rade plusieurs chaloupes canonnières ; elles se dirigèrent sur le Trocadero, et firent feu du côté de la terre. Plus de doute, les Français sont là ; on prend les longues-vues, les lorgnettes ; on voit un cavalier, on aperçoit des fantassins : on ne distingue point l'uniforme et les couleurs, mais est-il probable que les Espagnols tirent sur leurs troupes ?

Je ne tenterai pas de décrire les transports de joie, les mouvemens d'impatience de mes huit mille compagnons d'infortune, à la vue de l'armée française triomphante. Nous n'en sommes éloignés que de deux lieues, mais c'est la mer qui nous sépare. L'espoir de recouvrer cette liberté si chérie et si désirée fait affronter les dangers les plus grands, ils disparaissent à nos yeux; les malheurs du ponton deviennent insupportables, et la liberté nous attend sur la côte. Tous les nageurs veulent se confier à l'onde pendant la nuit, et tenter la fortune; tous se noient, ou sont repris et mis à mort. Les infortunés que les Espagnols fusillent devant nous, les cadavres des noyés, dont la mer est couverte, ne sont pas des exemples assez forts pour arrêter ceux qui se dévouent aux mêmes périls pour la même cause.

Comme ces désertions se multipliaient dans une progression immense, le général Mondragon, gouverneur de Cadix, fit afficher à bord de chaque ponton que tous ceux qui chercheraient à s'évader seraient fusillés s'ils étaient repris. Voyant l'inutilité de cette menace, il publia un arrêté par lequel il nous rendait responsables les uns des autres, et condamnait à mort deux de ceux qui restaient, pour un qui se serait échappé, dans le cas où celui-ci ne serait point repris. Ces arrêtés, ces ordres du jour, ne produisirent aucun effet; nous répondîmes au général Mondragon, que ceux qu'il ferait fusiller le remercieraient, en marchant au supplice, d'avoir ainsi mis un terme à leurs peines.

Le quartier San Carlos et les hôpitaux, qui jusqu'alors avaient été sur le continent, furent évacués avant l'arrivée de l'armée française. Les hommes mariés, leurs femmes et beaucoup d'autres qu'on y avait laissés par faveur ou par négligence, furent répartis sur tous les pontons. On plaça près de *la Vieille-Castille* un nouveau ponton, *la Horca*, sur lequel on fit passer tous les marins. Il n'y avait point de vivres dans cette prison, pas même de l'eau, les Espagnols restèrent six jours sans leur apporter la moindre chose. La plupart de ces marins avaient quelques petites provisions dont ils s'étaient chargés en quittant le quartier San Carlos, tout le monde n'en avait pas; d'ailleurs on ne pouvait pas prévoir qu'ils seraient abandonnés par les Espagnols. Ces provisions s'épuisèrent bientôt; la faim, la soif plus redoutable encore, vinrent assiéger ces braves marins. En vain ces malheureux faisaient retentir l'air de leurs cris, des hurlemens du désespoir, en vain ils faisaient des signaux de détresse pour se rappeler au souvenir des barbares chargés de pourvoir à leur subsistance.

Plusieurs de ces marins s'échappaient à la nage, ils furent pris et fusillés dans une chaloupe, sous les yeux de leurs compagnons. Les tourmens de la faim devenaient chaque jour plus horribles, ces infortunés mangèrent d'abord leurs chiens, c'était un trop faible secours. Les bottes, les souliers, les havresacs même furent dévorés!... Enfin, ceux qui succombèrent les premiers servirent à prolonger l'existence et l'effroyable situation des autres. Toutes ces ressources étaient insuffisantes; cruelle, impitoyable, la faim porta ces prisonniers aux dernières extrémités. Ceux qui avaient pu supporter ses atteintes et dont la santé n'était pas trop affaiblie, se réunirent en conseil; ce sont toujours les plus forts qui s'emparent du gouvernement. Un d'eux prit la parole; après avoir présenté l'image affreuse mais fidèle de leur position, il engagea ses compagnons à se servir des moyens les plus odieux, les plus atroces; la nécessité les justifiait. L'orateur proposa donc d'égorger sur-le-champ les hommes dont la mort était à peu près certaine. Ce discours fit frémir la plupart de ceux qui venaient de l'entendre.

Il fallait vivre, ou mourir de faim; telle était l'alternative cruelle où la férocité des Espagnols les avait placés. Plusieurs votaient pour l'adoption du projet, la majorité préféra de mourir plutôt que d'ajouter à une vie si misérable quelques jours achetés par des assassinats. Un d'eux, qui promenait sur l'auditoire des regards de tigre affamé, aperçoit quelques nègres qui se trouvaient à bord. Quel trait de lumière! Un geste de cannibale a déjà signalé ces victimes, elles doivent tomber sous le couteau. L'orateur prend alors un nouveau texte, et prouve à ses auditeurs que ce meurtre peut être permis, que la circonstance le réclame, et que le crime, si c'en est un, sera bien moindre en n'étant pas commis sur des individus de leur espèce. L'avis est adopté, d'impatiens désirs se manifestent sur tous les visages, à l'instant même on saisit les nègres, on les garrotte, ils vont être sacrifiés.

Instruit de la déplorable situation de nos marins captifs, par leurs plaintes continuelles et les hurlemens qui s'élevaient sans cesse de *la Horca*, par les signaux de détresse et plus encore par les restes de leurs repas, débris hideux qui flottaient sur l'eau, l'amiral anglais demanda qu'on leur portât des vivres. Pour prévenir un funeste retard, il leur en envoya lui-même de son bord. Une chaloupe chargée de biscuit, de viande salée et d'eau-de-vie arriva près du ponton, au moment où les malheureux nègres allaient être immolés.

Un matelot français, que sa vigueur et ses formes athlétiques avaient fait surnommer l'Hercule, se jeta à la mer et se dirigeait sur le vaisseau amiral. La chaloupe canonnière qui gardait *la Horca* envoya son canot à la poursuite de cet homme, qui redoubla de courage et d'efforts quand il vit qu'un canot anglais venait à son secours. Les matelots anglais avaient un plus grand espace à parcourir, mais ils étaient plus agiles que les marins espagnols, les deux canots arrivèrent en même temps auprès du nageur. On se battit à coups de rames pour s'emparer d'Hercule; les Anglais voulaient le sauver, les Espagnols firent tous leurs efforts pour l'assommer. Enfin la victoire resta aux premiers, ils prirent le matelot et l'emmenèrent dans leur canot auprès du vaisseau amiral. On ne le fit pas monter à bord, mais on lui apporta des provisions en abondance, le canot le ramena au ponton. Nous étions aux premières loges pour voir cette scène; les matelots anglais reçurent les marques bruyantes de la satisfaction d'une assemblée qui voulait récompenser leur conduite loyale et généreuse.

Mais revenons à *la Vieille-Castille*, pour assister à l'emménagement des dames du quartier San-Carlos. Nous étions tous couchés dans des hamacs, ce lit était trop incommode pour y reposer en compagnie. Les officiers mariés avaient apporté des matelas qu'ils étendirent par terre, et chaque couple s'entoura d'une cloison faite avec de vieilles jupes ou du papier gris, afin de se dérober aux regards des voisins. Cette tenture empêchait de voir, il est vrai, mais non pas d'entendre. Deux ménages reposaient à quatre pas de mon hamac, une barrière de papier les séparait, une autre les défendait contre la curiosité du public. Un jour les deux femmes se prirent de bec, leurs maris avaient déjà quitté le lit conjugal, et chacune dans sa cellule accablait sa voisine des accusations les plus singulières et les plus comiques, le tout accompagné des épithètes d'usage en pareille occasion. Elles se rappelaient réciproquement leurs aventures galantes. Égarée pendant quinze jours dans les équipages, l'une avait été retrouvée ensuite avec un cuirassier. L'autre avait perdu son époux dans la foule afin de pouvoir suivre plus librement un dragon, etc., etc. Cet épisode burlesque attira la foule et les deux maris auprès de la cabane de papier, des bravos et des applaudissemens excitèrent les actrices à continuer leur scène avec plus de chaleur. La cloison de papier fut bientôt déchirée; aux propos succédèrent les coups, les deux adversaires s'attaquèrent avec fureur, les coiffes étaient arrachées, les chemises lacérées, quand les spectateurs franchirent l'autre barrière pour arriver sur le champ de bataille et séparer les assaillantes.

Toutes les deux voulaient avoir raison, et chacune porta sa plainte à la femme du colonel, qui les condamna à garder les arrêts et à s'embrasser. Ce jugement fut prononcé avec une solennité risible; la colonelle descendit de son lit de justice avec ce contentement, cette satisfaction intérieure que donne l'exercice d'une fonction éminente. Son amour-propre était flatté, sa sagesse s'applaudissait d'avoir ainsi terminé les discords qui troublaient son régiment de femmes.

Tandis que les marins se dévoraient entre eux au ponton *la Horca*, les prisonniers du *Terrible*, de *l'Argonaute* et du *Vainqueur*, mouraient de faim, les bourgeois de *la Ruffina* manquaient de tout, et les officiers de *la Vieille-Castille* n'étaient pas mieux approvisionnés. La disette et la misère portaient leurs ravages dans toute la rade, les évasions étaient plus fréquentes, et l'exécution en devenait plus difficile à mesure qu'elles se multipliaient. Je n'étais pas assez bon nageur pour m'exposer à faire une traversée de deux lieues. Je ne pouvais pas me sauver; envier le sort de ceux qui réussissaient, déplorer le malheur de ceux qui se noyaient ou qui étaient fusillés: tels étaient les sentimens qui tour-à-tour occupaient mon ame. Je me confiai à la Providence, et je pris le parti d'attendre.

MM. Grivel, capitaine dans les marins de la garde impériale (1), Verger et Belligny, jeunes aspirans, dont le courage approchait de la témérité, formèrent le projet d'enlever la première embarcation qui viendrait à nous par un vent fort. J'entrai dans le complot ainsi que plusieurs de mes camarades qui n'étaient pas plus marins que moi, mais qui se confiaient avec raison à l'expérience de ces braves. Une fois le plan arrêté, les conjurés se tinrent prêts à partir au premier signal.

La barque de service qui nous apportait de l'eau, vint à bord le 22 février 1810. Un vent frais enflait sa voile, toutes les circonstances étaient favorables pour tenter un coup de main. Les chefs du complot descendirent dans l'embarcation, feignirent de vouloir aider à hisser les barriques, et s'emparèrent des bateliers. Au même

(1) Maintenant contre-amiral.

instant, un grand nombre d'officiers et de soldats se jettent dans la barque; je devais être de la partie, mais le hasard voulut..... pourquoi mentir, pourquoi ne pas avouer avec franchise que je n'osai pas! le péril me parut trop grand, en voici la raison.

Pendant que l'on s'embarquait avec précipitation, une chaloupe anglaise partit du vaisseau amiral, et se dirigea sur nous. Je l'avais aperçue, elle venait à bord pour dévirer nos câbles, je crus ainsi que beaucoup d'autres qu'on l'envoyait pour couper la retraite aux fugitifs. Ceux qui n'étaient pas encore descendus restèrent à leur place, d'autres qui se trouvaient déjà dans la barque remontèrent sur le ponton. Que de prisonniers se seraient sauvés sans cette alerte funeste! Le capitaine Grivel et ses trente-quatre compagnons prirent aussitôt le large, et gagnèrent avec rapidité la côte occupée par l'armée française. L'amiral anglais dépêcha quelques embarcations à leur poursuite, elles arrivèrent trop tard. La fatale chaloupe se dirigea sur eux et les salua d'une décharge de mousqueterie; un seul homme fut tué, Barbéri, domestique de M. Grivel; il reçut sept balles dans le corps. Le malheur pouvait être plus grand, les balles qui frappèrent à bord ne touchèrent que cet infortuné. Trente-quatre officiers ou soldats se sauvèrent dans cette barque, elle aurait contenu cent personnes.

Le patron était monté sur *la Vieille-Castille*, afin de n'être pas enlevé avec son embarcation. Il se concerta avec le sergent espagnol, et chacun d'eux fit son rapport, le premier sur les prisonniers évadés, le second donna l'état de ses pertes. On nous signifia d'abord que nous serions obligés de payer la barque, mais le montant du prix n'était pas fixé. On commença par retenir provisoirement la moitié de notre solde, et huit jours après nous fûmes instruits que cette retenue serait continuée jusqu'à l'entier paiement de 64,000 réaux, 17,500 francs. C'était dix fois plus que ne valaient la barque, le patron, toute sa maison et sa race, que le diable puisse emporter! Mais il fallait que le commissaire des guerres eût sa part de l'impôt, le gouverneur de Cadix devait obtenir la sienne, le sergent avait un droit de courtage à réclamer, le patron fut probablement réduit à des indemnités qui s'éloignaient peu des valeurs qu'il avait perdues. En passant par tant de filières, ses prétentions, de nous à lui, cessèrent d'être déraisonnables.

Depuis l'enlèvement de cette barque, les Espagnols redoublèrent de vigilance. La garde qui était à bord fut doublée, et quatre soldats, au moins, arrivaient sur les embarcations de service, et ne les quittaient pas. Pour prévenir de nouvelles entreprises de ce genre, on ne laissait personne sur le pont tant que l'embarcation restait auprès de nous.

On a tort de se plaindre de sa misère lorsqu'on ne sait pas ou qu'on n'ose pas profiter des occasions de s'en affranchir, au moment où elles se présentent. Mes compagnons regrettaient de n'avoir pas fait partie des fugitifs qui s'étaient échappés dans la barque enlevée le 22 février, aucun d'eux cependant n'avait eu le courage de s'y confier. Depuis ce moment toutes les barques, les nacelles même qu'on voyait arriver devaient être enlevées; les faiseurs de projets trouvaient tout possible. Le vent commence-t-il à souffler, ils montent sur le pont et les voilà regardant de toutes parts, cherchant à découvrir quelque flottille, une pirogue, une jonque de salut. Mais la fortune veut être saisie aux cheveux, l'occasion était passée; la faute était consommée, on ne pouvait la réparer: les embarcations arrivaient tou jours, mais elles étaient bien gardées et nous aussi.

Adamastor, le géant des orages, le même qui, trois cents ans plus tôt, s'était montré sur les vagues menaçantes de la mer des Indes pour en défendre l'accès à l'intrépide Vasco de Gama; Adamastor, vaincu dans cette circonstance par le pouvoir qui protégeait les navigateurs portugais, avait gardé le souvenir de cette honteuse défaite, et le ressentiment le plus vif agitait encore son cœur gonflé d'amertume et de colère. La haine des dieux est de longue durée! Sous ce rapport les divinités fantastiques du Camoens ont beaucoup de ressemblance avec les citoyens de l'Olympe que le bon Homère fait manœuvrer autour des remparts d'Ilion et sur les hauteurs poétiques du mont Ida. Le géant des orages pouvait se venger d'un ancien affront en brisant nos chaînes, nos vainqueurs l'avaient cruellement offensé ; notre cause était la sienne, il ne tarda point à l'embrasser.

Pour servir nos intérêts il fallait que le vent soufflât du côté de la pleine mer, le terrible Éous sortit de sa caverne et, furieux, s'élança sur les ondes. C'était le 4 mars; le lendemain le ciel se couvrit de nuages noirs que les éclairs sillonnaient en tous sens, des coups de tonnerre multipliés, la pluie et la grêle servirent de prélude à la tempête qui bientôt éclata d'une manière épouvantable. Les flots agités venaient se briser sur la côte, et la lame poussée par le vent d'ouest arrivait dans la direction de la pleine mer. Le 7 de bon matin, je n'étais pas encore levé, quand j'entendis M. Fouque, officier de marine, dire à quelqu'un : « Si j'avais été le maître cette nuit, nous serions tous à terre maintenant. » Alors il nous montra des vaisseaux espagnols qui avaient fait naufrage pendant la nuit, et que la tempête refoulait encore sur le rivage. Cependant tout espoir n'était pas perdu; l'occasion pouvait s'offrir de nouveau la nuit prochaine, le vent continuant à souffler avec la même violence.

Le propos de M. Fouque fit ouvrir les yeux à tout le monde. Ceux qui désiraient la liberté avec ardeur voulaient que l'on coupât les câbles qui nous enchaînaient sur la rive espagnole; d'autres au contraire calculaient sans passion les dangers d'une semblable entreprise et s'opposaient à l'avis des premiers. On tint conseil, trois fois tous les officiers de marine furent appelés dans la chambre des officiers supérieurs. On y discuta froidement, on perdit le temps à raisonner plus froidement encore; et si l'on s'échauffait par intervalles, c'était pour combattre un projet dont l'exécution était difficile et hasardeuse, mais qui devait avoir le plus beau résultat. Ferme, inébranlable dans sa manière de voir, M. Fouque soutint son opinion avec une noble opiniâtreté.

Ces délibérations ont montré jusqu'à quel point l'homme peut s'élever ou s'avilir, les contrastes les plus monstrueux s'y sont fait remarquer. On a vu dans ce conseil des bourgeois courir au-devant du danger qui glaçait de terreur une infinité de militaires! On a vu des colonels, des chefs de bataillon, des majors, revêtus des insignes de leur grade, portant sur leur sein l'étoile glorieux prix de leurs services, déshonorer toutes ces décorations en retenant les bras d'une jeunesse ardente et courageuse, prête à s'armer pour reconquérir sa liberté! Presque tous les officiers supérieurs méritent ce reproche; parmi ceux qui servirent la cause de l'honneur je citerai MM. Christophe, major au 12e régiment de cuirassiers; Forax, chef d'escadron de dragons; de Beaufranchet, chef de bataillon d'artillerie; Demanche, commissaire des guerres.

Tous les officiers subalternes, excepté quelques vieux rogneurs de portion, se rangèrent de l'avis de M. Fouque; en général les plus âgés et les plus avancés en grade se montrèrent les plus timides. Les sous-lieutenans au contraire n'hésitaient point à braver la mort dans l'espoir d'être libres. J'ai vu d'anciens soldats, parvenus alors au grade de capitaine, compter avec tranquillité le temps qui leur restait encore à parcourir pour obtenir leur retraite, et trouver infiniment plus commode et plus rassurant de le passer au ponton que d'aller de nouveau s'exposer aux hasards de la guerre. La jeunesse impatiente brûle d'acquérir, l'âge mûr met tous ses soins à conserver ce qu'il possède.

Le cœur humain est un si bizarre assemblage de vertus et de vices, de qualités et de défauts, que sa connaissance échappera toujours à l'œil de l'observateur le plus attentif. En effet, comment concevoir sans en avoir été témoin, sans l'avoir vu, de ses propres yeux vu, ce qu'on appelle vu, que sept cents officiers français, captifs dans un ponton, auxquels on propose un moyen sûr de délivrance, puissent examiner froidement les dangers qu'il présente et mettre en jeu toutes les ressources de la logique pour exagérer ces dangers. S'ils avaient été libres, ces mêmes officiers n'auraient-ils pas affronté mille morts au premier signal de leur chef? Pourquoi se battent-ils? pourquoi montent-ils à l'assaut? C'est pour obtenir un grade, une décoration de plus. Et cette fois la liberté devait être le prix de leur courage ! Et l'on hésite, on recule; les jeunes gens sont éloignés du conseil, on n'y voit que de vieux officiers supérieurs alourdis par l'âge et la bonne chère. Ils craignent de ne pouvoir sauter les premiers sur la côte, ils veulent condamner tout le monde à rester prisonniers, parce qu'ils ne peuvent se résoudre à courir les périls d'une entreprise hardie mais dont les résultats seraient certains.

Les officiers de marine imitèrent le brave Fouque, leur compagnon d'armes, dans sa résolution noble et généreuse. Un lieutenant de vaisseau figura néanmoins parmi les opposans; c'était un brave, mais il avait une malle bien garnie encore, peut-être ne voulut-il pas s'en séparer. Son exemple entraîna la majeure partie des officiers supérieurs d'infanterie.

MM. Micolon, Montchoisy, Vieux, Vernerey, officiers de cuirassiers; Chivaux, Deblou, d'Astugne, Manuel d'Avignon, Guillé, Carmier, Vermondans, Chevalier, officiers d'infanterie, tenaient le premier rang dans la troupe courageuse qui conspirait pour la liberté.

Malgré l'opinion des marins les plus expérimentés, les officiers supérieurs persistèrent dans leur opposition; le danger leur paraissait trop imminent. Les uns craignaient de perdre l'argent qu'on leur avait laissé après la capitulation de Baylen, plusieurs possédaient de très-fortes sommes et des effets précieux, tous avaient une peur terrible de se noyer. Enfin à la dernière séance, qui eut lieu à neuf heures du soir, il fut arrêté que les câbles ne seraient point coupés; et, dans la crainte que quelqu'un ne s'y portât malgré leur défense, ils prièrent le sergent espagnol d'y mettre deux factionnaires.

On se décide difficilement à affronter les périls quand on a pris la précaution de les examiner et de prévoir toutes les conséquences d'un projet téméraire. La nuit se passa de même que les précédentes; nous étions agités, secoués comme on l'est ordinairement sur un vaisseau battu par la tempête. Le canon d'alarme des navires qui périssaient dans la rade, les oraisons ferventes et continuelles de nos gardiens, les cris des naufragés nous faisaient assez connaître les désastres de l'ouragan, et semblaient nous dire: «Sauvez-vous, partez, vous le pouvez encore; plus le temps est mauvais, plus il est beau pour vous!» On fut sourd à cette voix, on craignit d'être pris par les Anglais. Singulière excuse! Comme la lâcheté sait être ingénieuse! Eh! comment les Anglais auraient-ils songé à courir après nous, puisqu'ils laissaient périr leurs navires sans leur porter aucun secours?

Je tenterais vainement de décrire la frayeur des soldats espagnols qui nous gardaient. D'après les nouvelles mesures prises depuis la fuite du capitaine Grivel et de ses compagnons, trois factionnaires devaient se tenir sur le pont pendant la nuit, un au milieu, les autres aux deux extrémités. Le factionnaire de la canonnière voisine criait : « *Centinela alerta!* » notre premier soldat répondait : « *Alerta esta!* » Ce cri, répété par le soldat du milieu, était ensuite transmis au factionnaire d'une autre canonnière. Pendant cette nuit affreuse, ces pauvres diables ne pouvant plus tenir sur le pont, mouillés comme des canards, grelottant de froid et de peur, vinrent se réfugier sous l'escalier du dôme; et là, tous les trois l'un contre l'autre, pour se réchauffer et se rassurer mutuellement, ils se criaient encore : « *Centinela alerta!* » pour prouver à la canonnière, qui ne les entendait point, qu'ils continuaient de veiller sur nous. Des *pater*, des *ave*, remplissaient l'intervalle qui séparait les cris obligés, et ces prières étaient récitées avec une ferveur aussi grande que la terreur des supplians.

Quel moment de fureur, de dépit et de rage! Que d'imprécations furent adressées à ceux qui s'étaient opposés à l'exécution du projet qui devait nous sauver tous! Quels regrets n'eurent-ils pas eux-mêmes, lorsque le 8 au matin le soleil en se levant sur la rade nous montra la plage encombrée de navires échoués à la côte pendant la nuit, lorsque nous vîmes les troupes françaises s'avancer jusqu'aux bâtimens que la marée basse avait laissés sur le sable, pour en faire descendre les hommes qui s'y trouvaient et débarquer même les marchandises, sans éprouver aucun trouble de la part de l'ennemi.

Pendant plusieurs jours la mer fut couverte de débris, de cadavres, de chaloupes abandonnées, de ballots d'étoffes de soie et de coton et de toute espèce de marchandises. L'armée française ramassa une si grande quantité de pièces de percale, que la tempête qui les avait jetées sur le rivage fut appelée *le vent de percale*. Cinq vaisseaux de guerre, dont un à trois ponts, et vingt navires marchands ou de transport périrent dans ce désastre, qui nous eût sauvés infailliblement.

CHAPITRE XV.

Dénonciation interceptée. — Le capitaine Fouque parvient à en découvrir l'auteur. — Nouveau projet. — Je passe à bord du ponton *l'Argonaute*. — Ravages des maladies, horreurs de la famine. — Les Anglais nous envoient des secours. — Six prisonniers veulent enlever une barque. — L'aumônier du ponton, le moine Tadeo, poignarde un de ces infortunés, les autres sont fusillés. — MM. de Montchoisy et Castagner viennent sur *l'Argonaute*.

Cet événement porta la désunion et même la discorde au milieu de notre troupe captive. Après avoir laissé échapper une si belle occasion de rejoindre l'armée, ceux qui s'étaient rangés du parti de M. Fouque ne pouvaient plus voir leurs adversaires sans éprouver un sentiment d'indignation et d'horreur. Ils le manifestaient hautement devant eux par les propos les plus insultans, sans avoir égard à l'âge, au grade et à toute autre considération. De leur côté, ceux qui avaient combattu cette noble résolution avec le plus d'acharnement, toujours timides, toujours lâches, craignant encore de se noyer avec leur argent, tâchaient de prouver qu'on avait très bien fait de ne pas couper les câbles. Ils travaillaient secrètement à empêcher l'exécution de ce projet, si toutefois une circonstance favorable se présentait de nouveau.

Peu de temps après un domestique s'approche furtivement du sergent espagnol, lui remet une lettre et s'éloigne en courant. La missive était adressée au gouverneur de Cadix. Par un bonheur inouï, et qui n'eut d'autre cause que la simplicité, la bêtise profonde commune à la plupart des soldats espagnols, le sergent craignit de se compromettre s'il portait la lettre à son adresse sans être instruit préalablement de ce qu'elle renfermait. Il l'ouvrit, et comme il ne savait pas le français, il pria M. Chaleil, officier de marine marchande, de la lire et de lui en expliquer le contenu. C'était une infâme dénonciation faite par un individu qui n'avait point osé la signer.

On avertissait le gouverneur de Cadix du complot formé pour l'évasion, en lui signalant en même temps les six officiers que l'on estimait les plus dangereux, parce qu'ils étaient les plus déterminés. L'auteur d'une si noire trahison, d'une perfidie si atroce, savait bien que sa lettre frappait de mort les victimes portées sur sa liste de proscription. Il savait que les six officiers seraient fusillés sans jugement vingt minutes après la réception de la lettre. Le sergent espagnol s'adressait précisément à l'un des coupables que le délateur désignait. M. Chaleil (1) commença d'abord par déchirer la lettre en mille morceaux; s'adressant ensuite à l'Espagnol il l'instruisit à peu près de ce qu'elle renfermait, en ayant soin d'ajouter que lui sergent se trouvait aussi compromis par la même dénonciation.

L'Espagnol indigné voulut à l'instant en connaître l'auteur. Il savait fort bien qu'elle lui avait été remise par un domestique, mais il n'avait pas eu le temps d'examiner suffisamment ce valet. Le sergent fit assembler tous les domestiques, en fit l'appel avec une attention minutieuse, et chacun d'eux passa devant lui à son tour. Il ne reconnut point l'homme qu'il cherchait; trois fois l'appel avait été recommencé sans obtenir aucun résultat, lorsqu'il s'aperçut que tous les domestiques n'y étaient pas; il en manquait un, celui du major***.

(1) Après notre évasion, M. Chaleil obtint le commandement d'un corsaire à Malaga. Parmi les prises qu'il fit sur les Espagnols, je dois parler d'une felouque sur laquelle était un moine qui se rendait à Cadix pour proposer à la junte de renouveler les Vêpres Siciliennes : on trouva sur lui le plan détaillé de cette conjuration, avec l'indication des moyens qu'il fallait employer pour sa réussite.

On demanda à grands cris le valet que l'on cachait avec tant de précaution ; son maître répondit qu'il était malade et que par conséquent il ne pouvait point paraître. L'empressement que le major mettait à produire des excuses en faveur de son domestique, le soin qu'il avait pris de l'éloigner, donnèrent des soupçons sur la conduite de l'un et de l'autre. Des murmures s'élevèrent de toutes parts, et les six officiers dénoncés voulant absolument que le domestique parût en leur présence, menacèrent le major de le lui enlever de vive force s'il refusait plus long-temps de le livrer.

L'argument était énergique et pressant, le major ne pouvait y répondre qu'en amenant lui-même son domestique devant le tribunal. « C'est lui, s'écria le sergent espagnol en le voyant paraître, c'est lui qui m'a apporté la lettre ! » On sut alors qui l'avait écrite ; cependant on voulut avoir des notions encore plus positives : le domestique fut interrogé, il s'obstina à garder le silence.

M. Fouque s'empare alors du valet muet, le fait descendre à fond de cale, et là, après avoir déposé à ses pieds un morceau de pain, il lui dit d'un ton solennel et terrible qu'il n'en recevrait davantage qu'au moment où la vérité serait sortie de sa bouche. M. Fouque était un des plus intéressés à saisir le fil de cette intrigue odieuse et criminelle, il avait juré de dévoiler le mystère à quelque prix que ce fût. Ce premier moyen ne réussit pas, le domestique était inébranlable; son inquisiteur l'enferma pour lui donner le temps de réfléchir. Vingt-quatre heures après M. Fouque retourne auprès de son prisonnier; nouvelles questions, même silence. L'officier se met alors en devoir d'étaler un sac, une longue corde et deux gueuses (1); cet appareil délie la langue de l'accusé, qui demande ce qu'on allait faire de ces objets. « Tu vas entrer dans ce sac, les deux gueuses y seront attachées, la corde servira à te suspendre dans la mer et sera coupée dans cinq minutes, si tu ne te décides pas à tout avouer. » L'épreuve était forte, le domestique n'y résista point; il demanda grâce à deux genoux et nomma enfin le coupable, ou du moins l'instigateur.

Le major *** était un assez brave homme, plus faible que méchant; on aurait eu plutôt à se louer qu'à se plaindre de lui s'il avait été seul. Mais sa femme le gouvernait; il avait encore à bord son

(1) Pièces de fer fondu, non encore purifié : on leste les vaisseaux avec des gueuses que l'on met à fond de cale.

fils, enfant de neuf ans, et possédait plusieurs malles bien garnies, un coffre plein de piastres, qu'il craignait de perdre en se sauvant. Vaincu par les larmes de sa femme et de son fils, alarmé par les dangers qui menaçaient sa chère cassette, le major se décida à envoyer au gouverneur de Cadix la missive fatale. Afin de se dérober à tous les soupçons, il avait emprunté la main de Mènes, jadis son cocher, alors son valet-de-chambre, son cuisinier et son secrétaire. Nouveau maître Jacques d'un nouvel Harpagon, Mènes avait fait succéder ces trois fonctions au service du cocher, fort inutile sur les pontons. Douze cents francs et son congé (Mènes était soldat) devaient être la récompense du forfait anonyme.

Avant que ce domestique eût ouvert la bouche, tout le monde savait ce qu'il allait dire. Malgré cela son rapport fit une sensation profonde, un effet dramatique sur ceux qui l'entendirent. Nous restâmes frappés de stupeur quand il ne nous fut plus permis de douter qu'un officier supérieur, un homme qui par sa position était destiné à nous retenir dans les voies de l'honneur et de la loyauté, eût pu se rendre coupable d'une aussi lâche trahison.

La majorité des officiers se réunit en conseil

pour dresser un procès-verbal authentique de cette affaire ; cet acte fut signé par deux officiers de chaque grade, pour être mis sous les yeux de l'empereur à notre rentrée en France. Mais il en fut de cette assemblée délibérante comme de celle que l'on avait tenue dix jours auparavant; on peut les comparer l'une et l'autre au conseil tenu par les rats :

> Ne faut-il que délibérer,
> La cour en conseillers foisonne :
> Quand il s'agit d'exécuter,
> On ne rencontre plus personne.

L'exemple de Mènes et de son maître devait sans doute tenir en garde les délateurs; il ne m'effraya point, je voulus à mon tour faire agir le même moyen pour servir la bonne cause.

« Amis, dis-je à mes affidés, on a tenté de dé-
« voiler nos projets, on a voulu désigner nos
« braves aux poignards de l'ennemi. Suivons la
« route qu'un supérieur nous a tracée, montrons-
« nous à notre tour cruels, impitoyables ; dé-
« nonçons les malles, proscrivons les cassettes.
« Cortez brûla ses vaisseaux pour contraindre ses
« guerriers à l'adoption d'une autre patrie. Ils
« voulaient le quitter, il sut les enchaîner au ri-
« vage de l'Inde. Vaincre ou mourir ! tel était le

« cri de cette armée d'aventuriers placés dans une
« position désespérante, et l'Amérique fut subju-
« guée du moment que sa conquête devint une
« nécessité. Aussi résolus que Fernand Cortez,
« arrivons au même but par un moyen tout-à-fait
« opposé. Compagnons, soyez inflexibles, que les
« larmes de l'avarice ne touchent pas vos cœurs,
« ne vous laissez point désarmer par les beaux
« yeux de la plus belle des cassettes. Pénétrons
« dans les réduits ténébreux du ponton, lieux où
« reposent les malles et les coffres-forts, qu'ils
« soient enlevés, portés sur le pont;

> « Et dans le sein des mers avides
> « Jetons ces richesses perfides,
> « L'unique aliment de nos maux.

« Légers comme Bias, nos ventrus se montreront
« aussi sages que ce philosophe, et la nef de *la*
« *Vieille-Castille* voguera librement vers les bords
« heureux où doit finir notre esclavage. »

A ces mots prononcés avec la verve et la chaleur d'un chef de conjuration, je m'élance pour exécuter le projet que tout mon auditoire approuvait de grand cœur. Je tourne la tête pour avoir le plaisir d'admirer l'ardeur de ma troupe: hélas! elle ne se composait que d'un petit nombre d'amis qui me suivaient à distance. Encore un conseil tenu par les rats.

Il est nécessaire que je donne une explication au sujet des richesses que beaucoup d'officiers supérieurs apportèrent au ponton : l'expoliation du plus grand nombre des prisonniers, le traitement que j'éprouvai moi-même doivent faire présumer que tout le monde avait été fouillé et pillé avant d'y entrer. La diversité des fortunes eut pour cause la différence des cantonnemens dans lesquels chacun avait été d'abord. Notre armée captive fut disséminée dans la Manche et dans l'Andalousie : les habitans de Lebrija massacrèrent les prisonniers français; dans d'autres villes on les traita plus ou moins mal après les avoir détroussés; à San Lucar de Barrameda, à Xérès on les respecta, on leur donna même des preuves d'attachement. Il y eut une infinité de nuances depuis le mieux jusqu'au pire, selon le caractère des gens du pays assigné pour cantonnement à tel ou tel corps. Le colonel du 4ᵉ régiment suisse avait fait construire un four dans sa prison, afin de manger tous les jours des petits-pâtés qu'il aimait beaucoup. Il tenait sans cesse de l'or dans ses poches, et toutes les fois que l'on venait chez lui pour visiter ses malles, il glissait un rouleau de napoléons dans la main du caporal qui s'approchait pour le fouiller. Le caporal saisissait l'or, le gardait pour son compte, et disait à son officier: *No tiene nada*, il n'a rien; ces générosités multipliées sauvèrent le trésor du colonel. M. Mollard, major de la 1re légion, et plusieurs autres officiers supérieurs, avaient conservé des sommes énormes. Ces richesses et le bagage de ces militaires n'avaient couru des dangers que dans les cantonnemens, ils suivirent leurs possesseurs dirigés vers les pontons avec une escorte qui les préserva du pillage; les marins de l'escadre prise à Cadix ne perdirent rien.

La tempête avait été si forte, la mer tellement agitée, la marée si haute, que les vaisseaux jetés à la côte se trouvèrent à sec à la marée basse: on aurait pu les cerner avec un régiment de cavalerie. Le jour de l'équinoxe se trouva celui de la pleine lune, et la réunion de ces deux circonstances donne les plus fortes marées. Ceux qui s'étaient opposés à notre délivrance mettaient leurs soins à prévenir de nouvelles tentatives de ce genre; cela ne nous empêchait pas de travailler pour la liberté de nos imbéciles oppresseurs.

Un jour on m'appela dans la chambre de M. de Beaufranchet; j'y trouvai MM. Fouque et Demanche. Ils me présentèrent une bouteille en me demandant si je connaissais la liqueur qu'elle contenait, et quelles étaient ses propriétés. C'était de l'acide sulfurique; je leur dis que cet acide brûlait les corps organisés, et que par conséquent il pourrait nous servir pour ronger et couper les câbles. J'arrivai droit au but; depuis plusieurs jours ces maudits liens occupaient seuls notre pensée, et les câbles nous poursuivaient partout. Pour mieux nous assurer du fait, et pour éprouver la force de la liqueur, faisons une petite expérience. M. Fouque prend une corde goudronnée comme le sont les câbles, je verse un peu d'acide sur le milieu de la corde, on l'attache à un clou par un de ses bouts, à l'autre pendait une gueuse. Cinq minutes après, ce poids tomba avec la moitié de la corde rompue.

Alors en calculant la grosseur des câbles et la force du vaisseau, nous pensâmes qu'il fallait à peu près un quart d'heure pour brûler et rompre les liens de *la Vieille-Castille*. La bouteille fut soigneusement enfermée *in loco tuto*, en attendant que l'occasion de s'en servir se présentât. Le projet était de profiter du premier coup de vent pour jeter l'acide sulfurique sur les câbles, en dehors du vaisseau, afin que tout le monde ignorât qu'on travaillait pour la cause commune. On se dérobait ainsi aux délibérations stupides, aux éternelles hésitations du conseil des lâches et des ventrus. Pénétrés d'acide sulfurique, les câbles se cassaient d'eux-mêmes, et l'excuse était bonne à faire valoir si l'on était arrêté par l'ennemi.

A l'approche de l'armée française, les Espagnols embarquèrent tous les prisonniers qui jusqu'alors étaient restés sur la côte. Les hôpitaux furent transportés sur les pontons, et comme le nombre des malades augmentait chaque jour, il fallut préparer de nouveaux établissemens pour les recevoir. Les officiers de santé espagnols avaient fait le service sur terre, ils refusèrent de passer à bord. On fut donc obligé d'avoir recours aux officiers de santé français, et l'on en vint chercher à *la Vieille-Castille*, pour assurer le service des hôpitaux flottans de la rade.

Deux fois on avait pris sur notre bord des chirurgiens pour les hôpitaux établis au *Terrible* et au *Vencedor*, et deux fois j'avais résisté au désir de quitter un grade emprunté pour reprendre le mien et remplir les devoirs qui m'étaient imposés. Je cédai enfin à la voix de l'honneur, et je me consacrai au service de mes compatriotes les plus malheureux. Le 19 avril, le commissaire des guerres Aborrea vint lui-même à *la Vieille-Castille.* On formait un nouvel hospice à bord du ponton *l'Argonaute,* le commissaire demanda des officiers de santé, je me présentai, on m'admit. Après avoir pris congé de MM. Demanche et de Beaufranchet, je m'embarquai dans la chaloupe d'Aborrea qui me conduisit à *l'Argonaute.*

Mon dévouement me replongea dans la vallée des larmes; on ne voyait point dans cet asile de la douleur et du trépas les visages vermeils, les ventres arrondis des habitans de *la Vieille-Castille.* Six cents infortunés, étendus sur le pont et dans les batteries, remplissaient l'air de leurs gémissemens; en proie à tous les maux que la misère la plus affreuse entraîne après elle, ils attendaient, ils invoquaient la mort, qui seule pouvait mettre un terme à leurs tourmens. Excepté soixante hommes destinés à différens emplois, tous les autres étaient malades, ou, pour mieux dire, agonisans.

Ces malheureux, privés de tout secours, accablés par le mal, avaient encore à lutter contre les horreurs de la famine: ils dévoraient leurs souliers et leurs havresacs. Les cris plaintifs et déchirans de tant de moribonds parvinrent jusqu'au *Téméraire*, vaisseau anglais à trois ponts qui était à l'ancre non loin de là. Le cœur du capitaine en fut profondément ému : les Anglais sont humains et généreux. Les prisonniers des pontons de Porsmouth ne partageront peut-être pas mon opinion à cet égard, mais je suis historien fidèle, je dis ce que j'ai vu et tout ce que j'ai vu. Je m'empresse de faire connaître des actions honorables, que la politique dictait peut-être, et les sentimens de reconnaissance qu'elles m'ont inspirés. Touché de la situation déplorable de nos mourans, le capitaine anglais envoyait tous les jours à bord de *l'Argonaute* deux chaloupes chargées de marmites pleines de légumes proprement préparés, quelques sacs de biscuit et du thé, du sucre et du cacao pour les femmes. Il continua ses bons offices jusqu'au moment où il fut obligé de s'éloigner.

Comme chargé de service, je recevais huit réaux par jour à bord de *l'Argonaute*, et j'avais de plus deux rations de vivres. J'étais un petit seigneur, je jouissais de la plus grande considération. Les médecins avaient obtenu que l'on me donnât la plus belle chambre du vaisseau ; j'accrochai mon hamac dans cet appartement, que les grands dignitaires occupaient à *la Vieille-Castille*; un châssis de papier huilé, soigneusement ajusté, donnait à mon sabord une physionomie de fenêtre, et ma caisse de médicamens me servait tour à tour de chaise, de table et de canapé. J'étais en quelque sorte le capitaine du bord; c'est dans cette salle d'audience que je recevais les visites du commissaire des guerres et des médecins. Les sous-officiers venaient s'informer à toute heure de l'état de ma santé, et ne manquaient jamais de me demander, le matin, comment j'avais passé la nuit; j'avais toujours une bouteille de vin, un petit verre d'eau-de-vie à leur offrir. S'il faut encourager les talens, la courtoisie ne mérite pas moins d'être récompensée. Les femmes venaient me consulter pour leurs maris ou leurs enfans malades. Je donnais du sucre à l'une, du rum à l'autre, une troisième recevait du thé; et grâce aux petits cadeaux qu'il faisait, le pharmacien en chef de *l'Argonaute* inspirait un intérêt, jouissait d'une considération que n'avait jamais pu obtenir M. Castil-Blaze, pharmacien sans solde, ni M. Pallière, lieutenant à la 5ᵉ légion, à huit réaux de traitement.

Le commissaire des guerres Aborrea venait

à bord tous les deux jours régulièrement; il amenait dans son canot un aumônier, don Tadco, désigné par le gouverneur de Cadix pour administrer à nos malades les secours de la religion. Ce moine était le plus déterminé brigand qu'ait jamais produit l'Andalousie, pays fertile en productions de ce genre. Il portait constamment un long poignard sous sa robe; il le tirait, le brandissait devant nous pour montrer qu'il savait s'en servir. Il ne parlait que de tuer, d'assassiner, se faisait un jeu des choses les plus saintes, et n'avait à la bouche que des propos indécens, obscènes, injurieux. Mais il était prêtre, il portait la soutane et le grand chapeau de Basile, c'en était assez pour commander aux hommes le respect et la vénération; les femmes espagnoles sollicitaient une faveur plus chère, elles se prosternaient et baisaient affectueusement la main de cet infâme scélérat.

Le 23 avril, on amenait des malades à *l'Argonaute*, les convalescens étaient ramenés sur leurs bords respectifs. Le commissaire des guerres et l'aumônier assistaient à ces divers transports. Plusieurs chaloupes se trouvaient réunies autour du ponton; quoiqu'il se montrât favorable pour un coup de main, le vent n'était cependant pas fort. Quelques prisonniers de l'hôpital voulurent enlever une chaloupe; MM. Jamet, officier du génie, Bonafos, officier à la quatrième légion, Druet, pharmacien, Doucet, chirurgien, et deux matelots français, sautent en même temps dans l'embarcation, et se rendent maîtres des marins qui la gardaient. Tandis qu'ils travaillent à larguer la chaloupe, Tadeo les aperçoit du haut du pont : il part comme un trait; furieux, il descend dans la chaloupe et plonge son poignard dans le sein du malheureux Druet. Glorieux d'une action dont un sicaire gagé rougirait, il remonte à bord, et montrant son arme ensanglantée, il exhorte les soldats de garde à suivre son exemple.

Une décharge de mousqueterie atteignit à l'instant nos camarades fugitifs, que l'on acheva ensuite à coups de baïonnette. Les deux matelots étaient rentrés dans le ponton, en se glissant par un sabord : on les trouva réfugiés à fond de cale, ils furent pris et fusillés sur-le-champ. Une semblable conduite s'éloignait trop de la morale évangélique, aussi le seigneur aumônier était-il pour nous un objet d'horreur et d'exécration. Si la vengeance avait été permise à des captifs, don Tadeo n'aurait pas joui long-temps de la gloire d'avoir assassiné des Français.

Quatre médecins espagnols se rendaient à bord pour voir nos malades, ou du moins pour faire semblant de leur donner des soins. Ces docteurs étaient de fort honnêtes gens, ils nous plaignaient, essayaient de nous consoler et se faisaient un plaisir de nous procurer quelques douceurs. Leur visite était aussi agréable que celles d'Aborrea et du féroce Tadeo nous paraissaient vexatoires et révoltantes.

Les petits avantages dont je jouissais sur *l'Argonaute* avaient amélioré ma condition, mais je les achetais par le désagrément de me trouver au milieu de six cents malheureux qui manquaient de tout et dont je ne pouvais adoucir les peines. Ces malades étaient dans l'état le plus déplorable: gisans à terre, dévorés par la vermine, mourans de faim, plongés dans un cloaque infect, ils souffraient tous les maux à la fois; aussi périssaient-ils en grand nombre.

Les comestibles envoyés par le capitaine anglais étaient distribués aux malades; malgré notre surveillance, il arrivait quelquefois que les bien portans s'en appropriaient la plus grosse part. Ce qu'il y a de certain, c'est que nous, qui étions les chefs à bord de *l'Argonaute*, soit par discrétion, soit à cause de la trop grande avidité des autres, nous n'y avons jamais goûté. Notre ordinaire n'était cependant pas somptueux ; il s'est toujours composé, sur ce ponton, de riz bouilli, assaisonné avec un peu de lard rance.

Le 10 mai, nous reçûmes un convoi de malades parmi lesquels se trouvaient MM. de Montchoisy, lieutenant de cuirassiers, et Castagner, enseigne de vaisseau. Ils venaient de *la Vieille-Castille*, et se portaient fort bien. *L'Argonaute* était le ponton le plus rapproché de la côte française; en passant sur cet hôpital flottant ils se proposaient de se sauver à la nage, le trajet devenant plus court; ils essayèrent pendant la nuit, mais il fallut y renoncer.

CHAPITRE XVI.

Projets bien concertés. — Trop de confiance en empêche la réussite. — *La Vieille-Castille* arrive heureusement à la côte. — Nous courons de grands dangers. — Je parviens à détourner l'orage.

Nous avions à bord quelques marins et quelques sous-officiers que nous conservions précieusement pour tenter un coup de main à la première occasion favorable. Les délibérations méticuleuses, les lâches conseils qui avaient empêché le salut de *la Vieille-Castille,* n'étaient point à redouter chez nous. Par bonheur tous nos compagnons étaient misérables à un tel point qu'ils regardaient la mort comme un bienfait; ils brûlaient d'affronter les périls les plus grands pour s'affranchir d'un si dur esclavage. Nous les décidâmes sans peine à profiter du premier coup de vent pour couper les câbles et jeter le ponton à la côte. Cette proposition fut accueillie avec les démonstrations de la joie la plus vive.

Le 14 mai, il s'éleva un vent d'ouest assez frais, qui se renforça tellement pendant la nuit, que deux petits pontons, *la Isabella* et *la Golondrina*, placés à droite et à gauche de *l'Argonaute*, perdirent chacun une ancre, et venant à l'appel de l'autre câble, ils se trouvèrent le lendemain matin côte à côte avec nous. Il nous était facile de sauter dans l'un ou dans l'autre. Nous aurions pu nous sauver et profiter du moment, mais tout espoir n'était pas perdu, le vent devait reprendre sa force à la marée montante. Nous résolûmes donc d'attendre jusqu'au soir.

Pour mieux concerter notre plan, je réunis dans ma chambre les chefs du complot. Les membres du conseil étaient MM. Castagner, officier de marine; de Montchoisy, officier de cuirassiers, que la Providence nous avait amenés depuis peu de jours; Simon, maître d'équipage, maréchal-des-logis chef au 1er bataillon de la garde impériale, et quelques sous-officiers d'infanterie. Les grosses épaulettes, les ventres rebondis, les mentons à triple étage, les visages vermeils, qui avaient fait échouer les plus beaux projets à *la Vieille-Castille*, ne brillaient point à notre assemblée. Animés du même esprit, réunis par une même opinion, tous étaient décidés à se sauver ou à s'engloutir dans l'abîme des mers. La liberté ou la mort était notre mot d'ordre, il ne s'agissait plus que de s'arrêter sur le choix des moyens d'exécution et de régler notre conduite.

Après avoir adopté et rejeté successivement plusieurs avis, on décida que tout le monde passerait à bord de *la Isabella*, très petit vaisseau marchand, qui ne devait prendre au plus que six pieds d'eau. En le jetant à la côte, au moment de la haute marée, nous devions nous trouver à sec sur le sable, à la marée basse. Un projet si bien concerté faisait espérer une réussite complète; il semblait qu'un dieu protecteur nous eût envoyé tout exprès ce ponton en miniature pour favoriser notre fuite.

Huit hommes et un sergent formaient la garde de *l'Argonaute*, on en comptait six sur *la Isabella*. Rien n'était plus facile que de désarmer les uns et les autres, les emmener ou les laisser sur *l'Argonaute*, et nous servir ensuite de leurs fusils pour notre défense. Mais les soldats de garde à *la Isabella* semblaient vouloir seconder nos projets, ils avaient même manifesté le désir de passer à l'armée française. Maître Simon, qui savait tout cela, opina pour qu'on ne désarmât personne. « D'ailleurs, ajouta-t-il, si nous désarmons les « hommes de *l'Argonaute*, les malheureux que « nous ne pouvons emmener en souffriront. » Maître

Simon n'avait peut-être pas tort ; je lui fis observer qu'il n'était pas probable que les Espagnols voulussent rendre les mourans responsables de notre évasion. Son avis prévalut, et l'on arrêta qu'on laisserait à chacun ses armes, et que nous nous embarquerions sans bruit à bord de *la Isabella.*

Quand nous eûmes réglé notre plan, assigné à chacun son devoir et son poste, et fixé l'heure du départ, nos conseillers demandèrent la clôture, et la séance finit. J'ouvris alors majestueusement le coffre qui nous avait servi de chaire et de bureau, j'en tirai un paquet de *cinnamomum*, vulgairement appelé canelle, une douzaine de citrons, un sac de sucre et quelques bouteilles d'eau-de-vie et de vin. Je préparai un philtre militaire dont la vigueur et l'esprit vinrent ajouter encore à l'ardeur de nos conjurés. Jamais punch et vin chaud ne furent offerts plus à propos ; nous buvions à la liberté, à l'espoir de nous revoir le lendemain au milieu de l'armée française. La plus ferme résolution, la joie qui se manifestait sur tous les visages, nous promettaient un heureux succès.

Après des libations que j'avais eu soin de ne pas rendre trop abondantes, nous nous embarquâmes un à un dans *la Isabella.* Les soldats de garde nous voyaient arriver avec plaisir. Ils nous donnaient la main pour descendre et nous faisaient passer dans l'intérieur du vaisseau à mesure que nous arrivions. Lorsque nous y fûmes à peu près tous, on ferma les écoutilles. « Nous « sommes trahis, s'écria Castagner, nous avons « mal fait de ne pas désarmer ces gens-là. » Cependant maître Simon était encore sur le pont ; il nous dit à voix basse, qu'il n'était pas nécessaire de se presser, qu'il nous avertirait quand le moment serait venu. Ce moment se faisait bien attendre ; il arriva pourtant, et nous montâmes sur le pont.

Maître Simon, aidé par deux marins, s'approche des câbles pour les couper. Au même instant trois coups de fusil, dirigés sur nous, partent de *l'Argonaute.* Ce fut alors que l'on regretta de n'avoir pas désarmé la garde. Les trois marins reculent, la peur fait sentir ses atteintes aux plus déterminés, personne n'ose plus s'avancer vers les câbles, on parle même de remonter sur *l'Argonaute.*

Tandis que nous tentions de mettre à fin un projet si bien conçu et si mal exécuté, de grands événemens se passaient à *la Vieille-Castille.* Quelques coups de canon attirèrent nos regards sur ce point et nous vîmes clairement ce ponton, dégagé de ses entraves, filer vers la côte, à la faveur du vent et de la marée,

tacitæ per amica silentia lunæ.

La bouteille d'acide sulfurique, préparée par M. Fouque ne servit point. Quelques officiers, résolus de braver tous les dangers, malgré l'opposition des grands dignitaires, coururent aux câbles; armés d'une hache et d'une scie, ils s'apprêtaient à les couper. Plusieurs commandans, au large poitrail, s'y portèrent aussi, mais pour les en empêcher; l'un d'eux parvint à s'emparer de la scie, et la cassa. La colère et le mépris furent alors portés au comble; les jeunes officiers ne reconnurent plus des supérieurs qui se déshonoraient par de semblables actions. On traita ces indignes chefs ainsi qu'ils le méritaient, et comme on aurait fait des Espagnols. Repoussés, gourmés, battus, culbutés, les ventres rebondis roulaient du pont dans l'escalier, pendant que les câbles tombaient sous la hache pesante. On désarma la garde, le sergent espagnol se réfugia dans la chambre de ses amis, les officiers supérieurs.

Là, un colonel, que je m'abstiendrai de nommer, fut assez vil pour embrasser les genoux du sergent; il se prosterna à ses pieds, et s'efforça de lui prouver qu'il n'avait pris aucune part à ce qui s'était passé. Ce même colonel, comme on le pense bien, fut des premiers à prendre terre; il partit sur-le-champ pour Paris, se présenta à l'empereur, et s'attribua toute la gloire d'avoir sauvé *la Vieille-Castille*. On assure que Napoléon lui serra la main affectueusement, en lui disant : « Colonel, je regarde cette action comme le gain « d'une bataille. » Ce qu'il y a de certain, c'est qu'il reçut le titre de général de brigade pour prix de ses *exploits*. Que de titres, de décorations, de grades, de pensions ont été gagnés de cette manière ! ! !

Le lecteur s'imagine que je vais lui faire part du contentement que j'éprouvai en touchant au rivage. Ces détails sur *la Vieille-Castille* lui ont fait oublier peut-être que je n'étais plus sur cet heureux ponton, et que *la Isabella* me retenait encore dans ses flancs. Revenons au gîte.

Au lieu d'être encouragés par l'exemple, nos compagnons parurent plus effrayés des périls qu'ils semblaient mépriser un instant auparavant. Ils craignaient d'être atteints par les canonnières qui poursuivaient *la Vieille-Castille*. En vain cherchions-nous à ranimer leur courage par nos discours et notre exemple. Nous leur présentions, d'un côté, la mort qui nous menaçait, inévitable suite du rapport du sergent sur les événemens de la nuit, et de l'autre, nos camarades arrivant sur la plage avec tranquillité. Ils ne voyaient rien, ils n'écoutaient rien, et leur troupe timide grimpait en toute hâte à bord de *l'Argonaute*. Leur retraite s'opéra avec tant de précipitation que plusieurs tombèrent dans la mer et s'y noyèrent; un plus grand nombre fut écrasé entre les deux navires qui se frottaient et s'entrechoquaient à cause de l'agitation des flots. Certes, le feu le plus meurtrier des canonnières n'aurait pas fait tant de victimes. Ces mêmes braves qui tantôt, le verre à la main, juraient de mourir pour la cause de la liberté, se dispersent à l'aspect d'une chaloupe.

Abandonnés de tout notre monde, il fallut aussi songer à la retraite, et nous cherchâmes à rentrer sur *l'Argonaute*. Comme je ne voulais ni me noyer, ni être moulu par le choc des pontons, comme je n'avais aucune envie d'être coupé en deux en passant d'un sabord à l'autre, je pris sagement toutes les précautions qui pouvaient assurer mon retour au bercail. Après avoir hésité quelque temps je m'accrochai comme un singe à la fenêtre de *la bouteille*, et je fis mon entrée mystérieuse par une ouverture, où pour la première fois peut-être un visage s'était montré.

Je regagnai doucement ma chambre, et me couchai, pour faire croire au sergent espagnol que je n'en étais pas sorti. Mais on me dit qu'il avait déjà dressé un rapport sur lequel étaient inscrits les noms de tous ceux que *la Isabella* avait reçus à son bord. Cette nouvelle me fit frémir, la mort apparut à mes yeux dans toute son horreur; retourner à *l'Argonaute*, c'était courir au devant d'elle.

Je ne perdis pas courage pourtant, je réprimai ce mouvement de terreur qui m'avait saisi d'abord; après avoir tenu conseil avec moi-même, et m'être bien recordé, j'allai trouver le seigneur sergent qui tenait en ses mains le fil de ma destinée et de celle de mes compagnons. Je préludai par quelques propos jetés avec indifférence; la conversation s'établit peu à peu, je la dirigeai adroitement sur l'objet intéressant et je demandai enfin au sbire comment il croyait pouvoir se tirer d'affaire. « Demain matin, dit-il, je présenterai mon rapport au gouverneur de Cadix. —

C'est la plus grande sottise que vous puissiez faire. — Pourquoi cela? — Parce que le gouverneur vous donnera tort et vous punira. — Je ne vous comprends pas.—Comment vous n'êtes pas assez malin pour deviner que le gouverneur va vous dire : « Vous aviez huit hommes, des armes et des « munitions, il fallait s'en servir. » Les moindres tentatives d'évasion ont été suivies de la mort des fugitifs, témoin l'affaire de la chaloupe où vous avez massacré six prisonniers avec l'aide de don Tadeo. Quand vous direz au gouverneur que vous n'avez tué personne, que personne n'a été blessé, il croira que vous avez tiré en l'air à dessein, et que vous étiez d'accord avec nous. Il vous rendra responsable, non de ce qui s'est passé, mais de ce qui aurait dû se passer, et vous serez fort heureux si vous en êtes quitte pour troquer votre habit de sergent contre une veste de galérien. Ainsi, mon cher, tout bien considéré, croyez-moi, restez tranquille, et gardez votre rapport pour une meilleure occasion.

Le sergent n'était pas de force à combattre ma logique; mes argumens, les punitions surtout qui en étaient la conséquence obligée, portèrent dans son cœur une frayeur salutaire. Il se voyait déjà sur le banc, la chaîne au cou, la rame à la main. Il convint, en tremblant, que j'avais raison, et, pour me prouver qu'il voulait agir avec prudence et d'après mes conseils, il déchira sa liste des proscrits. Je profitai de ses bonnes dispositions, je le fis entrer dans ma chambre, où, le verre en main, il devint facile de le faire arriver au dernier degré de la conviction.

Le lendemain nous eûmes la satisfaction de voir descendre à terre nos camarades de *la Vieille-Castille*. Le chagrin de ne pouvoir en faire autant rendait notre situation encore plus pénible. Les Anglais n'avaient pas mis beaucoup d'acharnement à les poursuivre. Sur sept cents hommes que ce ponton renfermait, il n'en périt que trois par le feu de l'ennemi.

L'évasion de *la Vieille-Castille* rendit les Espagnols plus actifs et plus vigilans à notre égard. Notre garde fut doublée, on nous enleva, le jour même, tous les marins et les hommes valides que nous conservions avec tant de soins, et l'*Argonaute* rétrograda vers les remparts de Cadix d'une demi-lieue. Ces précautions nous affligeaient d'autant plus, qu'elles semblaient nous fermer pour toujours le chemin du rivage occupé par les troupes françaises.

J'étais inconsolable d'avoir quitté *la Vieille*

Castille, de ne m'être pas jeté dans l'embarcation du capitaine Grivel, enfin de n'avoir pas gagné la côte à bord de *la Isabella*. Mais hélas, ces regrets étaient superflus!

Il s'agissait de mettre mes affaires en règle; le punch et le vin chaud dont j'avais abreuvé mes terribles champions qui se montrèrent si timides sur le champ de bataille, avaient consommé la plus grande partie de mes denrées. Un heureux mensonge, une fraude pieuse arrangea tout cela; et les médecins, qui aimaient à boire la goutte le matin, firent renouveler mes provisions afin de n'être pas privés des philtres et des juleps que je leur offrais d'une main libérale.

CHAPITRE XVII.

Encore un projet d'évasion. — Nous l'exécutons sous le feu de l'ennemi. — Abordage, nous repoussons les Anglais. — *L'Argonaute* est criblé de boulets, une bombe éclate à fond de cale, massacre horrible, incendie du ponton.—Nous nous sauvons en partie. — Le brave Grivel protége notre débarquement.

Nos tristes regards ne pouvaient se détacher du rivage fortuné qui venait d'accueillir nos compagnons de *la Vieille-Castille*. Plus d'espoir de salut, trois fois nous avions laissé échapper l'occasion favorable, notre captivité devait être éternelle. Cependant un nouveau projet fut formé, plus dangereux, plus téméraire que les autres, il s'agissait d'enlever notre forteresse flottante, le ponton *l'Argonaute*. Les Anglais nous avaient privés du secours des marins et du plus grand nombre des hommes valides; l'absence de cette troupe d'élite rendait l'exécution de notre plan infiniment plus difficile. Mais notre position était plus cruelle, le désespoir doublait la force et le courage des misérables captifs, leurs rangs affaiblis présentaient encore assez de combattans pour tenter un coup de main. D'ailleurs, plus les obstacles sont formidables, plus il est glorieux d'en triompher.

Nous avions toujours à bord MM. Castagner et de Montchoisy; le nombre des bien portans qui faisaient le service d'infirmiers s'élevait à trente-sept, cinq chirurgiens et moi; voilà notre corps de bataille. Une centaine de convalescens marchaient derrière, et cet auxiliaire, sur lequel on comptait peu, pouvait néanmoins être de quelque utilité.

Pour ne pas tomber dans les mêmes fautes que les autres fois, on s'assembla de nouveau. Il fut décidé que nous profiterions du premier coup de vent, et pour ne pas donner de soupçons au sergent espagnol, on distribua les rôles de manière qu'à un signal convenu chacun devait agir de son côté, sans réunion préalable. Le signal donné, Castagner, suivi de dix hommes, se portait aux câbles, les coupait ou les larguait. Montchoisy, accompagné de quinze sous-officiers ou soldats, devait s'emparer de la garde, la désarmer et distribuer les fusils et les cartouches à sa troupe. Quant à moi, je fus chargé de me rendre maître du sergent. Les choses ainsi disposées, chaque acteur étant bien pénétré de son rôle, nous attendîmes patiemment que la Providence eût encore une fois pitié de nous.

Cet heureux jour ne se fit pas long-temps désirer, la mer roulait agitée par les dernières tempêtes, les débris des vaisseaux naufragés le 7 mai étaient dispersés sur la grève, et la carcasse de *la Vieille-Castille*, que les Français avaient embrasée, fumait encore. Le soleil obscurci par de si longs orages ne s'était montré qu'un instant sur l'horizon, lorsque le vent d'ouest porta sur nous son haleine protectrice, et ralluma dans nos cœurs le courage que tant d'infortunes avaient abattu. Notre parti était pris, nos dispositions arrêtées; un geste, un regard, suffisaient pour s'entendre, il fallait seulement différer le départ jusqu'au moment où la marée serait favorable, elle devait l'être à quatre heures après midi, selon le calcul des marins. Ainsi nous étions obligés de passer en plein jour sous des batteries meurtrières; *la Vieille-Castille* avait pu se dérober à leur feu pendant la nuit.

Le vent se renforça le 26 mai au matin. Les quatre médecins espagnols, le commissaire et l'aumônier, vinrent à bord à midi. Le sergent qui commandait notre garde prit leur chaloupe et passa à Cadix pour ses affaires ou pour se promener; peut-être était-il guidé par quelque pressentiment. Il revint malheureusement trop tôt, et son retour délivra les deux brigands tombés sous notre pate, et que nous regardions déjà comme nos prisonniers. Quelle fortune! *che boccone!* l'escroc Aborrea ne s'était pas contenté de s'approprier notre solde, il avait encore volé des montres, des bagues, et s'était fait un riche trousseau de nos dépouilles. Avec quel plaisir n'aurions-nous pas exposé aux coups de l'ennemi le moine bourreau, l'exécrable Tadeo qui se faisait un jeu de punir nos malades en les laissant mourir sans confession, et dont la fureur sanguinaire nous avait privés d'un de nos camarades les plus chers! Mais le pouvoir suprême qui se sert des méchans pour éprouver les bons, voulut sans doute prolonger encore leur vie, afin de conserver deux démons bien utiles pour de semblables épreuves.

L'heure fatale approchait, quand une voix retentissante appela le sergent de *l'Argonaute*, cette voix dont un cornet acoustique triplait les sons, partait de la canonnière qui nous gardait. Le seigneur sergent, muni de son porte-voix, s'avance sur la proue pour écouter ce qu'on avait à lui dire. On lui crie de faire attention au vent, de mettre des factionnaires aux câbles, et de prendre garde aux armes. Le seigneur sergent rentre dans sa chambre, pose son porte-voix sur une table, prend un soldat armé de sa baïonnette, et ces deux alguazils descendent pour faire leur ronde dans les batteries, afin de s'assurer s'il n'y avait pas de rassemblement et de complot.

Fidèle à remplir les fonctions importantes que mes compagnons m'avaient confiées, je ne perdais pas de vue mon sergent et son satellite, je marchais sur leurs talons en prêtant l'oreille pour entendre le signal. Je les suivis à la batterie de dix-huit, puis à celle de trente-six, enfin ils entraient dans le faux pont, et moi aussi, quand un grand bruit se fait entendre sur notre tête. Aussitôt je m'élance vers le soldat, je lui arrache des mains sa baïonnette, et faisant deux pas en arrière, je les menace l'un et l'autre de cette arme s'ils ne se rendent à l'instant mes prisonniers.

Le sergent avait trop maltraité nos malheureux infirmes pour se croire en sûreté parmi eux, il redoutait avec raison leur juste ressentiment. Il frémit, il pâlit, prosterné à mes pieds; il me conjura d'employer l'ascendant que j'avais sur nos soldats pour que sa vie fût respectée. Je lui promis ce qu'il me demandait; le sergent et son compagnon allèrent se cacher dans les ténèbres de la cale, après m'avoir adressé leurs remercîmens.

Montchoisy et sa troupe avaient désarmé la garde, et les câbles largués par Castagner et ses marins n'opposaient plus aucune résistance aux efforts du vent et de la marée. Toutes ces opérations avaient été faites avec la rapidité de l'éclair; la même promptitude fut mise pour préparer nos moyens de défense contre l'ennemi redoutable qui nous surveillait, et dont la vengeance et la rage allaient éclater. Les fusils enlevés aux soldats espagnols furent distribués aux plus déterminés et surtout aux meilleurs tireurs; les femmes, les enfans, descendirent à fond de cale, ils s'y trouvaient en sûreté et pouvaient nous servir dans ce poste. Une chaîne s'établit à l'instant pour monter les pierres, les boulets et les gueuses qui formaient le lest du vaisseau. On enleva tous ces projectiles pour en faire des tas auprès de chaque sabord de la batterie de dix-huit, la batterie basse fut fermée.

Notre navire avait à peine changé de place, que l'amiral anglais s'en aperçut et donna le signal du bombardement: douze chaloupes montées par des soldats arrivèrent sur nous à pleines voiles. Elles étaient suivies de six chaloupes canonnières qui se tinrent à une demi-portée de canon de *l'Argo-*

naute. Les premières chaloupes s'approchèrent ; après nous avoir sommés de nous rendre, elles firent un feu de mousqueterie terrible pour dégarnir le pont, et préparer ainsi l'abordage.

Des pierres, des boulets, des gueuses qu'on lançait avec la main dans les embarcations, dix fusils bien servis et le courage du désespoir : telles étaient les armes que nous avions à opposer à la fureur des Anglais et des Espagnols réunis pour nous écraser, à douze chaloupes remplies de gens armés jusqu'aux dents, à six chaloupes chargées de l'artillerie la plus formidable. Nous étions trop avancés pour reculer, il fallait vaincre ou mourir; notre choix fut bientôt fait entre la vie et l'esclavage, ou la liberté conquise au prix de nos jours.

Una salus victis nullam sperare salutem.

Je ne m'amusai point alors à citer des vers de Virgile, mais je paraphrasai souvent dans ma prose énergique ce texte du poète latin.

Le premier choc fut terrible, effroyable; les Anglais voulaient absolument nous prendre à l'abordage, nous nous défendîmes en désespérés. Nos fusiliers tiraient rarement pour ne pas perdre leurs munitions, mais ils savaient bien employer leurs balles; ils ajustaient à bout portant et faisaient très souvent coup double, un d'eux fut assez adroit pour caramboler trois fois de suite. Les projectiles roulaient sur le ventre du vaisseau pour tomber comme la grêle dans les chaloupes. Cette première attaque nous fit perdre cinq hommes, deux sous-officiers et trois soldats. Vingt-trois hommes et un enseigne de vaisseau tombèrent sous nos coups, et plus de cinquante furent mis hors de combat.

Étonné d'une résistance furieuse et meurtrière, voyant d'ailleurs qu'il était inutile de sacrifier ses soldats pour prendre à l'abordage des malheureux qui se feraient hacher plutôt que de se rendre, l'ennemi recula devant nous, et les premières chaloupes se retirèrent. Les six canonnières qui s'étaient embossées à demi-portée commencèrent alors leur feu. *La Sainte-Anne*, vaisseau à trois ponts, le fort du Pontal, une demi-lune des remparts de Cadix, se joignirent bientôt aux chaloupes et dirigèrent sur nous des milliers, des myriades de projectiles. Boulets, bombes, mitraille, boulets incendiaires, rien ne fut épargné; tout ce que l'artillerie a de plus destructeur fut employé ce jour-là contre un hôpital peuplé de mourans! contre un asile de misère et de douleur que l'ennemi le plus acharné respecte toujours en portant ses coups sur une ville assiégée!!! L'acharnement atroce des Anglais, la déloyauté de leur conduite, que les lois cruelles de la guerre n'autorisaient point, portèrent dans les cœurs une exaspération, une soif de vengeance que je ne saurais exprimer.

Cependant la nuit approchait, la marée commençait à descendre, notre vaisseau, bien qu'il eût marché, se trouvait encore loin de la côte, et nous ne savions pas s'il était échoué. Un roulis presque imperceptible me faisait craindre qu'il ne le fût point. Nous sommes perdus, dis-je à Castagner, le vaisseau n'est pas échoué, la marée descend et va nous emporter au milieu de l'escadre anglaise. Castagner s'était aperçu du roulis avant moi, sans oser en parler, il tâcha même de me rassurer à cet égard. Le roulis néanmoins continuait, devenait plus sensible. Pour nous convaincre du fait, et connaître tous les dangers qui nous restaient à courir, nous arrêtâmes nos regards sur un point du rivage; quelque temps après nous vîmes que la distance était toujours la même et que notre position ne changeait point; il nous fut permis d'en conclure que *l'Argonaute* touchait et qu'il roulait encore en creusant son lit dans le sable.

Nous voilà tranquilles sur ce point, l'abordage

n'est plus à craindre, puisque les Anglais tirent toujours des coups de canon et continuent à lancer des bombes. Ces dernières étaient peu redoutables, il s'agissait de se mettre à l'abri des boulets ; une foule de prisonniers descendent à fond de cale, nous restons dans les batteries pour être prêts à combattre de nouveau, si l'ennemi revenait sur nous. Les boulets fracassaient les flancs du vaisseau, le traversaient même de part en part, les bombes tombaient à droite et à gauche dans la mer. *L'Argonaute* présentait une surface peu étendue sans doute, mais elle était encore assez grande pour servir de point de mire à d'habiles artilleurs, et son repos rendait leur attaque moins incertaine. Cent, deux cents, cinq cents bombes peut-être étaient tombées dans l'eau sans nous toucher, quand il en arriva une qui, frappant d'aplomb sur notre bord, descendit dans l'intérieur et vint éclater dans la cale au milieu des infortunés qui s'y étaient réfugiés. Je ne chercherai point à décrire les épouvantables ravages du projectile meurtrier ; on n'a jamais connu le nombre des victimes qui restèrent ensevelies au fond de ce tombeau. Un sergent de grenadiers, sa femme et ses enfans furent mis en pièces. Les prisonniers que la bombe avait épargnés, ou qui du moins n'étaient pas blessés grièvement, se hâtèrent de remonter, les autres périrent étouffés par la fumée. Une batterie française établie derrière les ruines du fort Matagorda dirigea ses coups sur les canonnières. Nous étions alors placés entre deux feux; mais les boulets français passaient sur notre tête et n'étaient dangereux que pour les assaillans. Cette diversion nous fut très utile (1).

Condamnés à recevoir le feu de l'ennemi, sans pouvoir lui riposter en aucune manière, il fallait attendre la mort dans une parfaite inaction, comme un soldat placé l'arme au bras sous la fusillade la plus active. Cette position était désespérante, aussi beaucoup de nos compagnons, affaiblis par la maladie, en perdirent-ils la raison. Je sus la conserver au milieu de ce désastre, et l'aspect des dangers ne me fit pas même perdre mon sang-froid. Je me mis, ainsi que Castagner, sur le porte-haubans (2) d'artimon de tri-

(1) Le Trocadero avait été pris depuis un mois par les Français, qui placèrent des batteries sur le rivage en face de ce fort, mais elles ne pouvaient nous protéger. L'ennemi avait fait sauter les forts Matagorda et Sainte-Catherine; ce dernier fut rétabli par les Français.

(2) On donne ce nom aux planches saillantes à l'extérieur d'un vaisseau, c'est là que les haubans, gros cordages qui tiennent aux barres des hunes, viennent s'attacher pour affermir les mâts.

bord(3). Les boulets venant du côté opposé avaient les deux bords à traverser avant de nous atteindre, et, quoique plusieurs boulets eussent déjà fait cette double trouée, la place que nous occupions n'en était pas moins la plus sûre; le corps entier du vaisseau nous servait de bouclier. Nous passâmes la nuit, Castagner et moi, assis sur le porte-haubans, les jambes pendantes du côté de la mer et le dos appliqué le long du plat-bord. On présume sans doute que nous ne dormîmes pas beaucoup pendant cette éternelle nuit. « Je « ne me suis jamais trouvé à pareille fête, disait « le marin Castagner. — Ni moi non plus; j'ai fait « bien des pillules, mais non pas de ce calibre-« là. » Et les boulets, les bombes, la mitraille, continuaient de cribler *l'Argonaute*, et de passer sur nos têtes. Les boulets rouges, les bombes, marquaient leur route par des sillons lumineux; c'était comme un feu d'artifice.

Je n'avais plus à craindre que l'administration espagnole vînt examiner ma comptabilité; le vin-chaud fut prodigué à nos combattans. Il me restait encore une bouteille d'eau-de-vie que je pla-

---

(3) Tribord, la droite du vaisseau quand on le regarde de dessus la poupe; le côté opposé s'appelle bâbord.

çai sur le porte-haubans, entre Castagner et moi ; nous y avions recours de temps en temps pour reprendre courage. Vers le milieu de la nuit j'aperçus quelque chose de noir qui s'avançait à droite; c'était une chaloupe canonnière. Nous quittâmes à l'instant notre poste d'observation, et nous parcourûmes à l'instant le vaisseau en criant : « Tout le monde sur le pont ! aux armes ! « voici les Anglais qui reviennent ! » On ne répond point à cet appel : les hommes valides se couchent sous les malades, tout le monde est découragé, tous demeurent blottis dans leur retraite obscure; personne ne voulait se battre. Je descendis jusqu'à la cale, j'appelai de toutes mes forces; même silence, personne ne bougea.

A ce cri d'alarme qui annonçait le retour des ennemis, le sergent espagnol sort de sa tanière, m'appelle et me tient ce discours : « Seigneur « commandant, laissez-moi faire, je puis vous « tirer de l'embarras où nous sommes tous; je « vais monter sur le pont, et de là je parlerai « aux Espagnols ou aux Anglais des canonnières. « Je leur dirai que c'est le vent qui a fait casser « les câbles, et demain j'adresserai au gouver- « neur de Cadix un rapport qui achèvera de « vous justifier. C'est, croyez-moi, le meilleur

« parti que vous puissiez prendre; si vous vous
« obstinez à rester là, les Anglais vous brûle-
« ront.—Tout cela est bel et bon sans doute, c'est
« la peur qui vous fait parler ainsi, camarade; mais
« fort heureusement vous n'avez plus ici voix déli-
« bérative. Si nous brûlons, vous brûlerez aussi,
« *l'auto-da-fé* sera complet; en attendant restez où
« vous êtes, si non, je vous fais sauter à la mer
« pour vous garantir de la brûlure. » Je ne sais s'il
fut bien satisfait de ma réponse, mais le fait est
que le seigneur sergent disparut dans l'ombre et
retourna silencieusement à son poste de réflexion.

Je remontai sur le pont où la mitraille sifflait
et tombait toujours avec la même abondance.
Armé de pierres, je m'approchai de la proue et
n'y trouvai que Castagner et Goudin, l'un de nos
chirurgiens. Nous n'étions plus que trois pour
défendre le navire; si les Anglais fussent venus à
l'abordage, c'était fait de nous. Ils se bornèrent à
tirer quelques coups de canon. Ils pensaient probablement que la nuit nous aurions encore plus
d'avantage que le jour, et craignaient de se mesurer de trop près avec des gens déterminés à
mourir plutôt que de se rendre. On voit bien que
l'ennemi n'avait pas d'espion dans la place.

Quelque temps après une chaloupe aborda

notre vaisseau, nous n'avions pas vu de quel côté elle était venue, elle fut reçue à coups de pierre. Les matelots qui la conduisaient nous dirent qu'ils étaient Français, on imagina d'abord que c'était une feinte de l'ennemi; on n'osait pas se fier à leurs discours. Cependant quelques-uns des nôtres s'embarquèrent dans cette chaloupe, elle prit le large; les Anglais la poursuivirent et s'en emparèrent devant nos yeux. Les hommes qui la montaient se sauvèrent à la nage. Nous fûmes persuadés alors que l'embarcation était française; mais les Anglais l'avaient prise, et nous pensions qu'ils s'empareraient aussi de toutes celles qui pourraient venir encore.

Nous passâmes le reste de la nuit dans une perplexité cruelle. Au point du jour, nous entendîmes battre la diane dans le camp français. L'ennemi ne tirait plus; on monta sur le pont, et chacun s'occupa à faire des radeaux. Nous vîmes une foule de gens sur le bord de la mer, ils apportaient une chaloupe. On la met à flot; trois matelots, une rame à la main, s'embarquent, prennent le large et viennent vers nous. On se figure aisément notre impatience, chacun voulait partir le premier, le ventre du vaisseau était couvert de gens prêts à se précipiter dans la chaloupe.

Afin de mettre de l'ordre dans le débarquement, et pour récompenser en quelque sorte les braves qui s'étaient sacrifiés pour le bien général, nous ordonnâmes que les blessés seraient embarqués les premiers. Il fallait éviter la confusion, et faire exécuter rigoureusement cette mesure; deux factionnaires furent placés au bas de l'échelle avec la consigne de ne laisser passer que les blessés. La chaloupe avançait peu à peu, elle fut bientôt assez près de nous pour pouvoir distinguer qu'elle contenait un baril d'eau-de-vie, douze fusils et des cartouches. Quand elle arriva contre le vaisseau, nos deux factionnaires jetèrent leurs armes à la mer et s'élancèrent les premiers dans l'embarcation. Tant de gens s'y précipitèrent en même temps, que les matelots furent obligés de prendre le large dans la crainte qu'elle ne coulât à fond. Non seulement il leur fut impossible de nous donner les armes, les munitions et le baril qu'ils nous apportaient, mais encore, et pour comble de disgrace, on jeta dans l'eau ces objets précieux afin d'alléger la chaloupe.

Six hommes se sauvèrent dans cette embarcation, plusieurs s'étaient mis à l'eau dans l'espoir d'en profiter aussi; ils ne purent l'atteindre et se noyèrent en cherchant à rentrer sur *l'Argonaute*.

La chaloupe avait à peine déposé sur le rivage les prisonniers qu'elle portait, que nous la vîmes revenir accompagnée de deux autres. Notre joie fut extrême, les plus pressés partirent à la nage pour aller à la rencontre des barques de salut. Mais hélas! le vent qui s'était calmé reprit toute sa violence et souffla plus fort que jamais. Les chaloupes, ne pouvant surmonter les efforts du vent et de la marée, retournèrent au rivage, et les malheureux nageurs trouvèrent la mort dans les flots.

Les Anglais avaient recommencé leur feu ; persuadés que nous ne pouvions leur riposter, ils amenèrent leurs chaloupes canonnières si près de nous que les boulets traversaient de part en part les flancs pourris du vaisseau et tombaient encore assez loin dans la mer. Criblé par des boulets lancés à portée de pistolet, saccagé, fracassé par la mitraille, *l'Argonaute* ne pouvait plus soutenir le poids de tant d'infortunés qui faisaient retentir l'air de leurs cris de douleur et de désespoir. Le pont était couvert de cadavres, des tas de morts encombraient les batteries, on ne pouvait faire un pas sans marcher dans le sang et sur les membres épars des prisonniers hachés par le canon. Frappés du coup mortel les malheureux tombaient, et leurs corps étaient ensuite déchirés en lambeaux par d'autres boulets qui sillonnaient les monceaux de cadavres. Le sang de tant de victimes ruisselait partout et d'effroyables dépouilles étaient lancées sur les parois de l'intérieur et sur les malheureux blessés. Cette grêle de boulets n'était pas ce que nous redoutions le plus; une bombe pouvait mettre le feu au vaisseau, alors tout espoir était perdu. Que devenir, que faire? Battus par la tempête et par l'artillerie nous ne pouvions attendre aucun secours des Français tant que le vent conserverait sa violence.

Chacun alors se mit à l'ouvrage pour construire un petit radeau. Les planches, les tonneaux, les débris du navire, les cordes des hamacs, les clous, les crampons, tout fut enlevé. Tout le monde s'occupait à réunir, attacher, clouer des fragmens de bois pour former la charpente de son radeau, mais chacun travaillait pour soi. Je fis comme les autres, j'allai chercher sur la dunette, dans les ruines du plat-bord de quoi me préparer une bouée de sauvetage. Je trouvai une masse de liége qu'un boulet avait ébranlée et mise à découvert, je l'arrachai tout-à-fait; après l'avoir fortement attachée avec une corde pour lui donner plus de solidité, je réservai ce moyen de salut pour échapper au naufrage, et dans la résolution de ne l'employer qu'à la dernière extrémité.

Je revins dans ma chambre, assis sur mon liége devant le sabord, les yeux fixés vers le rivage, j'attendis avec un sang-froid imperturbable que le péril devînt assez pressant pour me forcer à me jeter à l'eau.

Tout le monde n'eut pas la même constance, la plupart de nos gens se crurent perdus quand ils virent que les embarcations françaises, repoussées par le vent, ne pouvaient plus arriver à nous. Dès que les radeaux furent construits on les descendit dans la mer avec des cordes. A chaque sabord étaient attachées trois ou quatre cordes qui suspendaient autant de radeaux. Les malheureux se précipitaient en foule pour les détacher et se confier ensuite au perfide élément. Les radeaux n'étaient point assez solides pour résister à la force des vagues, les pièces mal liées se détachaient à l'instant, et le navigateur téméraire se noyait. D'autres se lançaient dans la mer sur une planche, vêtus de leurs dégoûtantes guenilles, emportant sur leur dos un havresac rempli de haillons enlevés à leurs camarades morts. A peine étaient-ils dans l'eau qu'ils demandaient du secours, personne ne pouvait leur prêter assistance; gênés par leurs habits mouillés, entraînés par le poids de leur bagage, ils périrent tous misérablement.

Tranquille à mon sabord je contemplais cette mer agitée et les naufrages de mes compagnons. J'observais dans un morne silence l'affreux tableau de tant d'infortunés engloutis par les flots. Leur exemple funeste n'arrêtait point les autres; on travaillait toujours à bord à la construction de radeaux aussi frêles que les premiers sur lesquels de nouveaux imprudens allaient chercher encore une mort certaine. Nous aurions tous péri de cette manière si la tempête eût continué, mais la Providence prit enfin pitié de nos maux et l'espoir rentra dans nos cœurs.

Le vent s'étant calmé vers quatre heures après midi, les trois chaloupes, qui depuis le matin restaient attachées au rivage, furent mises à flot et vinrent l'une après l'autre nous porter des secours. Les dangers qu'avait courus la chaloupe, venue au point du jour, rendirent les matelots plus prudens. Sans arriver jusqu'au vaisseau qu'ils n'osaient point aborder, ils s'approchaient assez pour que l'on pût les joindre à la nage. « Jetez-vous à la mer, nous vous ramasserons, » crièrent-ils. Tous les nageurs se précipitent aussitôt; ils n'arrivent pas en même temps, mais les marins les saisissent l'un après l'autre, et quand le chargement est fait on prend le large pour retourner à la côte. Les nageurs qui n'ont pu être admis dans la barque se rapprochent alors du vaisseau et se cramponnent aux cordes et aux radeaux en attendant le retour du convoi.

J'étais debout sur le porte-haubans où j'avais passé la nuit et je m'apprêtais à descendre dans la première embarcation qui viendrait à bord. Dès que je m'aperçus des précautions de nos marins, je me déshabillai, j'attachai à ma ceinture un mouchoir, j'y plaçai mes papiers et ma finance, je possédais encore trois piastres, et je me disposai à nager vers les chaloupes lorsqu'elles reviendraient.

Quand je les vis quitter le rivage, je descendis à la batterie basse, afin de ne pas sauter de trop haut. Mais les sabords en étaient fermés; on n'y voyait que des mourans entassés sur des morts, je marchais dans le sang ou sur des membres dispersés, tristes effets de la fureur de nos ennemis. Saisi d'horreur à cet affreux spectacle, je reviens sur mes pas, je remonte. Au moment où j'étais sous le dôme, un boulet passe à côté de moi et coupe en deux un enfant éploré qui venait de voir écraser son père; cet enfant courait vers sa mère blessée, pour lui apprendre ce malheur. Ses plaintes m'avaient pénétré de douleur, le boulet vint les interrompre. Le terrible projectile fracasse l'escalier sur lequel je me trouvais et me renverse au milieu de la batterie. Le coup fut si violent que je portai sur-le-champ les yeux sur ma cuisse gauche; je croyais que le boulet l'avait emportée à vingt pas. Il ne m'avait point touché, mais un éclat de bois lancé vigoureusement s'était incrusté dans mon individu; je me hâtai de l'extraire avec les doigts. La blessure était profonde, mon sang coulait, et j'étais couvert des débris du pauvre enfant qui venait de périr à côté de moi. Je me relève pourtant, la force de ma situation me fait surmonter la douleur, et, sans attendre un nouvel épisode de ce genre, j'entre dans ma chambre; après avoir bandé ma plaie, je passe par le sabord, je saute, et me voilà dans l'eau.

Une chaloupe était alors près du vaisseau, elle partit pendant que je voyageais dans le fond de l'abîme, et quand je reparus sur l'onde elle était déjà loin. Je n'avais point assez de confiance dans mes forces pour tenter de la suivre. Je me rapprochai du vaisseau, je m'accrochai à une corde qui pendait, et là, ballotté par les vagues, j'attendis encore une fois le retour des chaloupes. Tandis que j'étais dans cette position, un malheureux se laissa glisser le long de la corde et descendit près de moi; la violence des vagues l'épouvanta, je m'aperçus bientôt qu'il avait perdu la raison. Dans l'excès de sa frayeur il me prit les bras avec ses mains tandis qu'il me serrait le corps avec ses jambes. Persuadé que nous allions nous noyer tous deux si je le laissais faire, je me dégageai brusquement et j'allai me placer sur un des radeaux attachés le long du bord. J'abandonnai la corde à cet homme, il ne sut pas s'y maintenir, sa tête était perdue ; il disparut un instant après, la lame l'emporta.

Je restai trois quarts d'heure sur mon radeau, en conservant toujours mon sang-froid et l'espérance de me sauver. Quand une forte vague arrivait sur moi, je me couchais en avant, elle passait sur ma tête. Je me relevais ensuite ; après avoir craché et toussé je me frottais les yeux, et je me préparais à un nouvel assaut. Les chaloupes reviennent enfin ; dès qu'elles ont parcouru la moitié de l'espace, j'abandonne le radeau, je m'élance dans la mer. Je suis englouti dans l'abîme, la vague me relève pour m'y replonger et m'enlever encore dans les airs. Je ne me trouble pas, je combine mes mouvemens avec ceux de la lame, je me plie à ses ondulations en coupant toujours vers la chaloupe la plus proche. J'arrive enfin auprès d'elle, j'allonge le bras... Dieu, quel transport! ma main a touché le bord, elle l'a saisi. En vain les flots veulent m'en séparer, il serait plus facile de m'arracher le bras que de me faire lâcher prise. Je tiens le bord à deux mains et j'essaie de monter dans la chaloupe : vains efforts.... le froid, la fatigue avaient épuisé mes forces. Les matelots viennent à mon secours : deux quittent la rame, l'un me prend par un bras, l'autre par une jambe, et je tombe sans mouvement au milieu de l'embarcation. Ils ramassent encore quatre hommes qu'ils jettent sur moi et se dirigent vers la côte.

Je restai sur place et dans la même immobilité jusqu'au moment où j'entendis les matelots nous dire : « Mes amis, vous êtes libres. » Ces mots magiques me tirèrent tout-à-coup de l'anéantissement où je me trouvais et me donnèrent de nouvelles forces. Je me jetai de nouveau à la mer, et je fus accueilli par quatre soldats qui étaient dans l'eau jusqu'à la ceinture. On les avait placés là pour nous aider ; ils m'offrirent de l'eau-de-vie qu'ils portaient dans une outre, j'en bus avec avidité et je m'empressai de gagner le rivage.

En arrivant sur la grève, je tombai à genoux, j'embrassai cette terre chérie depuis si long-temps l'objet de mes vœux, et je remerciai avec effusion de cœur le Dieu tout-puissant qui m'avait sauvé à travers tant de périls.

C'est ainsi que se termina pour moi cette journée affreuse et mémorable. Elle n'eut pas de semblables résultats pour tous. Nous étions cinq cent quatre-vingt-quatre à bord le 26 au matin, deux cent cinquante environ sont venus à terre. Le canon a fait un ravage terrible sur le ponton, beaucoup de prisonniers se sont noyés, et les Anglais en mettant le feu à *l'Argonaute* ont détruit le reste.

On ne peut trop louer la conduite des marins qui vinrent à notre secours: lorsque le ponton s'embrasa ces braves montèrent à bord; ils enlevaient les malades et les jetaient dans la mer, d'autres marins les ramassaient pour les embarquer. Ces marins appartenaient à la garde impériale; le généreux, le vaillant capitaine Grivel les commandait. En arrivant sur la plage je vis deux officiers qui se promenaient et qui paraissaient diriger le débarquement. Je volai auprès d'eux, j'embrassai le premier que je rencontrai; c'était M. Grivel, il me serra dans ses bras et me renvoya en disant qu'il était à son poste et que le mien devait être plus loin. Je me mis à courir jusqu'à ce que je fusse hors de la portée des bombes et des boulets.

Les soldats espagnols qui nous gardaient sur le ponton furent mis à terre avec nous; on les retint prisonniers, mais leur captivité n'offrait aucune des rigueurs de la nôtre. Ils étaient d'ailleurs si peu surveillés, que tous ceux qui voulurent retourner à Cadix s'échappèrent. Après notre évasion, les autres pontons furent gardés avec tant de soin que toute nouvelle tentative de ce genre devint impossible; on transporta les prisonniers en Angleterre: ils n'en sont revenus qu'en 1814.

CHAPITRE XVIII.

J'arrive sur la plage à *Puerto Real*. — Singulière manière dont nous sommes reçus. — Touché de ma misère le grenadier Salmon partage avec moi son souper et ses habits. — Le commandant de place de Sainte-Marie nous fait enfermer dans le lazaret. — J'y retrouve mes camarades. — Xérès. — Mes confrères me reçoivent à merveille. — Générosité délicate. — Je pars pour Séville.

Les hommes qui ont vécu un certain temps dans la même société, où des relations fréquentes les rapprochaient, se donnent assez légèrement le titre d'ami. Lorsqu'ils se rencontrent après une longue absence, ils s'embrassent d'abord avec un transport de joie et de ravissement, les expressions les plus flatteuses sont prodiguées de part et d'autre; viennent ensuite les protestations d'une amitié à toute épreuve, d'un dévouement sans bornes, que les offres les plus obligeantes suivront de près. « Je suis à vous sans « réserve : j'ai toujours désiré d'être utile à mes « amis en tout et pour tout, seriez-vous assez « aimable pour me procurer cette bonne fortune? « d'honneur, j'en serais enchanté. Parlez, je vous

« en supplie, mon bras, ma bourse, tout est à
« votre service.

> « Si je puis vous faire du bien,
> « Je vous traiterai comme un frère. »

Pourquoi se livre-t-on si souvent et si facilement à ces transports? d'où vient que ces lieux communs d'amitié, cet exorde sentimental, sont adressés réciproquement avec tant de promptitude et de libéralité? En voici la raison. Chacun des deux interlocuteurs est persuadé que l'autre n'a besoin de rien, et qu'il le remerciera sur-le-champ de la manière la plus affectueuse, sans rien accepter.

Mais si un pauvre diable, après avoir éprouvé de notables revers, se présente devant ses anciennes connaissances, devant ses prétendus amis, dans un état complet de misère, nu comme notre père Adam, il n'en obtiendra qu'une pitié stérile. On ne lui offrira rien, parce qu'on est sûr qu'il accepterait tout. On prend alors le parti de le pousser vers la porte avec une certaine politesse, en lui disant que l'on est touché de sa situation et désolé de sa mauvaise fortune. Je ne veux pas prouver qu'il n'existe pas des personnes bienfaisantes dans le monde, mais on me permettra d'affirmer qu'il y en a beaucoup qui sont charmées de passer pour telles sans avoir rien fait pour mériter ce titre.

Après avoir rendu graces à la Providence de ce qu'elle m'avait rendu ma chère liberté, je me hâtai d'en profiter. J'avais la clef des champs, je me mis à courir comme un fou, et j'arrivai à *Puerto Real* sans m'arrêter, sans modérer même l'agilité de ma course.

Le sang qui coulait sur ma cuisse droite, et les douleurs que me causa le sable en s'introduisant dans une cavité que j'avais au pied gauche, me firent apercevoir deux blessures au lieu d'une.

La première personne que je rencontrai à *Puerto Real* fut un individu que je croyais mon ami; c'était un ancien pensionnaire de *la Vieille-Castille*, il s'en était échappé le 22 février avec le capitaine Grivel. Incorporé dans un régiment du premier corps d'armée, ce quidam était hors des remparts avec sa compagnie pour nous *empêcher* d'entrer dans la ville. On croyait que nous avions la peste. Il m'appela : je m'approchai, et lui demandai quelque vêtement pour me couvrir; il s'excusa fort honnêtement sur ce qu'il ne pouvait rien m'offrir, et voulut me persuader qu'il était obligé d'emprunter des habits à ses camarades.

Une foule de militaires et de curieux de toute espèce m'abordent et s'amusent à me faire raconter mes aventures, ils m'accablent de questions sans songer à me procurer les objets de première nécessité que mon état réclamait. Je m'interrompais à chaque instant pour leur demander si je ne pourrais pas aller me chauffer quelque part, en attendant que le général eût désigné le coin, l'antre ou le caveau qui devait nous recevoir. Le capucin *del Castillo de piedra buena* délogea ses cochons pour nous préparer une chambre, et le général français, le commissaire des guerres n'avaient pas eu la même prévoyance! Détestable administration, bureaucratie damnable, vous avez détruit autant de Français que les boulets et la mitraille de l'ennemi; insouciantes et rapaces, vous n'aviez d'activité que pour le vol et l'escroquerie; vos éternelles lenteurs on fait périr des milliers de soldats à Wilna. Mourans de faim, de fatigue et de misère, ils arrivaient aux portes de vos magasins; il semblait que leurs maux devaient finir au milieu de ces greniers d'abondance, tout devait être prodigué pour soulager des besoins si pressans : point du tout, ces malheureux tombaient d'inanition avant qu'on leur eût délivré des bons de fourniture, vus, revus, signés, scellés et paraphés. Ils expiraient en ayant sous leurs yeux des monceaux de pain et de vivres, dont la grille des magasins leur défendait l'approche.

Après avoir traversé les plaines glaciales de la Russie, ils moururent à Wilna du supplice de Tantale : il fallait nécessairement qu'en cette circonstance les formes de l'administration fussent encore observées. Nos troupes demandaient à grands cris du pain, on leur promettait un chiffon de papier; le malade soupirait après un bouillon, on lui préparait une signature.

Généraux voleurs, commissaires filous, capitaines fripons, fournisseurs escrocs, troupe dorée et non moins digne de mépris, dites-moi si vous mettez les mêmes formes et la même lenteur dans vos larrones expéditions ? un mot à l'oreille, un geste, un regard ne suffisent-ils pas pour organiser la rapine ? Vous partagez ensuite le butin en rase campagne, ou dans les salons brillans de la Chaussée-d'Antin, quelquefois en prison; mais l'objet principal est rempli : vous tenez le corps du délit, et ce précieux gage qui vous console de nos dédains doit amener auprès de vous la foule des flatteurs et des parasites.

J'étais absolument nu, le vent était fort et

très froid, je grelottais. Tandis que j'exhalais ma bile contre les administrateurs qui nous faisaient une semblable réception, un grenadier perça la foule, et vint me prendre par le bras : « Venez avec « moi, » me dit-il; je le suivis dans son logement. Il habitait une maison ruinée, hors de la ville; il alluma un bon feu dans sa chambre et servit à souper. Le pain de soldat, le vin de ration, un morceau de bouilli, une pincée de salade, tel était le repas du brave grenadier; il me l'offrit, et du meilleur cœur du monde. Je ne mangeais pas, je dévorais; mon hôte me tenait compagnie. Nous trinquions ensemble et souvent ; la gaîté la plus franche, le plus parfait contentement vinrent animer le meilleur repas que j'aie fait de ma vie.

Tandis que je fais main-basse sur les débris du repas, mon hôte me quitte un instant et va chercher son sac. Il en tire un pantalon de nankin tout neuf et qu'il n'avait pas mis encore, une paire de souliers et des guêtres, et me force d'accepter tout cela. Saint-Martin partagea son manteau pour en donner la moitié, le généreux grenadier fit plus : il se dépouilla de sa capote et la mit sur mes épaules. « Pardonnez, me dit-il, si je ne « me suis pas présenté plus tôt pour vous amener « ici : j'attendais qu'un autre plus capable de

« vous bien recevoir vînt se mettre sur les rangs.
« Je ne puis disposer que de cela, mais c'est de
« bon cœur, et avec toute la franchise d'un sol-
« dat que je vous l'offre. Acceptez de même, et si
« un honnête homme a quelques droits à votre
« estime, c'est à ce titre que j'ose vous la deman-
« der. » Ce sont ses propres paroles, ce discours
et cette action ne sortiront jamais de mon cœur
ni de ma mémoire, j'ai pu les rapporter avec la
fidélité la plus scrupuleuse.

« — Généreux grenadier, la position où je me
« trouve ne me permet pas de refuser ce que vous
« m'offrez de si bon cœur. Un jour viendra peut-
« être où je pourrai vous témoigner ma recon-
« naissance autrement que par des paroles. Ce-
« pendant, permettez-moi de vous faire une
« observation ; votre modique solde ne vous four-
« nira pas les moyens de remplacer les objets
« dont vous voulez vous priver pour me secourir.
« Une nuit de bivac rendra plus sensible la
« perte de votre capote, dont à la rigueur je puis
« me passer. Reprenez-la, je vous en prie ; et en
« attendant qu'un heureux hasard me procure le
« plaisir de vous revoir, veuillez bien accepter
« cette faible marque.... »

Triple sot ! j'eus la maladresse de lui offrir les

trois piastres que j'avais sauvées du naufrage, c'était tout ce que je possédais. Piqué avec juste raison de ce que je paraissais vouloir mettre un prix à ses bienfaits, le grenadier me repoussa avec véhémence, et sans me laisser achever ma période : « Vous avez donc une bien mauvaise opi-
« nion de moi, d'un grenadier français, si vous
« pensez que j'aie eu des vues intéressées en fai-
« sant pour vous ce que j'aurais fait pour tout
« autre, et ce que tout autre aurait fait pour moi?
« J'ai rempli les devoirs d'un honnête homme, ce
« n'est pas trop, je crois ; soldat depuis quinze ans,
« je connais les égards que l'on doit au malheur.
« Demain peut-être je serai pris et dépouillé à mon
« tour, je serai bien aise alors de rencontrer un
« brave qui fasse pour moi ce que j'ai fait pour
« vous. Habillez-vous, gardez votre argent, et ne
« m'enviez pas le plaisir de me rappeler que j'ai
« fait une bonne action, toutes les fois que la
« rigueur de la saison me fera sentir que je n'ai
« plus ma capote. »

Pour toute réponse j'embrasse le grenadier ; des larmes d'attendrissement et d'admiration coulaient de mes yeux, je crois qu'il pleurait aussi. Après cette accolade fraternelle, et tandis que j'achevais de m'habiller ; un caporal vint me prendre, d'après l'ordre du général, pour me conduire à Sainte-Marie ainsi que les autres naufragés qui se trouvaient sur le bord de la mer. Le brave qui m'avait si bien accueilli m'accompagna jusqu'à la moitié du chemin. Je lui donnai mon nom et mon adresse et lui demandai la sienne. « Salmon, grenadier au 24ᵉ régiment d'infanterie « de ligne, 3ᵉ bataillon, 1ʳᵉ compagnie, » me dit-il. « Eh bien! mon cher Salmon, comptez sur mon « amitié, sur mon estime et ma reconnaissance. « Partout où je rencontrerai votre régiment, je vous « chercherai, et vous ne me refuserez pas le plaisir « d'embrasser le plus brave homme du monde. » Nous nous serrâmes de nouveau dans les bras l'un de l'autre, les larmes les plus douces coulèrent encore de nos yeux. Salmon retourna sur ses pas, et je suivis la route *del Puerto de Santa Maria*. Il était presque nuit, nous marchions sur un chemin bordé de superbes moissons. Depuis dix-huit mois je n'avais pas mis pied à terre, et je n'avais entendu pendant tout ce temps que le mugissement des vagues, le fracas de la tempête et l'appel rauque et discordant des oiseaux de mer. Le calme heureux de la nature, le chant du rossignol, le cri des grillons, le long murmure des grenouilles firent sur moi un effet que je ne saurais décrire et qui tenait de la magie.

Il était nuit close quand nous arrivâmes chez le commandant de place de Sainte-Marie. Le caporal qui nous servait de guide nous fit entrer dans une grande cour, nous y laissa, et monta au bureau du commandant pour prendre ses ordres.

Monsieur le commandant de place était un de ces nouveaux parvenus, bouffis d'orgueil et de sottise, qui croient avoir changé d'espèce parce qu'ils ont changé d'habit, qui croient qu'ils doivent être considérés beaucoup parce qu'ils ont beaucoup volé; de ces gens dont les manières communes et grossières percent toujours à travers les dehors d'un luxe qui peut éblouir le vulgaire; de ces gens enfin qui aiment à se dédommager sur leurs inférieurs des bassesses qu'ils font tous les jours auprès de leurs chefs.

Voilà mon homme; il écrivait quand le caporal l'avertit que nous étions là. Un commandant de place ne se dérange point quand il écrit; celui-ci continua sa lettre, et ne fit pas même attention que nous recevions la pluie sur notre corps, qu'il était nuit, et que nous mourions de faim et de froid. Son esprit n'était pas fécond, les idées n'arrivaient point sous sa plume avec rapidité, il nous aurait laissés en plein air jusqu'au lendemain si je n'avais enfin pris le parti d'interrompre le malencontreux écrivain.

Ennuyé de croquer le marmot dans une cour où je grelottais (il est vrai que j'étais couvert de la capote de Salmon, mais je n'avais dessous ni gilet ni chemise), je monte et j'entre chez M. le commandant sans me faire annoncer. Je le trouve assis auprès d'une table placée au bout d'une grande salle richement meublée; je m'approche de lui, il ne bouge pas. Je le salue, je me contrains au point de lui parler honnêtement: il tourne, comme par hasard, la tête de mon côté; mais pour ne pas laisser croire qu'il s'est dérangé pour moi, il fait semblant de se gratter l'oreille, et reprend son travail sans me répondre. Étonné de ce procédé, je réprimai un mouvement de colère et me résignai à prendre patience. Fatigué par la marche et plus encore par les douleurs vives que mes blessures me faisaient éprouver, j'avais besoin de repos: un superbe fauteuil de velours cramoisi, doré sur tranche, s'offre à mes yeux; je m'en empare, je l'approche du bureau et m'y voilà campé fort à mon aise. « J'attendrai « plus commodément, » dis-je alors à mon parvenu, avec un air tant soit peu insolent. « *Io mi pongo* « *ad aspettar.* »

Le commandant, qui craignait que la contagion ne se communiquât à son meuble occupé par un pestiféré, se lève aussitôt pour m'engager à me lever aussi. Je reste sur mon siége, attendu que je suis blessé. Il me fait beaucoup de questions au sujet des maladies qui régnaient sur le ponton *l'Argonaute*. « Donnez à nos malheureux naufragés de « bons alimens, des vêtemens propres, ils guéri- « ront ; leur mal c'est la misère. » Telle fut ma réponse. L'enragé commandant voulait absolument que nous eussions la peste, et pour prouver qu'il avait raison il dit à une espèce de sergent espagnol qui lui servait de domestique, de nous conduire au lazaret. « Mais ; M. le commandant, « nous n'avons pas la peste.—N'importe, au la- « zaret.—Mais, M. le commandant, nous mourons « de faim.—C'est égal, au lazaret, vous dis-je.— « Mais, M. le commandant, vous avez là-bas dans « votre cour vingt naufragés qui n'ont rien mangé « depuis deux jours, faites-leur donner des vivres. « —Ils en trouveront au lazaret. Partez, vous dis- « je, et sans réplique; au lazaret, c'est l'ordre du « général. »

Si j'avais pu me présenter chez M. le commandant de place en habit brodé, culotte courte, bas de soie, boucles en or, chapeau de castor sous le bras, le toupet bien frisé et bien parfumé, les doigts scintillans de pierreries, il n'y a pas de doute que M. le commandant ne m'eût reçu plus décemment. Il eût taché de se montrer poli, un siége m'aurait été présenté, peut-être même ce malotru aurait-il poussé la courtoisie jusqu'à m'offrir ses services. Mais qui diable aurait prévu cela, comment suffire à toutes ces exigences? Le généreux Salmon m'avait donné l'élite de sa garde-robe, et Salmon ne possédait point d'habits brodés, encore moins des diamans.

Par quelle raison tous les hommes ne ressemblent-ils pas à Salmon? D'où vient que l'on rencontre plus souvent dans le monde un Aborrea, un Tadeo, un imbécile pétri d'opiniâtreté comme le commandant de Sainte Marie, que des hommes pleins de franchise et de loyauté tels que le grenadier Salmon ? Pourquoi faut-il qu'un malheureux reçoive de plus grands secours des pauvres que des riches? Je ne répondrai qu'à cette dernière question, elle est la plus facile à résoudre. La voix de l'infortune est trop faible pour pénétrer dans un palais; des murs épais, une garde nombreuse, en défendent l'entrée. La porte du laboureur est toujours entr'ouverte, on ne peut en franchir le seuil, mais on parvient aisément à se faire entendre à travers ses ais mal jointés. Le riche ne compatit que faiblement ou point du tout à des maux qu'il n'a pas éprouvés et qu'il croit n'éprouver jamais. Il jette avec orgueil une aumône pécuniaire au malheureux pour se débarrasser de son importunité. Mais il croirait s'abaisser en lui donnant ces consolations douces et affectueuses qui doublent le prix d'un bienfait. En me revêtant de sa capotte et de son pantalon, en partageant avec moi sa galette et son vin, le grenadier m'avait donné plus de la moitié de ce qu'il possédait. Mais Salmon connaissait toute la valeur d'une bonne action, il pouvait dire :

J'ai connu le malheur et j'y sais compatir.

Je me garderai bien d'établir, comme une conséquence de ce que je viens de dire, que pour être sensible aux infortunes des autres il faut avoir été soi-même infortuné. Que toutes les actions des hommes ont pour but l'intérêt personnel et une réciprocité que l'un attend de l'autre. Quoi qu'il en soit, il n'en est pas moins vrai que les hommes tels que Salmon sont trop rares, mais n'en rencontrât-on qu'un sur dix mille, ce serait assez pour se rapatrier avec l'humaine espèce.

Ces réflexions philosophiques me trottaient dans la tête pendant que je m'acheminais vers le gîte désigné par M. le commandant. Il faisait noir comme dans un four, le temps s'était habillé ce soir en Scaramouche, et l'on ne voyait pas une étoile qui montrât le bout de son nez. Je ne m'étais pas mis en marche pour donner une sérénade comme le valet Hali dont j'emprunte le discours, mais bien pour me rendre au lazaret; je m'y trouvai sans savoir trop comment j'y étais venu.

Mes compagnons d'armes étaient installés déjà dans cette léproserie: Castagner, Montchoisy, Casavielle et deux autres qui s'étaient sauvés avant moi. Je les retrouvai par terre assis, expédiant de la meilleure grace du monde un immense plat de *guisado*, *rancho*; mais non, c'était de la *ratatouille*, qu'on me pardonne ce mot de l'argot soldatesque, il rend avec fidélité le sens des expressions espagnoles que je dois laisser au ponton. Le portier du lazaret, homme essentiellement français et d'une générosité parfaite, en avait fait cadeau à mes compagnons moyennant la bagatelle de trois piastres, quinze francs. Je pris place au banquet des lépreux ou des pestiférés, et je leur prêtai mon assistance pour achever ce qu'ils avaient si bien commencé.

Qui pourra croire qu'après une action aussi brillante, aussi périlleuse que la fuite de *l'Argo-*

naute, après une action que les journaux du temps ont exaltée et que les pages de l'histoire ont déjà recueillie, des malheureux Français ramenés par miracle au milieu de leurs compatriotes, après avoir échappé au feu terrible et meurtrier de l'artillerie, à la fureur des flots et de l'incendie, trouvèrent de nouveaux dangers à terre et furent exposés à mourir de faim ? C'est impossible, dira-t-on, l'humanité.... n'est qu'un mot que tout le monde emploie et dont peu de gens connaissent la signification. On croit avoir de l'humanité et l'on n'est point humain. Quoi, les Français ! — Ne valent pas mieux que les autres. — Mais la religion, la nature, le devoir enfin.... — Nous ne sommes plus dans ce temps d'ignorance et de barbarie où l'on osait faire le bien sans consulter personne. Toujours à cheval sur les lois administratives, on commence d'abord par se conformer aux réglemens. Et ce n'est que quand il s'agit de faire une bonne action que l'on cherche à mettre sa conscience à l'abri.

Pour donner des vivres aux Français échappés du naufrage; pour apaiser cette faim dévorante qui les tourmentait; pour ranimer l'existence prête à s'éteindre de tant de malades, poussés hors d'un ponton embrasé par le danger qui les menaçait, et que la violence de leurs maux, l'accablement qui suivit cet effort, ressaisirent au rivage, il fallut que le commandant de place écrivît au gouverneur, le gouverneur au général de division, le général de division au maréchal d'empire. Celui-ci donna des ordres à l'ordonnateur en chef, qui les transmit à l'ordonnateur particulier, lequel eut soin de les communiquer au commissaire des guerres qui en fit part à l'inspecteur des vivres. Cet inspecteur transmit ces ordres au garde magasin, et celui-ci les signifia à ses aides, qui firent alors, et seulement alors, abattre des bœufs, et pétrir du pain que l'on fit cuire ensuite pour faire une distribution.

Ce ne fut que le lendemain au soir que les naufragés, qu'on avait oubliés sur le rivage, reçurent un morceau de pain. Ceux du lazaret attendirent plus long-temps encore, et si je n'avais pas sauvé trois piastres, Castagner cinq, et Montchoisy deux, nous serions morts de faim dans la léproserie, ainsi qu'une infinité d'autres qui tombaient à nos côtés.

Si tous ces commandans, ces commissaires, ces inspecteurs, si tous ces employés voleurs à gages, avaient pu croire que *l'Argonaute*, au lieu de contenir des prisonniers français, des malades expirans, était chargé d'or et de tissus précieux, tout aurait été prêt pour enlever une telle capture. Cent chariots, mille travailleurs, des vivres en abondance, du vin, de l'eau-de-vie, auraient encombré le bord de la mer. Des récompenses promises auraient encouragé les plus timides, doublé leur activité, nous aurions vu ces maîtres escrocs, ces pirates en chef diriger le débarquement. Nous devons cependant quelque reconnaissance à cette canaille dorée, elle pouvait faire pis encore, sachons lui gré de n'avoir point empêché le généreux Grivel et ses braves de secourir leurs anciens compagnons de captivité. Remercions-la de n'avoir pas donné l'ordre exprès de tirer sur des lépreux et des pestiférés dont l'insolente audace franchissait le cordon sanitaire.

Le lendemain de mon entrée au lazaret, M. Lebaube, pharmacien de l'hôpital militaire, vint me voir et m'offrir ses services, son logement et sa table; il avait appris qu'un de ses confrères s'était sauvé. Je passai le reste de la journée dans la léproserie, et le 29 mai j'en sortis par contrebande. J'allai me présenter au commandant de place pour obtenir un logement; il me le refusa. Ce tyran subalterne voulut me renvoyer au lazaret, mais comme cette fois il négligea de me donner un guide pour m'y reconduire, je m'égarai en chemin, et j'entrai à l'hôpital, où je m'établis pour faire panser mes blessures et les guérir. Elles s'étaient enflammées au point de me donner de l'inquiétude.

Pendant les premiers jours qui suivirent mon évasion, ma tête était troublée, au point que je la croyais perdue; j'étais à-peu-près fou. Tant de dangers bravés à jeun, et sans repos ni sommeil, une tension d'esprit continuelle, une force d'ame que la faiblesse du corps rendait plus difficile à entretenir, une agonie de quarante huit heures, suivie du plus heureux dénoûment: tout cela fit une telle impression sur moi, rendit mes nerfs tellement irritables, que je restai dans une espèce de délire. Je parlais sans savoir ce que je disais, le moindre bruit m'incommodait. Une porte criait sur ses gonds, ou se fermait avec fracas; c'était pour moi le sifflement du boulet, l'explosion de la bombe. Je me voyais sans cesse harcelé par les artilleurs et les fusiliers, comme le grotesque Limousin que Molière fait fuir devant des satellites moins redoutables; en tous lieux j'étais poursuivi par les boulets et les balles, comme Pourceugnac par les lavemens. Ne sens-je pas la mitraille? disais-je à mes voisins, en parodiant la question que ce gentilhomme adresse à son ami Sbrigani. Je riais, je pleurais, comme un imbécile; le repos me rendit l'usage de mes sens, et je redevins bientôt un animal à deux pieds et sans plumes assez raisonnable.

Les Espagnols de l'intérieur désignent sous le nom générique de *los puertos,* plusieurs petits ports placés à très peu de distance les uns des autres et qui forment une espèce de complément ou de dépendance de la rade de Cadix. Les principaux sont : San Lucar de Barrameda, Rota, Chiclana, Santa-Maria, el Puerto Real. Le port Sainte-Marie est une très jolie petite ville, bien bâtie et régulière avec des rues larges et propres, bordées de trottoirs, il y a même une promenade plantée d'orangers. Comme ceux de Cadix, les habitans de Sainte-Marie sont plus civilisés, plus polis que les Espagnols de l'intérieur. Les relations sociales sont plus fréquentes et plus étendues dans les ports où l'on voit continuellement des étrangers.

A Sainte-Marie les femmes sont aussi séduisantes que les belles Gadétanes, c'est pour cela sans doute que les Français se plaisaient tant dans cette ville. Il est vrai que la plupart y avaient fait un long séjour; pendant que l'escadre française était dans la rade de Cadix, nos officiers se rendaient en foule à Sainte-Marie et dans les autres petits ports voisins. On peut même affirmer que c'est aux relations qu'ils ont eues avec ces militaires français, que les Espagnols de ces contrées sont redevables des progrès de leur civilisation. J'ajouterai encore, et sans me laisser entraîner par l'amour-propre national, que les Espagnoles aimaient beaucoup les Français, et s'empressaient d'adopter nos mœurs et nos coutumes. Cette seule raison suffirait pour civiliser une horde sauvage.

Les officiers de l'armée de Wellington diront peut-être aussi que les Espagnoles aimaient beaucoup les Anglais, et leurs bonnes fortunes serviraient à prouver une semblable assertion. Je répondrai à cela par quelques observations qui sont toutes à notre avantage. Ces dames adoptaient nos usages et se moquaient des coutumes anglaises; nous étions pourtant leurs ennemis, et les Anglais se battaient contre nous pour soutenir l'Espagne. Ce qui démontre enfin que les Anglais n'étaient point aimés dans ce pays, c'est que les Espagnols disaient sans cesse, en parodiant deux vers fameux de Diderot : *Quisiera ver ahorcar los Franceses con las tripas de los Ingleses.* « Je vou-« drais voir pendre les Français avec les tripes « des Anglais. »

Quand je fus tout-à-fait remis de mes fatigues, je partis pour Xérès. Vers le milieu de la route on trouve deux piliers en moëllons avec cette inscription, *nec plus ultrà.* Ces piliers représentent les colonnes d'Hercule avec la même vérité que les pilastres de papier peint d'une loge de francs-maçons représentent le temple de Salomon.

Xérès est une petite ville mal bâtie, située sur une hauteur à deux lieues de Sainte-Marie, en avançant dans l'intérieur des terres. On n'y voit aucun monument remarquable; les caves et surtout les vins qu'elles renferment méritent seuls l'attention des voyageurs. Le pharmacien en chef du premier corps d'armée était à Xérès; j'allai me présenter à lui, je fus très bien reçu. Mes camarades m'accueillirent avec les transports de l'amitié la plus franche, et tous les pharmaciens qui étaient dans cette division rivalisèrent envers moi de prévenance et d'honnêteté. C'était à qui m'aurait; on se disputait l'échappé du ponton : l'un me retenait à déjeûner, l'autre à dîner, un troisième avait l'art d'ajuster encore un petit repas, et le lendemain d'autres amphytrions recommençaient la fête dans le même ordre et avec les mêmes convives.

Partout on me faisait raconter mon Iliade, comme quoi, m'éloignant de San Fernando, j'avais traversé l'Espagne, aussi dolent que Triste-à-pates, roué de coups par mes Lagingeole, exposé chaque jour à être écorché comme l'ours du fameux pacha Schaa Baa; comme quoi un capucin m'avait fourré dans une loge à cochons, j'avais reçu d'excellentes confitures des dames d'Albuquerque, un abbé s'était emparé de ma montre, un sergent de mon chapeau; comme quoi le scapulaire de la tendre Dolorès me sauva du trépas; comme quoi le marchand de bagues de crin, le valet du geolier de Fréjenal, à l'exemple du fils de Pélée, s'était retiré sur sa flotte pour y prendre le commandement d'un vaisseau de 74, légué sans doute par Jason aux descendans de Pharasmane. D'après les titres et inscriptions de l'antique navire, il paraissait démontré que *l'Argonaute* avait fait partie de l'expédition de Colchos; la casserole qui servit à Médée pour préparer ses philtres et ses poisons était encore suspendue à bord dans la cuisine; on y voyait aussi le clou, monument historique, où le héros grec accrocha la toison d'or.

Il fallait répéter encore comme quoi le descendant de Cornelius Blasio, trois fois consul de Rome, de Caïus Attilius Blasio, lieutenant de Sertorius en Espagne, sortit enfin de son repos, fit la guerre sur mer à la fière Albion, livra aux Français un vaisseau criblé de boulets, dévoré par les flammes, glorieux trophée d'une résistance opiniâtre, et chargea de chaînes huit guerriers de l'Ibérie, dont un portait avec orgueil les galons de sergent. Comme quoi les deux partis s'attribuèrent réciproquement la victoire: l'un pour avoir tué trois cents hommes et brûlé le vaisseau, ce qui n'était pas bien difficile; l'autre pour avoir immolé vingt-trois Anglais, ramené huit prisonniers Espagnols (les blessés n'entraient pas en ligne de compte) et sauvé le trésor de l'armée s'élevant à dix piastres. Le *Te Deum* se chanta le même jour sur terre et dans la rade; cela s'est vu souvent. Tout le monde fut satisfait, même les morts qui profitèrent de l'occasion pour se faire flamber et réduire en cendres selon l'usage de l'antiquité, *more antiquo*.

Il fallait bien se garder d'oublier que le susdit vainqueur était descendu sur le rivage nu comme un Patagon, blessé comme Philoctète, pauvre et mourant de faim, comme Job. Que plusieurs notabilités militaires, qui lui avaient fait des protestations d'amitié dans des temps plus heureux, repoussèrent sa misère; qu'un grenadier français en fut touché, et que ce brave partagea son pain et ses vêtemens avec un frère malheureux. Il fallait répéter encore comme quoi un commandant de place, imbécile et brutal, fut assez sot pour méconnaître les titres et qualités du descendant de Caïus, et le fit jeter dans une léproserie afin d'y commencer le jeûne d'Esther, quand il venait de subir les rigueurs de celui de Judith. Comme quoi le triomphateur, fouillant dans son mouchoir, y trouva quinze francs sauvés du naufrage, et s'écria avec le docteur Pangloss : « Que tout va pour le mieux dans le meilleur des mondes possibles, que la gloire est bonne à quelque chose, puisqu'elle lui procure un repas abondant, et que le vin de Xérès caresse voluptueusement le gosier d'un pestiféré! »

Le jambon et les narrations altèrent singulièrement; mes amis paraissaient pénétrés de cette vérité généralement reconnue. Du temps de Rabelais, un page était mis en vedette dans la salle à manger; il devait surveiller les convives et les rappeler à l'ordre, en leur faisant présenter une coupe vermeille à l'instant où des colloques trop prolongés, des discussions animées, leur faisaient oublier qu'il était urgent de s'humecter la bouche. Par ce moyen ingénieux aucun coup n'était perdu, les libations se réitéraient aux endroits voulus, sans qu'il fût permis à l'orateur le plus fécond d'en retarder la distribution libérale et régulière. « Avisez quand sera temps de boire ! » disait solennellement le maître en se plaçant à table, et le jeune varlet planté sur ses pieds, comptait par ses doigts, consultait les regards des buveurs, et commandait l'exercice du gobelet aux nombreux serviteurs qui formaient son escouade.

Nous n'avions pas ce précieux varleton, les bons usages se perdent; mais la politesse active de mes amis savait le suppléer dans ses importantes fonctions. Mon verre était toujours plein; je le vidais pourtant à chaque période, il fallait porter de nombreux toasts, le vin de Xérès est si séduisant, si facile à boire! Nous en faisions une notable consommation. Comme j'étais nouvellement débarqué à Xérès, je n'osais pas me hasarder seul dans des rues étroites et tortueuses, je me serais perdu au milieu de ce labyrinthe; d'ailleurs j'étais boiteux et j'avais besoin que l'on soutînt mes pas inégaux et chancelans. Mes amis se chargeaient encore du soin de me reconduire tous les soirs, ou du moins à l'heure de la nuit qui marquait la conclusion de nos banquets.

Un jour, tandis que je faisais la sieste, M. Moizin entre dans ma chambre, et pose un paquet sur ma table. Il se jette ensuite sur mon lit en disant qu'il veut dormir aussi; je lui fais place et me rendors. Je fus très surpris de me trouver seul en m'éveillant, mais le paquet resté sur la table m'apprit aussitôt la cause de la retraite de Moizin. Je procédai à l'ouverture du paquet; il renfermait des chemises, des pantalons, des mouchoirs, enfin tous les objets les plus nécessaires, et un rouleau de dix sept piastres. Ne sachant à qui adresser mes remercîmens, Moizin seul n'aurait pas pu faire une fourniture si complète, j'examinai la marque du linge pour connaître au moins le chiffre de mes généreux fournisseurs. Toutes les pièces portaient une marque différente; on avait eu la précaution de l'enlever à plusieurs. Je vis alors que, par un excès de délicatesse, mes camarades avaient voulu m'épargner l'embarras d'un remercîment. Le bienfait restait anonyme, j'adressai le témoignage de ma reconnaissance à la troupe entière et particulièrement à Moizin, le messager mystérieux, qui sans doute y avait le plus de droit.

Je revins à Sainte-Marie quelques jours après, j'y revis M. Lebaube, je pris congé de lui en partant pour San Lucar de Barrameda. Cette ville me rappela de cruels souvenirs; j'y retrouvai le gouverneur espagnol qui m'avait fait rendre mon habit et une partie de l'argent de ma montre, lorsque je passai à San Lucar avec le convoi de prisonniers français. Le gouverneur me reçut à merveille, et me dit qu'il était enchanté de me revoir. Il m'assura qu'après notre arrivée au ponton, le brigand tonsuré qui nous y avait menés était revenu à San Lucar, et qu'il l'avait fait conduire à Séville, où sans doute on l'aurait sévèrement puni, sur le rapport de ses méfaits. J'eus quelque peine à croire cela, d'autant plus qu'en Espagne on ne punissait pas un homme qui avait volé et maltraité des Français.

Après avoir fait un séjour de courte durée à San Lucar, je m'embarquai sur le Guadalquivir pour me rendre à Séville. Cinq Espagnols conduisaient le bateau, j'étais le seul passager, les périls que j'avais courus auraient du me donner de la prudence; je me confiai pourtant sans réflexion à ces guides, que les flots et la nuit rendaient encore plus dangereux.

CHAPITRE XIX.

Séville. — Altercation avec mon hôte. — Je retrouve une belle Castillane. — Mon habit de soldat me porte malheur. — Billets de logement. — La cathédrale, l'Alcazar, la Giralda. — Curiosités, promenades. — On veut me couper la cuisse. — J'échappe à ce nouveau danger. — Don Cayetano ; bibliothèque du chanoine inquisiteur.

Nous abordâmes vers dix heures du soir à Séville, et mon voyage se termina sans accident. Le Guadalquivir est large, le bord où nous touchions était dans l'obscurité la plus complète, tandis que je voyais beaucoup de lumières de l'autre côté de l'eau. J'ordonnai alors au marinier de me déposer sur le bord éclairé, cet homme protesta que la ville était devant moi, et que les remparts formaient ce rideau ténébreux ; je descendis sur le rivage, et toujours persuadé que l'on me trompait, je me dirigeai vers les lumières. Un pont de bateaux se présente ; je passe dessus pour arriver dans une grande rue où des fruitières et des marchands de comestibles avaient leurs magasins éclairés avec des lampes et des chandelles.

Cette illumination et ces nombreuses boutiques me firent croire que j'étais réellement dans la ville. Je cherchais une auberge, on m'indique une mauvaise taverne; l'hôte n'avait rien de ce que je lui demandais, pas même un lit. « Où faut-il donc aller pour trouver de quoi se coucher? lui dis-je d'un ton brusque, à Séville, me répondit-il. » Je vis alors que je m'étais égaré; le marinier avait raison, cependant je passai la nuit dans la taverne, couché sur une paillasse au fond de la cuisine. Dès que le jour parut, un essaim de mouches vint m'assaillir et troubla mon repos en me bouchant le nez. Je me levai, je quittai le faubourg de Triana pour entrer à Séville après avoir repassé le pont.

Les bureaux où se distribuaient les billets de logement n'étaient pas encore ouverts, le soleil se levait à peine. Lorsque les rois font leur entrée dans une capitale ils marchent droit au palais qui doit les recevoir, un évêque se rend à l'église métropolitaine, un pharmacien, et surtout un pharmacien blessé, se dirige sur l'hôpital. C'est là que je portai mes pas, j'y rencontrai plusieurs de mes anciens camarades attachés au deuxième corps d'observation de la Gironde, et d'autres confrères avec lesquels je fis connaissance. Ces messieurs m'accueillirent à merveille, et je ne saurais trop louer les soins affectueux, les procédés pleins de délicatesse de MM. Forget, Burel, Loyer, Devergie, Roberge, Salard et Désormes. Un dîner de corps donné pour célébrer ma venue nous réunit d'abord; nous nous rendîmes ensuite chez M. Blondel, pharmacien en chef de l'armée (1).

M. Blondel me reçut avec son amabilité accoutumée, et me donna une invitation qu'il adressait au commandant de la place pour me faire accorder un logement. M. Blondel me témoigna le plus grand intérêt, il connaissait mes malheurs, et comme j'avais tant souffert, il me promit de me garder au quartier général aussi long-temps qu'il le pourrait, afin de ne pas m'exposer à être repris par les Espagnols.

Le commandant de place me remit une autre invitation que je présentai à la municipalité espagnole. Comme mon extérieur n'était pas très imposant, les chefs de bureau des communes de Sainte-Marie et des autres villes qui s'étaient trouvées sur mon passage ne m'avaient donné que des logemens de sous-officier; à Séville je ne

(1) Maintenant pharmacien en chef de l'hôtel des Invalides.

fus pas mieux traité, ma capotte déposait contre mes réclamations.

On me logea d'abord chez *el señor* D. Benito de la Madrid, homme d'un caractère insupportable: violent, colère, jaloux, il détestait les Français à un point extrême. D. Benito avait deux filles charmantes qu'il tenait sous clef au premier étage, il me donna une chambre au rez-de-chaussée, et l'escalier était fermé par une grille de fer. Cette barrière qui me séparait des demoiselles Benito, ne s'ouvrait que quand j'étais absent. Le soir j'allai au spectacle, et, comme je ne connaissais pas la ville, Pascal Tournel mon compatriote m'accompagna au retour; il était onze heures. Toute la maison de D. Benito dormait depuis long-temps d'un profond sommeil; il vint m'ouvrir lui-même; il m'avait attendu. Cet hôte bourru commença par m'adresser des reproches sur ce que je rentrais si tard, et me signifia qu'il se couchait à neuf heures et demie, et qu'à l'avenir, si je ne me conformais pas à l'usage qu'il avait adopté, je serais exposé à passer la nuit dans la rue. Le ton impératif et brutal du citoyen de Séville m'indigna plus encore que ses propos.

J'avais été trop cruellement opprimé et persécuté par les Espagnols pendant ma captivité, pour pouvoir supporter un pareil langage, étant libre. Je répondis à D. Benito sur le même ton, qu'à l'avenir je rentrerais à l'heure qui me conviendrait, que, si je trouvais sa porte fermée, je l'enfoncerais, et que là où les Français commandaient, un bourgeois espagnol n'avait aucun ordre à prescrire. D. Benito répliqua, je le serrai de près; des impertinences il en vint aux menaces et fit un geste comme pour tirer un poignard. Je n'avais point d'armes, je saisis l'épée de Tournel et la querelle devint sérieuse; mon camarade parvint à nous séparer et se retira ensuite. Je gardai son épée pour m'en servir si le cas l'exigeait; ce n'était pas une précaution inutile dans le manoir grillé de D. Benito de la Madrid.

La paix étant faite, j'entrai dans ma chambre, et je m'aperçus que les draps de lit étaient sales. Je voulus courir après le patron, mais en faisant retraite il avait eu soin de fermer la grille. J'appelle, personne ne répond; je fais alors un vacarme épouvantable, toute la maison s'éveille, et D. Benito descend furieux. Je l'attendais l'épée à la main, au bas de l'escalier. « Que voulez-vous en-« core? me dit-il, d'un ton insolent. — Que l'on « change ces draps à l'instant.—Vous les trouvez « sales? ils n'ont servi que quinze jours à un officier

« français; ils sont assez bons pour vous.»—Sur ce propos qu'un sourire amer accompagnait, j'imprime une légère correction sur le chef de D. Benito, il se met à crier comme un possédé ; sa femme et ses filles descendent à sa voix.

Je fis connaître à ces dames quel était le sujet de l'altercation; la maîtresse de la maison alla chercher aussitôt une paire de beaux draps blancs, elle les tenait sous son bras. Je m'avançai pour les prendre en lui adressant quelques complimens sur ce qu'elle paraissait plus polie que son mari. La dame se retira un peu pour me dire que ce n'était pas pour moi qu'elle les apportait. « Et « pour qui donc ?—Ce sont des draps réservés « pour mon lit, j'ai voulu seulement vous les « montrer afin de prouver que je n'en avais pas « d'autres, vous voyez bien qu'ils sont trop fins « pour vous. » Je les lui arrachai des mains sans répondre à son observation impertinente ; le mari cria de nouveau, je le laissai faire. Les draps sales volèrent aussitôt dans la cour, et tandis que D. Benito et sa famille m'accablaient d'injures, je refis mon lit et me couchai.

Je dormis peu, cette scène m'avait singulièrement agité ; je ne profitai pas de mon insomnie pour réfléchir sur ma situation présente. Quels changemens s'étaient opérés en vingt jours! Je me serais estimé fort heureux si l'on m'avait offert sur les pontons un lit tel que celui que me donnait le hargneux D. Benito, quand même les draps n'en auraient pas été d'une propreté irréprochable; j'en conviens, mais ce n'était pas une raison suffisante pour autoriser l'insolence de mon patron.

Après ce qui s'était passé, je ne pouvais trouver aucun agrément chez D. Benito de la Madrid, je résolus de quitter sur-le-champ sa maison. Je sortis dès le matin et je retournai à la municipalité pour avoir un autre logement. Le secrétaire instruit de mon aventure ne fit aucune difficulté pour me donner un nouveau billet. Celui-ci portait le nom de dona Ilena Samper; bon, disais-je en moi-même, si je suis logé chez une dame, je n'aurai pas besoin de conquérir mon lit à la pointe de l'épée. Je m'achemine vers la rue de la Viregna, et le numéro trouvé, je frappe à la porte. On me demande suivant l'usage du pays : « *Quién?* Qui est-ce ? » Pour me conformer à cet usage, ma réponse fut : « *Ave Maria purisima.* » Des éclats de rire partent alors de deux gosiers féminins; ces dames trouvaient très plaisant qu'un Français s'annonçât comme un Espagnol. Je monte un mauvais escalier, j'entre dans un salon étroit et très simplement meublé où deux belles femmes m'attendaient : l'une avait toute la fraîcheur de la jeunesse, l'autre approchait de la maturité. Je demande la señora doña Ilena; la plus âgée se lève et prend mon billet. Tandis qu'elle faisait valoir ses moyens d'exemption et qu'elle me détaillait toutes les raisons qui l'empêchaient de me recevoir sous son toit inhospitalier, la plus jeune, dont les regards s'étaient portés sur moi avec une attention marquée, poussa un cri de surprise.

Si cette jeune personne avait reçu le jour sur le territoire français, ou sur les bords nébuleux de la Tamise, elle serait nécessairement tombée en pâmoison et nous l'aurions rappelée à la vie en lui faisant respirer des sels, ou d'autres ingrédiens que les romanciers mettent toujours à la disposition de leurs héros. Mais elle était Espagnole; les dames de ce pays ne connaissent point les vapeurs, et ne perdent pas leur temps à s'évanouir. « C'est lui, ma bonne amie, c'est lui qui « cause ma surprise.—Quoi, D. Sébastian, vous ne « reconnaissez pas Mariquita? » Il y a tant de Mariquita en Espagne que je ne fus pas plus avancé quoique cette belle m'eût dit mon nom et le sien. Quelques nouveaux renseignemens donnés avec la plus grande vivacité me firent reconnaître parfaitement la séduisante Mariquita de Madrid, l'amie, la maîtresse et l'héritière de Lavigne.

Cette rencontre, que l'éloignement des lieux rendait plus piquante et plus singulière, m'étonna beaucoup à mon tour. Je présumais bien que la demoiselle n'avait pas couru tant de pays sans avoir eu la précaution de se donner un guide, peut-être en avait-elle choisi plusieurs comme le fit jadis la fiancée du roi de Garbe. Je fus néanmoins enchanté de me trouver chez elle.

> Prenons ceci puisque Dieu nous l'envoie,
> Nous n'aurons pas toujours de tels contentemens.

me disais-je à moi-même, et je m'instituais déjà le légataire de mon ami Lavigne pour une certaine part de sa succession.

Pour entrer en matière et faire un premier acte d'héritier, je prends la belle Mariquita dans mes bras et me mets dans la position la plus favorable pour lui prendre un baiser. Une reconnaissance d'autant plus théâtrale qu'elle était moins prévue ; deux ans d'absence, des malheurs éprouvés, d'anciennes relations d'amitié semblaient excuser suffisamment une entreprise aussi téméraire. Je me trompais, Mariquita me repousse

avec une dignité comique, mais glaciale. Et ce qui met le comble à mon étonnement c'est qu'elle s'empresse de soutenir l'avis de son amie et de lui fournir même de nouvelles raisons pour m'éconduire. «Eh pourquoi donc ne pouvez-vous pas
« me loger ?—C'est que nous sommes deux filles
« seules et que nous n'avons que deux chambres.
« — Qu'importe, nous en laisserons une à votre
« amie, nous nous connaissons assez pour que vous
« puissiez la rassurer à mon égard et lui persuader
« que mon intention n'est pas de la déranger. »

Une grimace de Mariquita me fit penser que ma proposition ne lui convenait point. Elle ajouta que j'avais tort de lui parler ainsi, que j'étais dans l'erreur, et me débita tous les lieux communs qui pouvaient s'appliquer à la circonstance présente. Je marchais de surprise en surprise ; cette réserve extrême, cette pudique dignité, me firent ouvrir de grands yeux et j'aperçus enfin la cause de cette fierté dédaigneuse. La capotte du brave et généreux Salmon était sur mes épaules, mon extérieur se ressentait encore de la rafale qui m'avait jeté sur le rivage. Je fus traité comme un soldat, puisque j'en portais l'habit ; la sensible Mariquita avait jugé du premier coup-d'œil que le diable logeait dans ma bourse, et les Espagnoles ont une peur terrible du malin esprit.

Malgré tant de protestations, malgré les belles phrases de la chevalière errante et ses airs empruntés, je me gardai bien de revenir sur mes pas en abandonnant l'idée que j'avais eue d'abord. Au contraire mes conjectures se changèrent en certitude, et je pris la liberté de lui dire que je ne croyais point du tout que sa conduite fût aussi régulière qu'elle s'efforçait de me le persuader. Cependant comme les deux amies s'obstinaient à me barrer le chemin et que je n'étais pas tous les jours disposé à livrer bataille, je me retirai en les priant de vouloir bien faire échanger mon billet de logement. Elles acceptèrent la commission et me dirent de revenir à deux heures de l'après-midi pour prendre mon nouveau passe-port.

Voilà mon billet assuré, je puis me reposer sur les soins de Mariquita, l'empressement qu'elle a de m'éloigner me répond de son exactitude. Cependant si, de mon côté, j'allais en demander un autre, j'en aurais deux alors; la chance serait meilleure et je pourrais choisir entre mes deux hôtes. Ce plan me parut bien conçu, je ne risquais rien en l'exécutant. Je m'achemine, une heure après vers l'hôtel-de-ville ; en entrant dans la salle *del cabildo*, de la municipalité, je vois beaucoup de personnes qui attendaient leur tour. Au milieu d'elles brillait la séduisante Mariquita; un jeune homme de bonne mine, d'une stature élégante et robuste, ferme sur ses jarrets, lui donnait la main. Voilà mon homme, dis-je à l'instant; je m'approchai du couple amoureux et je causai quelques instans pour laisser expédier les plus pressés. Lorsque la foule fut partie nous abordâmes le secrétaire, et le galant accompagnateur lui dit en me montrant : « Voici un cavalier « qui, indépendamment de sa bonne mine et de « son mérite personnel, vous apporte encore la re- « commandation de cette belle demoiselle. » Je ne puis affirmer si le sigisbé de Mariquita était l'ami, le protecteur ou le chef du secrétaire, ou bien si *l'escribano* se laissa toucher par les charmes de la solliciteuse. Ce qu'il y a de certain, c'est que le secrétaire distributeur se montra dès ce moment plein d'égards et de complaisance pour moi. Les billets de sous-officier furent réservés pour d'autres gens à capote; j'obtins un logement de colonel, et l'on me dit encore que si je n'étais pas content de mon gîte on me le changerait aussi souvent que je le voudrais.

Comme Gil-Blas de Santillane, je vais promener mon lecteur dans toutes les maisons espagnoles où je fus admis; le secrétaire m'avait offert de favoriser mon goût pour le changement, je profitai souvent de cette agréable licence. Avant d'entrer chez D. Cayetano, où je devais prendre possession de mon appartement de colonel, faisons une petite excursion dans la ville.

La capitale de l'Andalousie a plus de célébrité chez nous que toute autre ville d'Espagne. Séville doit cet avantage à deux drames français : *Le Cid*, tragédie de P. Corneille, et surtout *Le Barbier*, comédie de Beaumarchais, dont la scène se passe à Séville. Tous les caractères de cette pièce charmante sont tracés avec beaucoup de fidélité, le portrait de Figaro surtout est d'une ressemblance parfaite. On voit que l'auteur en avait fait les croquis sur les lieux même, j'ai pu comparer ses tableaux avec les modèles et si j'ai retrouvé dans Séville plus d'un Bartholo, j'ai été assez heureux pour y rencontrer des Rosine; les D. Basile y abondent toujours, et les boutiques vitrées en plomb, peintes en bleu, sont encore habitées par les nombreux successeurs du spirituel et malin Figaro.

Séville est située dans une belle plaine d'une grande fertilité sur la rive gauche du Guadalquivir. Un proverbe espagnol dit : «*Quien no ha visto*

Sevilla, no ha visto maravilla; Qui n'a pas vu Séville, n'a pas vu de merveille; » ce proverbe ressemble assez à celui des Napolitains. Il s'en faut de beaucoup pourtant que Séville soit une merveille. La ville est grande et mal bâtie, ses rues inégales, circulaires ou tortueuses sont fort étroites, mais quelques beaux édifices s'y font remarquer. Sa position magnifique, et très favorable au commerce, l'a rendue dans tous les temps une des principales cités de l'Espagne. Elle est éloignée de vingt-cinq lieues de l'Océan; mais le Guadalquivir est navigable, et les vaisseaux marchands le remontent jusqu'à Séville. La flotte des Maures vint débarquer au même point à l'époque où le Cid remporta sur eux une victoire complète; mais les vaisseaux de guerre de ce temps n'étaient pas armés de cent vingt canons, et ces fortes barques pouvaient manœuvrer sur le Guadalquivir.

Séville n'est point une place forte, c'est une ville qui ressemble beaucoup à Avignon. Située sur la rive gauche du Guadalquivir, comme le chef-lieu du département de Vaucluse l'est sur la rive gauche du Rhône, ces deux villes occupent un espace à peu près égal; elles sont entourées de remparts flanqués de tours. L'invention de la poudre à canon a fait changer la destination de ces fortifications trop faibles pour résister aux efforts de l'artillerie. Les remparts d'Avignon et de Séville, dont on admire encore la régularité, ne peuvent plus s'opposer qu'à la violence des vents, aux irruptions du fleuve et aux entreprises des contrebandiers. Tout ce que j'ai dit plus haut au sujet de Séville se rapporte encore à la ville d'Avignon, et le pont qui conduit à Triana, faubourg si considérable, qu'on le prendrait pour une petite ville, présente encore de nouveaux traits de ressemblance avec les entours de la cité papale. L'enceinte de Séville est la même qui fut construite par les Romains; les murailles en sont belles, hautes, flanquées de cent soixante-six tours. Elles ne contiennent aucune pierre, et sont de terre ou d'un ciment si bien préparé, qu'il est aujourd'hui aussi dur et peut-être plus solide que la pierre même. Cette enceinte est percée de douze portes; celle de Triana est d'architecture dorique, ornée de colonnes et de statues.

Le climat de Séville est superbe, il y gèle l'hiver, mais très peu, très rarement, quelquefois pas du tout. Le terroir est d'une grande fertilité; les orangers, les citronniers, le couvrent de leur ombrage, et l'air est embaumé par le parfum délicieux de leurs fleurs. Le palmier, l'aloës, c'està-dire l'agavé, croissent aux environs de Séville, les palmiers y deviennent fort beaux, j'en ai vu de très vieux et d'une hauteur extraordinaire; cet arbre décore admirablement les paysages de l'Andalousie, mais il n'y porte pas de fruits. L'agavé, la roquette, y forment des haies impénétrables, le philotaca est un grand arbre, tandis que dans le midi de la France la roquette et le philotaca ne s'élèvent pas au-dessus des plantes herbacées, et, comme elles, périssent aux approches de l'hiver. On voit plusieurs philotacas de la plus haute taille sur les bords du Guadalquivir, tout près de la promenade appelée *el Salon*. Sous ce beau ciel, la végétation est très forte et d'une activité surprenante, le câprier croît spontanément sur le bord des chemins, et l'on mange une espèce d'artichauts qui se reproduit sans culture le long des remparts et sur les terrains abandonnés. Les melons, les pastèques, les ananas, les fruits de toute espèce abondent et sont d'un goût exquis, d'une beauté rare.

Les habitans de Séville sont plus civilisés que ceux de la plupart des autres provinces de l'Espagne. Les gens du bon ton y sont d'une société fort agréable, et la canaille est bien moins dangereuse qu'à Madrid. Les femmes de Séville sont belles et très aimables en général; elles ont ce *garbo*, ce *salero* (1) andaloux, charmes indéfinissables bien au-dessus de ce que les Françaises peuvent offrir de plus séduisant. La population de cette ville fut autrefois très considérable; on y comptait trois cent mille habitans dans le quinzième siècle, et dans le dix-septième, les seules manufactures de soie occupaient cent trente mille personnes. Le commerce de Séville ayant été transporté à Cadix, sa population, que l'expulsion des Maures avait diminuée considérablement, fut réduite à cent mille âmes environ. Séville est le siége d'un archevêché; l'église métropolitaine est un édifice grand et somptueux, dans le genre gothique, l'intérieur richement orné est divisé en cinq nefs. La tour de la *Giralda*,

---

(1) *Garbo*, bon air, bonne grace. *Salero* signifie proprement *salière*; en l'appliquant aux femmes espagnoles ce mot prend un sens métaphorique et signifie alors cette vivacité spirituelle et piquante, ce charme ravissant de la tournure, ce jeu de physionomie séduisant que l'on admire principalement chez les Andalouses. En France on dit qu'une femme est *piquante*; en Espagne on dit qu'elle est *salée*: ces deux mots exprimeraient la même chose si le *salero*, proprement dit, existait ailleurs qu'en Espagne. Le sel attique était une espèce de *salero*, mais il s'appliquait uniquement aux productions de l'esprit.

voisine de la cathédrale, a deux cent cinquante-huit pieds de hauteur, elle est carrée, elle a quarante-trois pieds de largeur sur chaque face. Cette tour est en briques; au tiers de sa hauteur commencent divers rangs de fenêtres ornées de trois colonnes de marbre blanc ou mélangé; elle se termine en une petite coupole, sur laquelle est une statue allégorique de la foi, en bronze, qui, avec ses ornemens, pèse trente-quatre quintaux. On y monte par une pente douce, en spirale et sans marches; le roi Charles III a fait cette promenade aérienne à cheval, il aurait pu se faire accompagner par son écuyer et marcher de front avec lui; il y a place pour deux. Cette statue colossale, que je prenais pour une Renommée, s'appelle *la Giralda*, il faut convenir que cette girouette est de belle taille.

L'*Alcazar* (1) est l'ancien palais des rois Maures, que l'on a restauré et agrandi postérieurement. Il est de construction mauresque, et bâti avec une magnificence recherchée, en marbres de différentes espèces; l'eau conduite avec art arrive dans presque tous les appartemens. Une grande cour, plantée d'orangers, de très beaux jardins

(1) *Alcazar* en arabe signifie *palais;* à Madrid, à Tolède, à Grenade, etc. il y avait un *Alcazar*.

ornés de fontaines, un bosquet charmant d'orangers, la salle de bains des rois Maures, la salle des ambassadeurs : telles sont les curiosités les plus remarquables de l'*Alcazar*. La cour principale de cet édifice est pavée en marbre ; elle est entourée de deux rangs de galeries l'une sur l'autre, soutenues par cent quatre colonnes accouplées, de l'ordre corinthien, également en marbre ; les arcs sont couverts d'ornemens arabes. On a réuni, dans l'*Alcazar*, des antiquités précieuses, des statues en marbre, dont quelques-unes sont colossales.

La *Tour d'or* est un ouvrage des Romains ; elle est octogone, on dit que c'est Jules César qui l'a fait construire. L'hôtel-de-ville, *la Maison de Pilate*, ainsi appelée par le peuple, quoiqu'elle soit habitée par les ducs de Medina-Cœli et n'ait jamais eu aucun rapport avec le gouverneur de Jérusalem ; elle renferme une belle collection d'antiquités ; la manufacture de tabacs, la fabrique de cuirs anglais, tenue par une société de négocians de la Grande-Bretagne ; la fonderie de canons, doivent être visités par le voyageur qui s'arrête à Séville. Je parlerai plus tard du palais de l'Inquisition.

Dans cette ville on n'habite qu'une moitié des

maisons, l'autre reste toujours vide. Le rez-de-chaussée est occupé pendant l'été; on monte au premier étage pour y passer l'hiver, et l'on ne voit aucune espèce de tapisseries, même dans les maisons les plus richement ornées. Les murs de l'appartement que l'on doit habiter sont blanchis à la chaux au commencement de chaque saison, et l'on transporte dans le nouveau logement les meubles de celui que l'on quitte. La distribution est la même dans l'un et dans l'autre; des greniers et les chambres des domestiques occupent la partie la plus élevée de la maison. On est obligé de laisser les murs à découvert pour se garantir plus aisément des insectes malfaisans qui trouveraient une retraite sûre derrière les tapisseries.

Ainsi que tous les autres prisonniers délivrés, je reçus en arrivant à Séville un pantalon de toile, deux chemises, une paire de bottes et un grand sabre anglais. Dès que ce cimeterre fut en ma possession, je m'y attachai et ne le quittai plus, je le traînais après moi nuit et jour. Mon imagination était encore frappée des cruautés de nos ennemis, je croyais voir toujours les Espagnols le poignard à la main; il fallait bien se tenir sur la défensive.

On pouvait aisément faire des distributions

d'armes, elles abondaient à Séville; les Anglais en avaient envoyé des chargemens énormes aux Espagnols. Lorsque l'armée française entra dans cette ville, les habitans furent surpris comme partout ailleurs. Ils comptaient toujours sur la valeur.de leurs troupes, et les autorités locales usaient de tous les moyens qui étaient en leur pouvoir pour inspirer une confiance qu'elles ne partageaient point. La sécurité des habitans de Séville se prolongea jusqu'au dernier moment, au point que les troupes espagnoles s'échappaient par une porte, tandis que les Français entraient par le côté opposé. Les habitans étaient tous armés; surpris de cette manière ils n'eurent pas le temps de se reconnaître, craignant d'être compromis par les armes qu'ils avaient chez eux, et n'ayant pas le temps d'aller les déposer dans les magasins, ils les laissèrent dans les rues et sur les places publiques. Les plus diligens les portèrent jusqu'au Guadalquivir, et les jetèrent dans le fleuve. Le pavé de Séville était couvert de fusils et de sabres anglais, on en avait semé le passage de notre armée.

Impatient de jouir de ma liberté conquise, j'étais sorti trop tôt de l'hôpital de Sainte-Marie. Mes blessures se rouvrirent, les petits fragmens de bois restés dans ma cuisse, que j'avais imprudemment fatiguée, déterminèrent une inflammation plus terrible encore que la première. Les chirurgiens me font connaître toute la gravité de mon état, ils craignent la gangrène, et pour la prévenir il s'agit tout bonnement de me couper la cuisse. Je réclame contre cet arrêt, je sollicite vivement de n'être point séparé de ce membre si utile pour ceux qui sont obligés d'aller à pied; enfin je déclare à mes esculapes que je préfère mourir en totalité plutôt que de vivre par fragmens. Cette résolution fit redoubler le zèle de mes camarades qui me servaient avec tout le dévoûment de l'amitié, les symptômes alarmans disparurent peu à peu; je gardai long-temps le repos, et mes blessures finirent par se cicatriser.

Je guéris parfaitement alors, et dix ans se sont écoulés sans que j'aie ressenti la moindre atteinte de ce mal. Hélas! sans avoir égard aux traités de paix conclus avec l'Espagne, cet ennemi perfide a repris les hostilités. Je marche *alla zoppa* maintenant, et ma progression imite assez bien la mesure à temps inégaux des siciliennes et des gigues de Hœndel; ce qui veut dire en d'autres termes que je suis boiteux. Mais la petite claudication qui m'est restée me rappelle une action d'éclat et le jour mémorable où je recouvrai ma liberté, où je rendis à l'armée française, avec l'aide de mes braves compagnons, deux cent cinquante soldats affaiblis par les maladies, et qui seraient morts de faim et de misère sur le ponton. Voilà de la philosophie antique, ou je me trompe fort.

Les blessures au pied et à la jambe sont toujours très désagréables, mais elles contrarient plus que tout autre un pauvre prisonnier qui se sauve après deux ans de captivité. J'étais obligé de garder la maison, je ne pouvais me faire apporter à manger sans augmenter considérablement ma dépense; j'étais assez mal en espèces, mon hôte me tira d'embarras en me proposant galamment de m'asseoir à sa table. J'acceptai cette offre avec d'autant plus de plaisir, qu'elle m'était faite par un chanoine frais et vermeil; la figure de ce vénérable ecclésiastique était d'un bon augure; elle me promettait d'avance une chère abondante et délicate. En me consolant des froideurs de Mariquita, cette compensation vint tout à point pour me venger de la belle dédaigneuse.

D. Cayetano, chanoine de la cathédrale de Séville, était familier du Saint-Office, ou, si l'on aime mieux, membre de la sainte Inquisition. Ce dernier titre n'était pas une recommandation, mais l'expérience m'avait appris à distinguer les gens pour leur mérite personnel; je m'étais trop souvent trompé en les jugeant sur l'habit qu'ils portaient. D. Cayetano me traitait à merveille, il avait beaucoup de complaisance et d'affabilité, c'était un très brave homme, franc, loyal, disant ouvertement ce qu'il pensait. Bon prêtre, vrai chanoine et mauvais inquisiteur; ce dernier mot complète son éloge.

Tandis que je suis retenu chez D. Cayetano, la jambe sur une chaise, il m'est impossible de faire voyager mon lecteur; profitons de ce repos momentané pour lui faire connaître l'Espagne et ses habitans, les mœurs et les coutumes qui diffèrent le plus des nôtres. On pense bien que j'écris sous la dictée du chanoine, je rapporterai même avec fidélité plusieurs des entretiens que nous avions ensemble en attendant l'heure du dîner.

D. Cayetano me tenait compagnie, plus encore par goût que par civilité : il aimait le repos, il était casanier; mais ce repos devait être parfait, la conversation même le troublait. Rêveur et taciturne, il s'étalait dans un immense fauteuil, et paraissait plongé dans les réflexions les plus sérieuses, et livré aux soins d'une haute contemplation. — « A quoi pensez-vous donc, señor « D. Cayetano?—A rien, me disait-il.—Que fai-« tes-vous donc là? — Rien du tout, j'attends le « dîner.»—Après ce repas, mon chanoine recommençait son jeu muet, et je lui adressais les mêmes questions, la réponse était différente comme on peut en juger. —« Que faites-vous là « dans ce fauteuil?—Ce que je fais? rien, j'attends « le souper.»—La manière de dire cela, le geste qui accompagnait sa réponse, semblaient ajouter encore, est-il possible que je fasse autre chose? et devriez-vous me demander ce que je fais; cela ne tombe-t-il pas sous les sens?

Je le pressais d'une telle façon, je savais aborder avec tant d'adresse les sujets qui l'intéressaient, que je l'amenais peu à peu à rompre ce silence habitué; la conversation s'engageait enfin, et je me chargeais du soin de tenir en haleine mon interlocuteur paresseux. Une fois lancé, il faisait sa partie tout comme un autre.—« Je vois « bien que l'ennui vous gagne, me dit-il un jour; « vous êtes impatient de voir guérir ces blessures « qui vous empêchent d'aller vous promener dans « Séville. Mais il faut se résigner pourtant, cela ne « peut être long; si vous avez quelques petits accès

« d'ennui, je puis vous donner des moyens de dis-
« traction. Seigneur chevalier, ma bibliothèque est
« à votre disposition, prenez un livre et lisez. —
« J'accepte votre proposition avec reconnaissance,
« mais vous ne possédez que des livres de théologie
« et de controverse, d'interminables dissertations
« que je ne saurais comprendre, et qui me parais-
« sent un fort mauvais antidote contre l'ennui. »
« Qui vous a dit que je n'avais que de ces livres ?
« — Personne, je l'ai vu. — Vous avez mal vu,
« gageons que vous n'en avez pas ouvert un seul.
« —Cela n'est point nécessaire, les titres extérieurs
« annoncent assez le contenu des volumes, lisez
« plutôt vous-même : *Summa sancti Augustini, San-*
« *chez de matrimonio, Disputationes R. P. de Sa,*
« etc. — Ne vous arrêtez point à la couverture et
« aux étiquettes qu'elles portent, prenez, ouvrez
« et lisez. »

J'ouvris en effet quelques volumes pris au hasard sur les tablettes, reliés comme de vieux bou-
quins; ils portaient tous au dos le titre d'un livre
de théologie ou de droit ecclésiastique. Je ne pus
déguiser ma surprise en voyant que, sous cette
trompeuse enveloppe, D. Cayetano possédait
une collection complète des livres prohibés par
l'Inquisition. « Est-il possible, lui dis-je, qu'un
« chanoine, un inquisiteur, un juge enfin qui con-

« damnerait l'imprudent chez lequel on trouverait
« de semblables livres, les garde lui-même dans sa
« propre bibliothèque, en les déguisant sous des
« titres empruntés aux ouvrages qui traitent des
« choses religieuses? Ne craignez-vous pas que la
« céleste vengeance ne punisse un crime de cette
« nature? Ne redoutez-vous pas que le peuple dé-
« sabusé ne vous rende enfin responsable du sang
« que vous avez versé dans vos épouvantables sa-
« crifices, et ne vous condamne au supplice que
« tant d'innocentes victimes de la fureur inquisi-
« toriale ont déjà subi?

« —Raisonnons, seigneur chevalier, et ne nous
« fâchons point. Je suis chanoine et de plus inqui-
« siteur; les apparences sont contre moi, j'en con-
« viens. J'ai toujours eu du goût pour la lecture, et
« les défenses de l'Inquisition excitaient vivement
« ma curiosité, je voulais enfin connaître ce qu'elle
« prohibait. Je cherchai, et je parvins à me procu-
« rer des livres défendus; ces ouvrages étaient en-
« levés par les familiers du Saint-Office qui font de
« fréquentes visites pour cet objet. Les livres pro-
« hibés sont brûlés, et leur propriétaire est puni
« sévèrement. Pour me soustraire au pouvoir de
« l'Inquisition et n'être plus confondu parmi la
« troupe opprimée, je n'avais qu'un moyen; c'était

« de me ranger du côté des oppresseurs. La pre-
« mière place vacante dans ce tribunal redoutable
« fut accordée à mes sollicitations. Depuis que le
« Saint-Office me compte parmi ses membres, je
« conserve les livres que j'avais déjà, je prends
« même le soin de confisquer à mon profit ceux
« que je puis trouver en faisant des recherches à
« domicile. Vous voyez donc que je ne suis devenu
« inquisiteur que pour me mettre à l'abri de l'In-
« quisition.

« Si j'ai la précaution de couvrir mes volumes
« d'une enveloppe enfumée et de changer leurs ti-
« tres, c'est que les familiers eux-mêmes sont sou-
« mis aux visites domiciliaires. Mais comme ces vi-
« sites n'ont lieu chez nous que pour la forme, et
« que mes confrères s'en acquittent avec beaucoup
« d'insouciance et de légèreté, il suffit que mes li-
« vres soient ainsi reliés pour qu'on n'y touche pas.
« Examinez tous ces ouvrages, vous n'en trouverez
« pas un seul qui ne puisse raisonnablement figu-
« rer dans la bibliothèque d'un prêtre. Il faut que
« l'Inquisition ait déclaré une guerre d'extermi-
« nation aux productions de l'esprit humain, et
« qu'elle veuille absolument retenir l'Espagne dans
« les ténèbres de l'ignorance, pour oser proscrire
« des livres tels que ceux-ci. » D. Cayetano me

montre alors *les Aventures de Télémaque*, plusieurs volumes de Bossuet, *le Génie du Christianisme*, etc.

Je ne pus entendre, sans rire, le singulier discours du chanoine de la cathédrale de Séville. Il s'en aperçut. —« N'allez pas, me dit-il, concevoir une
« fausse idée de moi, je ne m'en impose point à
« moi-même; et si je cherche à tromper les autres,
« c'est que j'y suis forcé pour garder ce décorum,
« sans lequel l'Inquisition et ses familiers ne pour-
« raient se soutenir. Je crois avoir toutes les quali-
« tés d'un honnête homme, et l'on ne peut me
« reprocher les défauts communs à la plupart de
« mes confrères. Je ne me sers point du masque de
« la religion pour tromper le peuple, je ne cherche
« point à attraper l'argent des bonnes ames au
« moyen de belles promesses et de miracles pré-
« tendus; je ne suis ni traître ni suborneur. M'en-
« tendez-vous, seigneur chevalier? M'entendez-
« vous? »

Je trouvai la morale de D. Cayetano un peu jésuitique, il avait pourtant raison quelquefois. Je n'aimais point à disputer sur ces matières, et je n'étais pas de force à lutter avec lui; je me rangeais par conséquent toujours de son avis. Je gagnai la confiance du chanoine, au point qu'il me mit au fait de toutes les horreurs commises par le Saint-Office, ou pour mieux dire par les inquisiteurs. Il me fit cet épouvantable récit sur les lieux mêmes, dans le palais de l'Inquisition, dans les cachots ténébreux que nous parcourûmes ensemble. Je ne rapporterai point ici la trop longue série de ces crimes: beaucoup d'écrivains en ont parlé, ils ont représenté ce tribunal sous des couleurs affreuses, ils l'ont voué à l'exécration des siècles à venir; leur tableau n'est point exagéré, et leur anathème est justifié.

CHAPITRE XX.

L'Inquisition. — Tortures, supplices. — Le palais du Saint-Office, à Séville, est acheté par un Provençal. — Il y établit une loge de francs-maçons. — Palais des papes à Avignon. — Jean Lamèle envoyé à Paris pour torturer Damiens. — Succès de la franc-maçonnerie en Espagne. — L'égalité mal observée par les francs-maçons. — Haine contre les Israélites. — Le Juif pris au filet. — Préjugés, superstitions, influence funeste de l'Inquisition. — Dernier *auto-da-fé* donné à Séville pour la clôture de ce spectacle. — On y brûle une sorcière. — Histoire de Gertrudiz qui faisait des œufs comme une poule.

L'Inquisition, comme tout le monde sait, était un tribunal composé de moines revêtus d'un pouvoir illimité. Ces inquisiteurs jugeaient en dernier ressort, et ne rendaient compte à personne de leurs actions. Le roi lui-même ne pouvait faire grace à un malheureux qu'ils avaient condamné. L'ambitieuse thiare, posée sur la couronne, figurait encore sur la porte du palais de l'Inquisition : tel était le blason de cette cour monacale. L'intérieur du palais est imposant ; on y remarque de très belles salles, surtout celles du tribunal. Les souterrains sont affreux, les chaînes, les carcans, tous les instrumens de torture étaient encore à cette époque attachés aux murs ou placés au milieu des salles de veille. Ces salles, où les prisonniers étaient privés de sommeil et tourmentés avec tous les raffinemens de la barbarie la plus atroce, laissent apercevoir, dans le cintre des voûtes et derrière des piliers, des ouvertures qui permettaient de recueillir au dehors les aveux que la torture arrachait aux patiens. Sans aller à Séville, les voyageurs peuvent voir une imitation assez exacte de ces lieux de souffrance dans le palais que les papes ont fait bâtir à Avignon. Les princes de notre siècle possèdent une salle de spectacle dans leur château, celui des papes renfermait des salons de supplices, où les bourreaux s'exerçaient à côté de l'oratoire de Sa Sainteté. La cour du pape ou de son légat se rendait aux galas par la même porte et le même vestibule où passaient les condamnés et les sbires. Les deux cortéges se rencontraient souvent en chemin.

La question ordinaire et extraordinaire, les tortures que l'on exerçait sur les accusés pendant l'instruction des procès criminels, comme moyens préparatoires, n'ont été abolies chez nous qu'à l'avénement de Louis XVI au trône de France. Ils existaient par conséquent encore sous le règne précédent, mais l'usage s'en était à peu près perdu; la pratique doit venir au secours de la théorie dans toutes les fonctions difficiles à remplir. Lorsque Damiens se rendit coupable du crime de lèse-majesté au premier chef, on ne possédait point en France des hommes assez adroits pour torturer un accusé selon les règles. L'art des Tristan-l'Hermite, des Trois-Echelles, des Petit-André et de tant d'autres assassins classiques formés par Louis XI, était à peu près ignoré; la science de leurs successeurs se bornait à des connaissances très superficielles.

Jean Lamèle vint leur donner les véritables traditions qu'il tenait des inquisiteurs. Député par le légat d'Avignon, d'après la demande qui en avait été faite de souverain à souverain par une note diplomatique, ce tortureur expert se rendit à Paris pour présider à la question que l'on devait administrer à Damiens. Je ne parlerai point des moyens connus que l'on avait déjà employés: tels que l'eau, le feu, les chevalets, l'estrapade, les triangles d'acier pointus, introduits sous les paupières, pour que le patient ne pût les fermer sans éprouver des douleurs horribles qui le retenaient dans une insomnie continuelle. Une seule torture, la plus redoutable et la plus cruellement ingénieuse, mérite d'être citée et décrite; c'est une invention des familiers du Saint-Office. Voici comment procédait le praticien Jean Lamèle.

L'accusé, dépouillé de tous ses vêtemens, était étendu sur le plancher, un nœud coulant formé avec une petite corde cirée venait serrer la dernière phalange de chacun de ses doigts et de ses orteils. Les vingt petites cordes réunies par groupes de cinq, se liaient à quatre grosses cordes passées dans des poulies fixées à la voûte. Le malheureux était enlevé, ses membres séparés par les cordes prenaient toute leur extension possible; on se gardait pourtant de tirer par secousses et trop violemment, afin de prévenir les fractures. On le laissait descendre ensuite lentement à deux pieds de terre, et son corps suspendu reposait alors sur un chandelier de fer terminé en pointe de diamant. Cette pointe acérée était dirigée sur la première vertèbre de la colonne dorsale, et causait une douleur inouïe en s'introduisant dans les reins. Une fois établi sur ce pal qui piquait toujours, sans pouvoir percer plus avant, l'accusé répondait ou ne répondait pas à l'interrogatoire du juge.

Les réponses étaient-elles de nature à satisfaire

le tribunal, cette première épreuve suffisait. Dans le cas contraire, une seconde lui succédait immédiatement, et l'homme le plus robuste, du courage le plus opiniâtre, ne pouvait y résister plus de dix minutes. Un petit tuyau placé au sommet de la voûte, et dirigé perpendiculairement sur le patient, laissait tomber par intervalles une goutte d'eau dans le creux de son estomac. Cette goutte d'eau froide tombant d'une grande hauteur sur un corps ainsi suspendu, et que la fièvre de la douleur tourmentait, produisait une sensation tellement insupportable, un ébranlement si fort et si général, qu'un boulet de canon échappé du même point de départ n'aurait pas donné de plus terribles résultats.

Les cordes, les poulies, le chandelier, le tuyau de métal, tout était encore en place dans une salle du palais de Séville, dont la voûte fort élevée annonçait clairement que l'architecte espagnol l'avait destinée à cet usage particulier. Cette fois je prévins mon *cicerone;* un appareil aussi complet m'avait rappelé Jean Lamèle et le palais d'Avignon, je m'empressai de dire à D. Cayetano ce que je viens de raconter.

Le Saint-Office ne devait punir que les crimes commis contre la religion; néanmoins, dès qu'un malheureux tombait entre les pates des inquisiteurs, coupable ou non, il finissait toujours par être brûlé vif. Il n'avait point d'avocat, et rarement on lui permettait de se défendre lui-même. Jamais il ne connaissait ses accusateurs ni même la nature de l'accusation qui planait sur lui ou les motifs de sa détention. On employait les tortures pour lui faire avouer des crimes dont il ne connaissait pas le nom. Les souffrances lui faisaient-elles déclarer qu'il était en effet coupable des crimes qu'il n'avait point commis? on le brûlait. L'espérance de voir enfin son innocence reconnue, une forte constitution, un courage à toute épreuve, lui faisaient-ils braver les tortures? on le brûlait encore; il était évident qu'un homme capable d'une telle résistance devait être sorcier; le diable l'avait soutenu. Il faut des spectacles au peuple, et les Espagnols, naturellement barbares, se plaisaient beaucoup à voir brûler quelqu'un et surtout un sorcier.

Les biens des malheureux, condamnés par ce tribunal exécrable, étaient confisqués au profit des inquisiteurs. On présumait nécessairement que les enfans d'un juif, d'un protestant ou d'un sorcier, ne méritaient pas d'hériter de leur père. Voilà pourquoi tant d'étrangers fort riches ont été arrêtés par ordre de l'Inquisition qui n'a pas manqué de prétextes pour s'approprier leur fortune.

En vain un prisonnier faisait-il retentir son cachot de ses gémissemens, en vain une jeune fille enlevée à ses parens implorait-elle le secours de son père ou de son amant. Leurs plaintes et leurs cris se perdaient sous ces voûtes impénétrables ; nul mortel n'osait approcher de ces horribles lieux peuplés de victimes et de bourreaux.

Les inquisiteurs avaient droit de connaître des affaires temporelles, leur juridiction s'étendait aussi sur les sciences et sur les arts. Un chimiste annonçait-il une découverte nouvelle? Son livre était soumis, avant l'impression, à la censure du Saint-Office qui en retranchait tout ce qui pouvait éclairer le peuple en propageant la science. Si la découverte paraissait extraordinaire et s'élevait au-dessus du petit cercle des connaissances acquises par les censeurs, ils s'empressaient de déclarer que l'auteur s'occupait des sciences occultes, qu'il avait des intelligences avec le démon, et qu'il devait être brûlé comme atteint et convaincu de magie. L'écrivain imprudent, l'homme de génie qui devançait son siècle était traîné dans un caveau souterrain, et ne devait revoir la lumière que pour monter sur le bûcher. Faut-il s'étonner si cette belle Espagne est encore plongée dans les ténèbres de l'ignorance?

Empruntons à M. de Salvandy (1) quelques pages éloquentes sur l'état de l'Inquisition au moment de l'invasion française.

« L'Inquisition ne conservait pas au dehors ses
« formes redoutables et son régime barbare, depuis
« qu'elle était commise à la garde de l'autel moins
« souvent qu'à la défense du trône. Mais cette puis-
« sance, à moitié invisible et partout présente, vi-
« vait encore. Ses habitudes étaient adoucies, et
« non pas ses lois. Immuable, au milieu de toutes
« les institutions de la monarchie chaque jour mo-
« difiée par le temps, son autorité n'était tempérée,
« dans l'application de réglemens affreux, que par
« les lents progrès de cette autre puissance qui,
« même parmi nous (1), commençait à s'appeler l'o-
« pinion publique. Sa main de fer qui, depuis lon-
« gues années, n'avait dressé de bûchers que dans
« les provinces et à Madrid, pratiqué l'homicide
« que dans l'ombre, creusait encore partout des
« sépulcres sous le nom de cachots. Morts à la lu-

(1) *Don Alonzo, ou l'Espagne*, histoire contemporaine.

(2) Les Espagnols.

« mière, à la société des hommes, n'existant plus
« que pour leurs geôliers, n'ayant le sentiment de
« la vie que parce que le fouet, la prédication et la
« faim, entretenaient en eux le sentiment de la dou-
« leur ou celui de l'effroi ; les hôtes de ces fétides
« demeures ne pouvaient pas même placer leur
« espérance sur le repos du cercueil ; là aussi était
« montré sans cesse, le bras tendu sur eux, le fan-
« tôme sanglant de l'éternité qui châtie. Quelques-
« uns ne pouvaient demander au sommeil le bien-
« fait d'une trêve rapide et troublée, que sur des
« chaînes, des chevalets ou des cadavres. Là gémis-
« saient le prêtre séculier dont la raison timorée ne
« s'était pas soumise sans discussion, sans retour,
« tout entière au joug inflexible de l'orthodoxie
« romaine ; le jeune homme qui s'était raillé des
« pratiques idolâtres du peuple ; le père de famille
« qui avait accusé tout haut les scandales du sacer-
« doce ; le religieux dont les savantes études osaient
« reconnaître vivantes, dans le monde matériel,
« des vérités, vieilles déjà depuis plus de cent ans,
« pour la chimie, la physique ou l'astronomie des
« nations voisines ; l'économiste enfin, qui, parmi
« la foule des littérateurs et des hommes d'état oc-
« cupés à répandre les véritables maximes du droit
« public, avait encouru des regards jaloux ou une

« approbation bruyante, en cherchant la cause de
« notre (1) décadence progressive dans l'établisse-
« ment du pouvoir absolu et du Saint-Office. Sanc-
« tifiant tout ce qu'il y a d'odieux parmi les hom-
« mes, cette théocratie, terrible et inhumaine com-
« me le Vieux de la Montagne, reposant, comme lui,
« sur deux soutiens : le fanatisme et l'espionnage,
« érige la délation en devoir, et l'assassinat en acte
« de foi : *Auto da fé*. Il n'était pas une famille au
« sein de laquelle des yeux et des oreilles n'écou-
« tassent et ne vissent pour elle. Dans cette mul-
« titude de satellites mystérieux, il s'en trouvait
« toujours un grand nombre qui, imbus des idées
« nouvelles, n'acceptaient ces liens que pour se
« mettre à l'abri de redoutables vengeances (2).
« D'autres avaient à en exercer, et il n'était pas
« d'intérêts si mondains, si coupables, que les
« armes d'une religion évangélique ne fussent
« chaque jour employées à défendre. »

« Don Domingo me manda qu'au milieu de la
« nuit, mes parens avaient été arrachés tout-à-coup
« de leur demeure. *La Puerta del Sol* ne pouvait
« méconnaître, à un coup frappé ainsi, le bras du
« saint tribunal, et je compris que cette persécu-

(1) C'est un Espagnol qui parle.
(2) On a vu que D. Cayetano avait pris ce parti.

« tion, dont j'ignorais les auteurs, avait pour pré-
« texte l'infraction du ban assigné à doña Léonor
« et à don Luis, lors de leur retour en Europe.
« L'image de mon vieux père et de sa noble com-
« pagne plongés dans le séjour infect de l'horreur,
« de la désolation, séparés des vivans, arrachés
« peut-être l'un à l'autre, ne pouvant placer une
« espérance que dans leur âge et leur faiblesse,
« n'ayant d'autre atmosphère que les ténèbres,
« d'autre société que des insectes immondes ou des
« bourreaux ; cette image acheva de me livrer au
« désespoir. Que faire, qu'essayer contre une puis-
« sance insaisissable et muette, dont le pied est
« posé sur les débris de plus de trois cent mille
« victimes humaines, la tête cachée dans les nua-
« ges, les mains armées de la croix et du glaive ?
« Si vous lui demandez ses droits, elle vous montre
« le ciel; et l'enfer, s'ils vous étonnent. Souveraine
« arbitre de la raison humaine, elle juge la pensée
« à la lueur des foudres du Vatican, pèse les dou-
« tes dans une balance qui n'a qu'un bassin, traite
« les dissentimens comme des attentats, ramène la
« conscience par la terreur, et oppose à la persua-
« sion le bûcher. Établie, afin de maintenir la pa-
« role d'un Dieu de paix, afin de protéger la gloire
« de celui qui a fait le ciel et la terre, elle a pour

« Code le caprice de simples hommes, pour tri-
« bunal la nuit, pour procédure le silence, pour
« interrogatoire la torture, pour clémence la
« mort (1). »

Le gouvernement français abolit ce tribunal infame. Devenu propriété nationale ce palais de l'Inquisition fut mis en vente; un garde magasin de l'armée, M. Turcan d'Apt, l'acheta; le nouveau propriétaire en habitait une partie et louait le reste. On y établit une loge de francs-maçons, la salle même du tribunal devint le temple maçonnique et les souterrains servirent admirablement pour les épreuves réservées aux récipiendaires. L'espace était assez grand pour les faire voyager; il aurait pu suffire à la célébration des mystères d'Isis. « Les amis de la vraie lumière vi-
« rent, avec autant de plaisir que de satisfaction,
« ses rayons pénétrer dans le temple des ténèbres. »
J'ai retenu cette phrase d'un des nombreux discours prononcés par le Démosthène de la loge.

Le contraste établi par la nouvelle destination des lieux où siégeait le Saint-Office fournit, comme on imagine bien, une source inépuisable

(1) La jeune fille, qui avait ému ses juges par l'aveu de ses opinions hétérodoxes, obtenait, avant d'être livrée aux flammes, la faveur d'être étranglée.

de phrases ampoulées et d'ingénieuses antithèses, de lieux communs oratoires et d'étranges amphigouris, aux frères visiteurs. Personne n'ignore que les amis de la vraie lumière ne s'expriment pas toujours avec beaucoup de clarté.

La franc-maçonnerie fit beaucoup de prosélytes parmi les Espagnols; ils aiment tout ce qui est merveilleux, les lumières maçonniques sont enveloppées de ténèbres mystérieuses ; elles piquèrent leur curiosité. Une infinité de prêtres, un grand nombre de gens riches et de bourgeois s'empressèrent de se faire initier. Cela nous paraît étonnant parce qu'en France les ecclésiastiques se déchaînent sans cesse contre une institution qu'ils ne connaissent point. Comment se fait-il qu'en Espagne, pays de superstition et de préjugés, les prêtres aient été les premiers à donner dans la franc-maçonnerie? C'est que les préjugés et la superstition sont les suites ordinaires et nécessaires de l'ignorance; qu'en Espagne les prêtres et les gens riches sont les seules personnes instruites, et qu'il faut autant d'instruction que de force d'ame pour s'opposer ouvertement aux préjugés populaires aux opinions généralement reçues. La masse du peuple espagnol croit, ainsi que quelques bonnes ames en France, que les francs-maçons font pacte avec le diable, qu'ils se changent en chiens, en chats, en corbeaux, en serpens, et que quand on les tue, ils vont comme les vampires ressusciter en d'autres lieux.

Les Espagnols francs-maçons étaient honnis par leurs compatriotes non initiés, on les regardait comme des damnés volontaires, d'avance réservés aux brasiers de Lucifer et de Belzébuth. Les prêtres qui ne voulaient ou n'osaient point se faire recevoir, tonnaient contre eux en chaire et les dévouaient aux tourmens de l'enfer. Ce qui n'empêchait pas que dans toutes les grandes villes soumises à notre domination, il ne s'établît des loges composées seulement d'Espagnols, indépendamment des loges françaises qui s'y trouvaient déjà formées depuis quelque temps. Il est juste de le dire à la louange des Espagnols et de la maçonnerie : les Espagnols francs-maçons étaient tous les plus honnêtes gens du monde, et l'on rencontrait parmi eux beaucoup de gens instruits et de véritables amis. Mon hôte, le señor don Cayetano ne fut pas des derniers à se faire initier.

La franc-maçonnerie est une belle institution, mais elle n'est pas exempte des faiblesses attachées à notre pauvre nature. On y remarque de singulières contradictions; je n'en citerai qu'une. L'égalité forme la base de l'ordre, et l'équerre en est le symbole. Tous les titres et toutes les décorations donnés par les souverains disparaissent en loge. Tous les sectaires sont égaux et se traitent en frères. Pourquoi donc en abolissant les titres de comte, de duc, etc., dont chacun tire vanité dans le monde, les francs-maçons ont-ils établi d'autres dignités parmi eux? Ils ne reconnaissent point de barons ni de marquis, mais ils élèvent leurs égaux et leurs frères au rang de chevaliers de l'Orient, de souverain prince. Il est vrai que les brevets du Grand Orient ne donnent ni pension, ni majorat; voilà le mal. Cette bizarrerie peut se comparer à la manie de beaucoup de gens qui, après avoir professé hautement les principes républicains, après avoir déclamé contre les nobles et les hochets de la tyrannie, se sont jetés sur ces hochets du moment qu'on les a mis à leur portée. Je connais tel épicier en gros, tel marchand de tringles et de marmites qui enrage de n'être pas au moins vicomte.

Pauvres gens! idiots!!!

Après la retraite de notre armée on a considéré la franc-maçonnerie comme une secte dangereuse, on l'a persécutée; c'est le vrai moyen de la soutenir en Espagne. Poursuivis, les francs-maçons se réuniront dans des retraites inconnues, dans des souterrains, leurs mystérieuses vétilles deviendront des cérémonies augustes; le secret, si fort recommandé aux frères, n'en deviendra que plus inviolable, leur ame retrempée par les rigueurs de la persécution se roidira contre l'autorité et bravera les menaces du souverain et des inquisiteurs mêmes.

Plus rusé que Ferdinand VII, Napoléon vint à bout de la franc-maçonnerie en employant des moyens opposés. Pleine licence lui fut accordée; en la protégeant il l'anéantit.

<blockquote>
Pain dérobé que l'on mange en cachette,
Est bien meilleur que pain qu'on cuit ou qu'on achète.
</blockquote>

La franc-maçonnerie, propagée en Espagne et tolérée par le gouvernement, aurait puissamment contribué aux progrès de la civilisation de ce pays : elle aurait rendu les Espagnols humains et tolérans. La politique ombrageuse des moines et des inquisiteurs a proscrit les francs-maçons, parce que cette institution aurait inspiré des idées d'indépendance et de liberté.

L'Inquisition mettait encore plus d'acharnement à poursuivre les juifs que les protestans.

La haine qu'elle a manifestée dans tous les temps contre les Israélites est devenue générale, et le peuple entier la partage. D. Cayetano m'a fait connaître une famille juive d'origine, dont le bisaïeul naturalisé Espagnol et domicilié à Séville se convertit pour épouser une catholique. Ni lui, ni ses descendans n'ont pu jouir d'aucune considération quoique ceux-ci aillent à la messe tous les jours, et qu'ils remplissent tous leurs devoirs avec plus d'assiduité que beaucoup d'autres vieux chrétiens.

Dans *Ivanhoë*, roman de sir Walter-Scott, on trouve un tableau des tribulations sans nombre qu'éprouvaient les juifs en Europe du temps de Richard-Cœur-de-Lion. Le profond mépris, l'horreur qu'inspirait cette secte aux compagnons de Cédric le saxon, au farouche Briant de Bois-Guilbert existent encore en Espagne, et si le riche Isaac d'Yorck s'avisait d'aller traiter des affaires à Cadix ou à Séville, il serait peut-être encore exposé à être rôti, comme il en fut menacé dans le château de Torquilstone. Quant à l'aimable et séduisante Rebecca, ses beaux yeux la sauveraient de ce péril ; les pères inquisiteurs mettraient son courage à d'autres épreuves.

Mais pourquoi chercher des exemples si loin,

quand nous pouvons trouver dans certaines contrées de notre patrie cette animadversion populaire contre les juifs. Les enfans d'Israël étaient traités beaucoup plus mal que les chiens errans; on leur faisait les avanies les plus dégoûtantes dans le pays papal, à Avignon surtout. Enfermés dans leur quartier, ils n'en pouvaient sortir qu'aux heures marquées par l'autorité municipale; ils étaient consignés pendant la célébration des fêtes solennelles du culte catholique. Un chapeau jaune pour les hommes, un chiffon de même couleur que les femmes étaient obligées de placer sur leurs plus riches ajustemens, les exposaient sans cesse aux insultes de la populace. Ce chiffon était-il caché en partie? Le premier polisson des rues portait ses mains sales sur la plus belle toilette afin de découvrir tout-à-fait ce signe de réprobation. Avait-on négligé de le mettre? Un lambeau traîné dans la fange était aussitôt attaché sur la robe de satin ou de damas de l'imprudente juive que la canaille poursuivait en l'injuriant. Un juif riche se montrait-il dans une rue? Tous les petits polissons se plaçaient sur son passage à différentes distances et chacun lui disait à son tour : *Faï cabo*, salue-moi, ou pour mieux traduire prosterne-toi, et le juif obéissait à l'instant, on donnait cinq sols à chaque enfant pour se soustraire à cet hommage forcé. S'il ne remplissait pas une de ces deux conditions, son chapeau était jeté dans la boue, et le juif assailli par cette foule insolente n'avait d'autre parti que de prendre la fuite.

A Rome on obligeait les juifs, pendant le carnaval, à courir le long du *Corso*, pour l'amusement du peuple. Ils ne purent se racheter de cette avanie qu'en faisant courir des chevaux à leur place, c'est-à-dire en fournissant le prix destiné à l'animal vainqueur. Telle est l'origine des courses de chevaux libres qui ont lieu tous les ans dans cette capitale, à la même époque.

Ces abus et cent autres que je pourrais citer n'existent plus depuis quarante ans environ, mais le préjugé contre les juifs est encore dans toute sa force, chez les gens de basse extraction surtout. S'il s'agit de comparer un animal ou diverses choses à un être raisonnable, ou bien aux parties de son corps, on dira : « Voilà un serpent gros comme le bras d'un juif; un singe de la taille d'un juif; ce jocko dévore un melon qui ressemble à la tête d'un juif. Telles sont encore aujourd'hui les comparaisons usitées dans les conversations des gens du peuple, et le titre de juif est toujours une injure dans une grande partie de la France.

Pour donner une juste idée de l'animadversion que mes compatriotes ont conservée contre les enfans d'Israël, je ne citerai qu'un seul fait qui s'est passé sous mes yeux. Doursin, vieux pêcheur d'Avignon, avait tendu son filet sur le bord du Rhône, il attendait patiemment la carpe ou l'alose. Tout-à-coup il voit l'eau s'agiter au-dessus du filet, il le tire, et juge au poids que la capture est bonne et qu'un gros esturgeon a donné dans le panneau. Au lieu d'un poisson, Doursin trouve un jeune enfant que les eaux emportaient et qui se débattait contre la mort, le pêcheur s'empresse de sauver ce malheureux du péril qui le menaçait. Il lui donne des secours et fait en même temps une longue harangue sur la coupable imprudence des parens qui permettent à leurs enfans de se confier aux flots rapides, aux tourbillons dangereux du fleuve. Cependant le petit garçon a repris ses sens, le vieillard l'interroge alors, en lui disant : « Quelle est ta famille ? Viens,
« suis moi, que je te conduise chez ton père ; je
« veux lui faire connaître à quels dangers son indif-
« férence a pu t'exposer, et lui reprocher durement
« sa faute afin qu'à l'avenir il te surveille avec plus
« de soin. Parle, quel est le nom de ton père ? —
« Abraham.... — Comment petit coquin, infame

« scélérat, tu es le fils d'un juif? C'est un ennemi
« de notre sainte foi que je viens de sauver! Si j'a-
« vais su cela.... Mais je puis réparer mon erreur,
« il faut que je te renoie, *foou qué té rénégué.* » —
Heureusement on l'en empêcha; le vieux chrétien
eût peut-être exécuté l'arrêt qu'il venait de prononcer. La force du préjugé et de la superstition
ne saurait produire des résultats plus déplora-
bles, je laisse à penser quel scandale a fait naître l'action généreuse d'une princesse ouvrant
le bal dans une fête de la cour avec un juif alle-
mand. Le houra d'une sainte indignation s'est
fait entendre de toutes parts dans les villes du
midi de la France.

La dévotion affectée des Espagnols est encore
l'ouvrage de l'Inquisition. Leurs entretiens sont
tellement mêlés d'*ave Maria*, que l'on croit entendre réciter le chapelet. Ils portent le scapulaire sur leurs habits, et le poignard dans la poche.
Dans toutes les maisons on voit un tableau de la
Sainte-Vierge, sur la porte des salons on écrit:
Ave Maria, en gros caractères; et tous ces soins
religieux ne rendent pas leur conduite plus régulière.

Les inquisiteurs savaient bien qu'en forçant les
Espagnols à fréquenter les sacremens à des épo-

ques déterminées sans y être portés par une dévotion sincère, ils les obligeaient ainsi à commettre périodiquement le crime de sacrilége. Il faut absolument produire des billets de confession; les prêtres en vendent, et les personnes qui ne veulent pas se présenter au tribunal de la pénitence, en achètent. Quel est le plus coupable du vendeur ou de l'acheteur? La question est facile à résoudre. Cette contribution levée sur le peuple est d'un rapport considérable pour la fiscalité monacale.

Les Espagnols ne manquent pas d'esprit, ils conçoivent avec facilité, ils exécuteraient de même, et pourtant ils sont en arrière de plus d'un siècle pour les connaissances les plus simples. Les moines pensent qu'il est plus aisé de gouverner des idiots que des gens instruits; la politique des souverains de la Turquie est la même: tous les genres de despotisme doivent se ressembler.

Si quelqu'un proposait au roi d'Espagne d'éclairer les rues de Madrid avec une flamme qui circulerait dans des conduits souterrains. Si Robertson avait porté ses fantômes et leur magique appareil à Séville, si nos ventriloques s'amusaient à jeter leur voix dans les caveaux d'une chapelle, si nos physiciens s'aventuraient à faire des tours d'adresse devant le peuple andalou, on brûlerait tous ces pauvres diables comme des sorciers. Il est même probable que la canaille en ferait justice avant que leur procès fût instruit. Il ne faut pas s'étonner si l'Espagne est restée stationnaire tandis que toutes les nations de l'Europe ont fait d'immenses progrès dans les sciences et dans les arts. La paresse des Espagnols est encore une des conséquences funestes de l'Inquisition, les moines donnent l'exemple de la fainéantise. Le peuple de l'Ibérie, sans cesse tourmenté, enchaîné par les vexations du Saint-Office, peut être comparé à un enfant qui boude, et qui, dans ses accès d'humeur, dit : « On veut « m'empêcher de faire telle et telle chose, eh bien « je ne ferai rien du tout. »

La découverte du Nouveau-Monde a sans doute contribué à retenir les Espagnols dans l'indolence. L'or qu'ils en retiraient les a éblouis, et leur territoire a été abandonné par les aventuriers qui s'empressaient d'aller exploiter le sol de l'Amérique. La population, affaiblie par l'expulsion des Maures et par les couvens, est insuffisante pour la culture des terres. Que deviendra l'Espagne maintenant qu'elle a perdu ses colonies et les mines d'or pour lesquelles on avait tout sacrifié? Semblable à un grand seigneur qu'un revers de fortune a ruiné et qui, dans un état de médiocrité dont son inconduite est la cause, conserve encore ses équipages, son orgueil et ses laquais; l'Espagne dépouillée de ses possessions d'outre-mer, étonnée de sa chute, et ne perdant pas l'espoir de se relever, conserve encore sa paresse, son orgueil et ses moines.

Cependant si elle est assez sage pour renoncer à ses mines d'or, ou bien si elle est assez heureuse pour que toute espérance lui soit ravie de les reconquérir jamais, il faudra bien qu'elle fasse un appel à ses habitans. Telle cette jeune femme que la mort prématurée d'un époux laborieux a laissée sans ressources, accoutume ses nombreux enfans au travail, ranime leur courage et les oblige à se livrer à des occupations qu'ils dédaignaient et pour lesquelles ils ne semblaient pas destinés. L'Espagne se repliant sur elle-même, protégeant les arts, l'agriculture et l'industrie, pourra retrouver dans son sein les richesses qu'elle allait chercher dans des pays lointains. Elle reprendra son rang parmi les nations civilisées; la beauté du climat, la fertilité du sol, l'industrie de ses habitans le lui promettent. Il faudra long-temps, sans doute, pour opérer ce grand œuvre ; ce ne sera qu'après une longue paix intérieure que les arts, le commerce et les travaux des champs pourront prendre leur essor.

Nécessité d'industrie est la mère.

Cette impérieuse nécessité peut encore enfanter des prodiges, même chez les Espagnols, si le Dieu tout-puissant qui veille sur les destinées de ce peuple, prend pitié de ses malheurs et le délivre enfin du fléau de l'Inquisition.

A l'époque où j'étais à Séville (1810), les fureurs du Saint-Office avaient cessé; ce tribunal n'était plus ce qu'il avait été jadis. Depuis longtemps le peuple n'avait assisté à la cérémonie d'un *auto da fé*, acte de foi; c'est le nom que l'on donne aux exécutions inquisitoriales. Le pouvoir du Saint-Office est singulièrement restreint; il ne s'exerce plus que sur les sacrilèges, les sorciers, les livres dangereux, les découvertes utiles, etc. Que le peuple croie aux sorciers, la profonde ignorance des Espagnols peut le faire concevoir; mais que les gens instruits, les prêtres, adoptent cette absurde supposition ; c'est ce qu'on ne saurait imaginer. Il faut bien que les inquisiteurs croient aux sorciers puisqu'ils les condamnent à être consumés à petit feu.

J'étais un jour dans la boutique d'un barbier de Séville; en attendant que son rasoir expéditif eût fait tomber le poil d'un menton espagnol, je regardais les mauvaises gravures, les images de six liards qui tapissaient les murs et formaient tout l'ornement de cet atelier. Mes yeux s'arrêtèrent sur une estampe qui représentait une longue procession de pénitens en sarrau et de prêtres en surplis. Je demandai le sujet de ce grotesque dessin, le Figaro moderne me dit que c'était un *auto da fé*, le supplice d'une sorcière. « D'une « sorcière! — Oui, seigneur chevalier. — Est-ce « qu'il y a des sorciers et des sorcières? — Cer- « tainement, et celle-ci en était bien une, je vous « en réponds. Je m'en souviens comme si l'évé- « nement s'était passé la semaine dernière. — Si « vos inquisiteurs reconnaissent et condamnent « des sorciers, certainement ils ne le sont pas « eux-mêmes. Cependant, puisque vous vous en « souvenez si bien, racontez-moi l'histoire de cette « sorcière. —Très volontiers. » Et le barbier, tout en préparant ses ustensiles, en repassant son rasoir sur le cuir, me fit le récit suivant.

« Il y a cinquante ans environ qu'une femme ayant « nom Gertrudiz, vivait en cette ville; elle logeait « dans *la calle del Atalud*, la rue du Cercueil, cou-

« turière de profession, elle travaillait presque
« toujours à des habits de deuil. Vous lui auriez
« commandé un costume de deuil complet à dix
« heures du soir, que le lendemain à midi Ger-
« trudiz vous l'eût apporté; rien n'y manquait, et
« l'on pouvait le mettre à l'instant. Cela prouve
« que pendant la nuit elle appelait les diables à
« son secours pour l'aider. Elle était veuve depuis
« dix ans et n'avait jamais voulu se remarier,
« Gertrudiz vivait par conséquent en concubinage
« avec le démon. » Jusque là, j'avais ri dans ma
barbe de la sottise et de la crédulité de ce Figaro
dégénéré. Mais quand il me dit avec un sang-froid
imperturbable que Gertrudiz pondait des œufs,
je commençai à m'effrayer. Je crus avoir affaire à
un insensé, et je craignis qu'un accès de folie un
peu moins gai ne le portât à me couper la gorge
avec son rasoir.

« Comment, lui dis-je, elle faisait des œufs ! —
« Oui, sans doute. Elle n'avait que quatre poules
« dans un grenier; à quelle heure du jour ou de
« la nuit qu'on lui demandât des œufs frais, elle
« vous en vendait. — Parbleu, voilà une véritable
« sorcière : elle est couturière et fait des robes;
« elle est veuve et refuse de convoler à de se-
« condes noces; elle nourrit des poules et vend

« des œufs.—Ne vous moquez pas de moi, je sais
« fort bien ce que je dis, et quand j'affirme que
« Gertrudiz faisait des œufs, c'est que cela a été
« prouvé et que j'en suis sûr comme de mon exis-
« tence. Vous pensez bien que quatre poules ne
« pouvaient lui fournir la grande quantité d'œufs
« qu'elle vendait. — Ne voyez-vous pas que pour
« contenter tous les amateurs d'œufs frais, elle
« en achetait elle-même et vous vendait ensuite
« des œufs de trois ou quatre jours pour des
« œufs nouvellement pondus? Voilà comment elle
« vous trompait. D'ailleurs pour être persuadé que
« Gertrudiz faisait des œufs, les lui avez-vous vu
« pondre ? — Non, seigneur chevalier, non je ne
« l'ai pas vu, je ne me permettrai pas de le dire ;
« mais voici comment la chose se découvrit.

« Un soir on eut besoin d'œufs frais dans une
« maison, et l'on envoya sur-le-champ un petit
« domestique chez Gertrudiz; le jeune homme se
« présente à la pourvoyeuse et lui demande deux
« œufs frais. Attendez un moment, lui dit-elle,
« je vais vous les chercher, précisément je viens
« d'entendre chanter mes poules. Veuillez bien
« observer qu'il était nuit close, et que les poules
« ne chantent point à dix heures du soir. Elle
« ouvre une petite armoire, prend une bouteille,

« boit à même et monte au grenier. Comme elle
« avait mis beaucoup de mystère dans toutes ces
« opérations, le jeune homme resté seul dans la
« cuisine voulut goûter à la bouteille. Il y but avec
« tant de précipitation, pour n'être pas surpris,
« qu'il ne s'aperçut point si c'était du vin vieux
« ou toute autre liqueur qu'il venait de déguster.
« Gertrudiz descendait, il referma l'armoire et
« reçut deux œufs encore chauds qu'il emporta.
« Le petit domestique n'eut pas fait trente pas
« dans la rue, qu'un besoin pressant le force de
« s'arrêter. Il crut que la bouteille contenait quel-
« que purgatif d'une grande activité. Après avoir
« posé sa lanterne à terre, il se met en devoir de
« se soulager, la colique redouble, il fait de vio-
« lens efforts, et parvient à se délivrer d'un fardeau
« qu'il ne pouvait porter plus loin. Je vous laisse à
« penser quelle fut sa surprise lorsqu'en reprenant
« sa lanterne il aperçoit à terre deux œufs qu'il ve-
« nait de pondre lui-même ; au lieu de deux il en
« eut quatre. N'était-ce pas la liqueur magique
« de Gertrudiz qui produisait tous ces œufs? Cette
« bouteille n'était-elle pas un cadeau fait par le
« diable à la féconde pondeuse? Il faudrait être
« bien incrédule pour résister à de pareilles rai-
« sons. — Aussi je me rends, et je suis tout-à-fait

« de votre avis. C'était faire une grace à Gertrudiz
« la sorcière que de se borner à la livrer aux flam-
« mes ; il fallait nécessairement qu'un exemple
« éclatant vînt punir tant de crimes et retenir dans
« les voies tracées par la nature les femmes qui
« auraient voulu dorénavant usurper les fonctions
« des poules. Cela prouve combien vos inquisi-
« teurs sont humains, sages, prudens et surtout
« éclairés. »

Cette aventure qui serait burlesque si le dénoûment n'en avait été si tragique, ne peut être révoquée en doute; elle est constatée encore par des images et des complaintes. La sévérité du Saint-Office ne s'exerçait pas toujours sur des forfaits aussi grands et démontrés avec autant d'évidence. Les richesses tentaient singulièrement les inquisiteurs, surtout quand elles étaient possédées par un étranger; ils trouvaient alors sans peine quelque bonne ame qui avait vu le coupable en communication avec l'esprit de ténèbres et qui l'affirmait par serment. La beauté, la jeunesse excitaient aussi leur infame cupidité.

CHAPITRE XXI.

Religion. — Cérémonies et pratiques religieuses. — La calotte de cuir. — *L'intiero*, les Sept Paroles. — Symphonies de Haydn. — Danses devant le Saint-Sacrement. — Petites chapelles. — *Santeros*. — Procession de pénitens. — Alarmes qu'elle cause. — Enterremens. — Le Puits Saint.

J'ai lu dans un livre qui n'a pas une grande réputation, que « la religion en Espagne doit être « considérée par les étrangers comme un régle- « ment de police auquel tout le monde est obligé « de se soumettre. » Ce livre n'a pas tort, et certainement son auteur a voyagé en Espagne.

Il serait difficile de trouver un peuple qui ait moins de religion dans le fond que les Espagnols, et qui tienne autant aux pratiques extérieures; ils veulent en imposer par des dehors trompeurs et de fausses apparences. Un homme serait perdu de réputation si ses voisins pouvaient observer qu'il a laissé passer plusieurs dimanches sans aller à la messe. Les curés connaissent tous leurs paroissiens et remarquent plus particulièrement ceux qui manquent à leur devoir que les personnes qui fréquentent les églises avec une grande assiduité ; aussi les Espagnols ont-ils soin de ne s'y montrer qu'aux heures où tout le monde peut les voir; ils y vont comme les soldats se rendent à l'appel, pour donner acte de leur présence. Ils préféreraient s'éloigner tout-à-fait de leurs temples que d'y aller trop matin, parce qu'alors ils ne seraient peut-être pas remarqués.

> Je ne vois pas pourtant qu'il hante les églises.
> — Voulez-vous qu'il y soit à vos heures précises,
> Comme ceux qui n'y vont que pour être aperçus?

Ces vers de l'inimitable Molière s'appliquent merveilleusement aux Espagnols, et cela doit être, ce poète nous a tracé le portrait d'un faux-dévot, d'un hypocrite ; cette image fidèle d'un individu doit ressembler à l'espèce entière, à tous les citoyens d'un peuple de tartufes. Priez ou ne priez point, remplissez les devoirs les plus augustes avec les sentimens d'un vrai chrétien ou d'un bandit, confessez vos fautes ou contez-nous des récits frivoles et imaginaires ; pendant l'office divin, lisez un roman ou votre bréviaire, livrez-vous à tous les excès de la débauche, peu importe, c'est votre affaire : qui bien fera, bien trouvera. Mais soyez soumis, obéissez-nous, c'est le point essentiel; faites tout comme si vous étiez animés de la piété la plus fervente et la plus sincère, remplissez vos devoirs de quelle manière que ce soit, pourvu que vous montriez de l'exactitude à les remplir : voilà ce que nous vous demandons, disent les prêtres à leur ouailles; soyez juifs ou mahométans, il suffit que l'on puisse croire que vous êtes chrétiens. Cette morale religieuse est tout-à-fait jésuitique, c'est la fine fleur des instructions pastorales des Malagrida, des Suarez et de tant d'autres disciples d'Ignace de Loyola.

Cette obligation expresse d'assister par respect humain à toutes les cérémonies religieuses, donne aux Espagnols la plus grande familiarité pour les choses saintes, et cette familiarité dégénère ensuite en dérision, en mépris. Aussi voit-on trop souvent une pénitente se moquer de son directeur; un bourgeois raconter en riant ce qu'il a vu à l'église, et tourner en ridicule certaines pratiques religieuses. La force de l'habitude est telle, qu'elle entraîne des personnes respectables, et réellement convaincues des vérités de la religion, à parodier d'une manière indécente les hymnes ou les sermons, les psaumes ou les leçons, pour en faire les applications les plus déplacées et les plus impertinentes.

On met un très grand appareil dans les cérémonies de l'église, et cependant elles n'ont rien d'imposant et de majestueux; leur pompe est théâtrale et froide. Les ministres de la religion sont dépourvus de cette onction affectueuse et persuasive, de ce sentiment de dignité que la haute importance de leurs fonctions devrait sans cesse entretenir dans leur cœur. Ils s'acquittent de ces devoirs avec une inconcevable légèreté; c'est un travail journalier qu'ils veulent expédier d'urgence, comme l'écolier expédie son thème pour aller plus tôt jouer à la balle. Point de recueillement, pas même de la décence; ils ont toujours l'air de s'ennuyer à l'église. Chante-t-on le *Credo* d'une messe solennelle : les chantres du lutrin s'occupent seuls du soin de louer Dieu, les chanoines bâillent aux corneilles dans leurs stalles, et si l'horloge vient à sonner l'heure ou la demi-heure, ces prêtres oisifs, les officians mêmes, tirent leur montre à la ronde, la règlent, la montent et la replacent dans le gousset en relevant soutane, surplis, chasuble, dalmatique, aumusse et tous les autres ornemens dont ils sont chargés.

Un jour D. Cayetano rentra plus tôt qu'à l'ordinaire, je lui en témoignai ma surprise :

« Quoi! déjà de retour, la messe a donc été courte
« aujourd'hui?—On voit bien, seigneur chevalier,
« que vous ne l'avez pas dite. » Telle fut sa réponse que je trouvai plaisante.

Un riche négociant, d'un âge avancé, continuait à se rendre exactement au service divin, bien que sa tête chauve y fût exposée à l'air humide et froid; de nombreux rhumes de cerveau n'avaient point ralenti son zèle. Le curé de la petite église que fréquentait ce négociant, le voyant à son poste au moment où lui-même montait à l'autel, imagina de lui envoyer sa calotte de cuir bouilli pour le garantir des injures de l'air. Un petit clerc faisant en ce moment les fonctions de page, se dirige vers la tête pelée qu'on lui a montrée de loin. Arrivé sur les lieux, il trouve trois têtes chauves; il présente le casque sacerdotal au premier individu qui se montre porteur d'un crâne dépouillé; celui-ci, sans savoir trop ce que signifiait un tel message, tire de sa poche une piecette et la dépose dans la calotte. Le clerc voyant que sa requête muette avait un plein succès, ne doute plus de l'objet de sa mission et présente la tasse de cuir à une seconde tête chauve qui fait une seconde offrande. Le petit aumônier allait continuer sa recette, quand le curé, se tournant pour dire *Orate fratres*, s'aperçoit de la méprise, et de l'autel même apostrophe à haute voix son émissaire : « Imbécile ! butor ! je « ne t'ai pas chargé de faire la quête, mais bien « de remettre ma calotte au señor D. Gerbaldo « pour qu'il en couvre son chef pelé et qu'il « n'attrape pas un autre rhume de cerveau. » Cette singulière incartade ne troubla point le service divin, je fus le seul étonné. Le curé répéta son *Orate fratres*, et le clerc qui l'assistait répondit *Suscipiat Dominus* sans pouffer de rire.

Parmi les cérémonies religieuses des Espagnols, on en remarque de bizarres. Douze jeunes danseurs pirouettent et cabriolent dans le chœur de la cathédrale de Séville le Jeudi-Saint depuis dix heures jusqu'à midi; quand ils sont fatigués, d'autres les remplacent. David dansait devant l'arche sainte, les Espagnols dansent des sarabandes et des boléros devant le Saint-Sacrement. S'ils exécutent ce ballet à l'exemple et en mémoire du roi prophète, ils devraient au moins en habiller les acteurs avec la tunique orientale; la trousse et le manteau de Crispin me paraissent peu convenables pour une danse religieuse. J'ai vu souvent la poésie, la peinture et la musique prêter leurs charmes aux pompes sacrées; il faut aller à Séville pour rencontrer des baladins au milieu du chœur d'un temple chrétien.

Les Oratorios de Jomelli étaient exécutés autrefois dans les églises d'Espagne avec beaucoup de soin, et cet appareil dramatique, cette illusion, ce prestige qui résulte de la disposition des lieux. Ce genre de cérémonie religieux et théâtral plaît à la nation espagnole et fait une grande impression sur la multitude. Moralès et D. Diego Ortiz, compositeurs du pays, ont écrit de la musique d'église fort estimée; si l'on a cessé de l'exécuter, c'est que les chanteurs sont trop rares.

Le seul morceau capital que les Espagnols exécutent encore; c'est l'œuvre de J. Haydn, qui a pour titre *les Sept dernières Paroles de Jésus-Christ sur la croix*. Ce n'est pas un Oratorio, puisqu'il n'y a point de parties vocales, mais une suite de sept symphonies composées dans le sentiment de chacune de ces paroles. L'église est tendue en noir ou en violet; il y règne du moins une obscurité sépulcrale, quelques flambeaux répandent une pâle clarté au milieu de ces ténèbres solennelles. L'évêque monte en chaire et prononce successivement les sept paroles; chacune est accompagnée d'une glose pieuse. La symphonie remplit les intervalles laissés aux méditations des fidèles, son expression est majestueuse et touchante. Le pouvoir de la musique, et l'impression des objets soumis à la vue, se prêtent un mutuel secours et produisent un effet ravissant. La septième symphonie est terminée par une imitation du désordre de la nature, après la mort de Jésus-Chrit; c'est le fracas de la tempête, le mugissement du tremblement de terre. Cette dernière image offerte à des cœurs profondément émus, frappe de terreur les assistans et leur arrache même des cris.

Cette cérémonie s'appelle *l'Intiero*, l'enterrement, les funérailles du Sauveur. La musique en a été composée exprès, en 1785, sur la demande d'un chanoine de Cadix, qui en avait donné le plan et ses détails. J. Haydn en remplit admirablement les conditions, et triompha des nombreuses difficultés qu'un semblable sujet présentait, à cause de l'uniformité des sentimens et de la couleur. *Les Sept Paroles* furent exécutées d'abord à Cadix; on les entendit ensuite à Madrid, à Séville, etc. (1).

Transportez ces œuvres sublimes dans une

(1) *Les Sept Paroles* réduites à quatre parties se trouvent dans la collection des quatuors de J. Haydn. La grande parti-

salle de concert ou bien sur un théâtre ; l'exécution musicale pourra être meilleure sans doute, mais l'effet du morceau sera bien moindre. La musique veut être dite dans les lieux pour lesquels elle a été destinée.

Les églises d'Espagne étaient ornées avec la plus grande magnificence : l'or, les diamans, l'argent, les pierreries de toute espèce, de magnifiques peintures paraient les autels ; ceux que l'on dédiait à la Sainte-Vierge étaient les plus beaux et les plus riches.

Beaucoup de temples ont été pillés pendant la guerre ; on a généralement attribué ces dévastations aux Français, pour les rendre odieux à la nation espagnole. Tout le monde n'a pas été la dupe d'un stratagème si grossier ; les Anglais et les Espagnols eux-mêmes enlevaient les objets les plus précieux lorsqu'une ville était menacée par les armées françaises.

Les prêtres et les moines sont en si grand nombre, qu'on ne voit que soutanes et frocs à Séville et dans les autres capitales. Ces pieux cénobites, comblés de richesses et brillans de santé, conséquence singulière du vœu

---

tition en a été publiée avec des parties vocales ajoutées ensuite par Michel Haydn, son frère.

d'abstinence et de pauvreté, jouissent d'une considération telle qu'on ne saurait l'imaginer. Lorsqu'ils se montrent en public, les hommes les saluent en s'inclinant jusqu'à terre, et les femmes leur prennent la main pour y déposer un baiser respectueux.

Les petites chapelles sont un objet de spéculation dans presque toute l'Espagne, en Andalousie surtout. Un menuisier s'ennuie-t-il de pousser le rabot? Il façonne à coups de hache et de ciseau la statue informe d'un saint, qu'il place au coin de la rue, dans une niche. Il entretient jour et nuit le luminaire du saint qui repose sur un *cepillo,* tronc muni d'un double cadenas, destiné à recevoir les offrandes des bonnes ames. Ce *cepillo* est régulièrement visité tous les jours par le propriétaire conservateur, qui prend alors le titre de *santero.*

Dès que la recette du *cepillo* a produit une somme assez considérable, le *santero* en sacrifie une partie, pour faire représenter sur un tableau les miracles les plus récens opérés par le saint. Les offrandes augmentent à mesure que le patron de la chapelle fait des miracles, et le *santero*, qui sait borner ses désirs, trouve fort commode et très agréable de laisser la varlope ou le tire-pied, pour vivre aux dépens du public.

Ces petites chapelles sont si multipliées qu'on ne saurait faire dix pas sans en rencontrer. Les mendians viennent se grouper autour de la statue comme dans un lieu plus favorable pour obtenir des aumônes. Ils pleurent, ils gémissent, ils crient pour émouvoir le cœur des passans, ils implorent à haute voix la protection du saint devant lequel tout le monde se prosterne. Mais inutiles soins! l'argent n'est tiré de la poche que pour tomber dans le *cepillo*; les dévots de ce pays s'empressent d'augmenter la recette du *santero*, et laissent crier en vain les malheureux qui manquent de pain. Ne vaudrait-il pas mieux donner des aumônes aux pauvres en l'honneur du saint?

La table des Espagnols est si mal pourvue, leur ordinaire est si mesquin et si exigu, qu'un étranger, qui est leur commensal, ne peut s'apercevoir de l'arrivée du carême. Leur sobriété est si grande, pendant tout le reste de l'année, qu'il est à peu près impossible d'ajouter à l'austérité de cette vie, à moins de jeûner tout-à-fait pour s'accoutumer à mourir de faim. La règle du carême s'observe exactement et ne leur impose par conséquent aucune privation; leur vie est un jeûne continuel.

La Semaine Sainte offre des circonstances très curieuses : le dimanche des Rameaux, les mercredi, jeudi, vendredi et samedi saints on fait des processions qui seront toujours un objet d'étonnement pour les étrangers. Trois ou quatre mille pénitens au moins, quelquefois davantage, composent ces interminables processions. Les diverses confréries n'ont pas une couleur qui les distingue entre elles, comme dans le midi de la France. A Séville tous les pénitens portent la robe noire, cette robe est faite comme celle des pénitens de la Provence; on remarque seulement une différence dans le capuchon qui est beaucoup plus long et se termine en pointe. Ce capuchon garni de carton en dedans se tient droit sur la tête, comme les bonnets dont on coiffe les magiciens au théâtre. Un prolongement du capuchon tombe sur la poitrine, couvre la figure en entier, et deux trous, placés à la hauteur des yeux, laissent aux pénitens la faculté de se servir de cet organe. Au lieu d'un cordon de soie ou de coton, ces religieux amateurs se ceignent les reins avec sept tours de grosse corde de *esparto*; ce sont les cordes de jonc d'Espagne dont nous nous servons pour les puits. Ces sept tours de corde s'ajustent sur une large ceinture de cuir qui s'agrafe; on ne voit aucun nœud, ils sont disposés comme les cercles d'un tonneau.

Chaque pénitent porte en main un énorme cierge de cinq pieds de hauteur et de trois pouces de diamètre. Ces cierges, entièrement de cire et non en bois peint, sont si lourds qu'on est obligé de les appuyer sur la ceinture et de les saisir avec la main à la moitié de leur hauteur pour pouvoir les porter. Les pénitens marchent avec un ordre, une symétrie admirables, ils se placent par rang de taille, les plus petits en avant, et tous les cierges sont penchés en dehors de la procession. Tous les flambeaux sont toujours allumés, l'effet en est superbe le soir et pendant la nuit. Ce capuchon haut-monté donne aux hommes d'une taille moyenne, une stature colossale.

Tous les mystères, ou pour mieux dire, toutes les scènes et les circonstances de la Passion, représentés en groupes nombreux et d'une forme plus grande que nature sont portés à ces processions. Le dimanche des Rameaux, on voit l'entrée à Jérusalem avec tous ses détails, le Jardin des Oliviers, la flagellation, le crucifiment, la descente de croix, le saint sépulcre, la résurrection enfin, arrivent ensuite les autres jours. Toutes les figures sont sculptées en bois et peintes, l'exécution en est fort bonne et d'une vérité parfaite. Le nombre des statues nécessaires pour représenter chacune des scènes de la Passion exige beaucoup d'espace, leur poids d'ailleurs est énorme; un brancard ordinaire ne saurait les recevoir ni les porter. Ces figures sont placées sur un petit théâtre portatif, carré long, aussi grand que le permet la largeur des rues par lesquelles passe le cortége. Ce théâtre repose sur des pieds moins hauts que l'épaule des hommes qui doivent l'enlever. On choisit cinquante, soixante, cent hommes, s'il le faut, d'une taille parfaitement égale; ils passent sous l'édifice, se baissent, placent leurs épaules sous des barres transversales destinées à les recevoir, et se relèvent tous à la fois, au signal donné. Une draperie qui entoure le théâtre cache les hommes qui le portent; il est vrai qu'alors ils n'y voient plus, et ne sauraient où diriger leurs pas, si on ne prenait pas le soin de les guider. Un sacristain, qui marche devant, frappe des coups d'un marteau placé sur le théâtre, et la diversité de ces coups indique s'il faut aller à droite, à gauche, ou s'arrêter.

Ces processions ont quelque chose d'imposant et de singulier. La première fois que ce spectacle parut à nos yeux, le roi Joseph Napoléon était à Séville et faisait partie de la procession. Il en fut surpris, on peut même dire effrayé. Le nombre des pénitens était si grand, leur ordre si formidable, qu'ils ressemblaient à une armée déguisée. Cette procession pouvait bien être le résultat d'un complot, tous ces pénitens pouvaient avoir des armes cachées sous leur sarrau. Une circonstance particulière vint encore augmenter nos soupçons; le bruit se répandit parmi les Espagnols que les guérillas entraient dans la ville. Cette nouvelle circula rapidement et mit le désordre dans la marche religieuse. Les Français prirent les armes, placèrent des troupes sur les places publiques et aux carrefours. Les chefs de la procession reçurent l'ordre de rentrer sur-le-champ; ils se mirent en devoir d'obéir, ils avaient déjà repris le chemin de l'église, quand on apprit que les guérillas ne menaçaient point Séville, et que c'était une fausse alerte. Le calme se rétablit et la procession fit son tour ordinaire sous la surveillance de nos régimens; tout se passa tranquillement. Les années suivantes, on laissa faire la procession sans prendre aucune précaution, rien de fâcheux n'est arrivé. On a pourtant observé que le nombre des pénitens était bien moindre que la première fois.

Le Jeudi-Saint on élève dans la cathédrale un portique richement décoré avec des étoffes précieuses, on l'entoure de girandoles. Les Espagnols l'appellent *el monumento*, c'est là que le Saint-Sacrement est exposé à l'adoration des fidèles. On fait la visite des églises et les stations avec beaucoup de décence et de recueillement. Cette cérémonie est majestueuse et belle jusqu'au moment où la troupe de Crispins dansans vient cabrioler devant l'autel, dans un espace qu'on lui a réservé pour cet exercice.

Pendant que nous étions à Aranjuez, un de nos camarades nommé Ameline mourut. Nous voulûmes donner à ses funérailles tous les honneurs de la religion et de la guerre. Le curé de la paroisse fait d'abord les cérémonies d'usage et nous déclare ensuite qu'il ne peut inhumer notre camarade à Aranjuez, parce que c'est *un sitio real*, un séjour royal. Nous fûmes obligés de mettre le cercueil sur une charrette pour le faire porter à Tigola, petit village à deux lieues de là, où nous l'accompagnâmes. Le curé de Tigola reçut notre mort, mais il prétendit que son confrère d'Aranjuez s'était arrogé un droit qui ne lui appartenait point en faisant des prières à un défunt qu'il ne pouvait enterrer. Que, par conséquent, ces prières ne valaient rien et que c'était à lui, curé de Tigola, à tout recommencer pour procéder selon les règles; qu'il fallait payer de nouveau comme si rien n'avait été fait, sans quoi il enterrerait notre camarade comme un chien. Il nous fit observer que le curé d'Aranjuez connaissait parfaitement les statuts relatifs à cet objet et que s'il avait prié pour Ameline, c'était afin de n'être pas privé du casuel qu'un heureux hasard lui offrait.

Nous payâmes les droits une seconde fois, en exigeant une diminution à cause de la double solde que les circonstances nous obligeaient de compter. Le curé de Tigola y consentit et supprima sans doute la moitié de ses prières pour se trouver à but avec nous. Les conventions arrêtées de part et d'autre, le prêtre donna des ordres à son clerc, et tandis que celui-ci sonnait les cloches, M. le curé fuma son cigarito. Il nous conduisit à l'église, dépêcha les prières en un instant et fit inhumer notre mort.

Nous descendîmes dans un souterrain peu profond et fort étroit, les murs de droite et de gauche étaient percés de trous qui servaient d'entrée aux cavités dans lesquelles on pousse chaque mort en le présentant par les pieds; les murs de ces caveaux ressemblent aux parois d'un pigeonnier. Lorsqu'on a introduit le cercueil dans ce trou, l'ouverture en est bouchée avec du plâtre ou du mortier. Les noms et prénoms du mort, l'époque de son décès sont inscrits ensuite sur ce petit tombeau.

Un mois plus tard nous perdîmes un autre de nos camarades, Lavigne mourut à Madrid; il avait fait son testament en faveur de la belle Mariquita, sa maîtresse. Ce fut Santiago, frère de cette segnorita, qui présida à la cérémonie funèbre. On enterra Lavigne comme ont fait les Espagnols, on le revêtit d'un habit de moine; les femmes sont inhumées en robe de religieuse. Le cercueil était couvert en drap noir bordé avec des galons blancs, le tout cloué avec des pointes blanches, le dessus du cercueil avait une serrure dont la clef était étamée. Je l'ouvris lors de la dernière absoute, et je le fermai avant qu'on ne le déposât dans la terre. La belle Mariquita présente à la cérémonie, réclama la clef comme une dernière faveur.

En Espagne, il n'y a de cimetières que dans

quelques hôpitaux; partout on ensevelit les morts dans les églises. Les larges dalles qui forment le pavé des temples sont presque toutes mobiles, elles sont garnies de gros anneaux de fer qui aident à les soulever. Comme on les déplace souvent, elles joignent mal entre elles, et quand on marche dessus, ces pierres remuent avec un bruit sourd que la voûte répète. Des vapeurs infectes s'exhalent à travers les fentes, ces exhalaisons méphitiques deviennent plus fortes et plus dangereuses lorsqu'on enlève une ou plusieurs dalles pour descendre un nouveau cercueil dans les caveaux. On peut appliquer les expressions de Corneille aux défunts espagnols qui se montrent redoutables après leur mort;

> Et dont les troncs pourris exhalent dans les vents
> De quoi faire la guerre au reste des vivans.

Les fièvres jaunes et les autres épidémies, si fréquentes sous le ciel brûlant de l'Espagne, sont causées principalement par un usage aussi absurde que pernicieux.

On marche sur des tombeaux, les pierres qui les couvrent sont chargées d'inscriptions, plusieurs sont revêtues d'une large plaque de cuivre sur laquelle est gravée la figure en pied de grandeur naturelle de l'hidalgo que le caveau renferme et que l'on a grossièrement représenté avec tout son attirail de guerre. C'est sans doute pour se soustraire au désagrément d'être foulé aux pieds par des vilains, qu'un marquis, dont j'ai oublié le nom, a fait placer son cercueil sur la voûte de la chapelle de San Fernando à Tolède. Ce noble seigneur, qui s'est montré si délicat sur cet article, n'a pas songé que les toits ont souvent besoin d'être réparés, et que les couvreurs peuvent aussi lui manquer de respect en marchant sur son corps.

En 1811 on craignit que la fièvre jaune, fléau plus redoutable que la peste, ne se manifestât à Séville. Le duc de Dalmatie ordonna à MM. Brassier, Chap et Blondel, médecin, chirurgien et pharmacien en chef de l'armée d'Andalousie, de prendre des mesures sanitaires pour prévenir l'invasion de cette maladie. Chacun fit un travail particulier, on réunit ensuite toutes ces observations. La médecine, la chirurgie, la physique et la chimie se prêtèrent un mutuel secours, et l'œuvre de ces savans justifia pleinement la confiance du major-général de l'armée.

La purification de l'air étant un des principaux moyens et le plus efficace, on s'occupa d'abord des sépultures et de la propreté des rues. Un cimetière fut établi, et l'on ordonna que tous les morts y seraient portés. Telle est la force des préjugés et de l'habitude chez ce peuple superstitieux, que la belle Dolorès, fille d'un de mes hôtes dont je parlerai plus tard, vint dans ma chambre tout éplorée. Elle me dit avec la meilleure foi du monde : « Que je serais heureuse si « je pouvais mourir à présent. — Et pourquoi ? — « Parce que, à l'avenir, on ne pourra plus être « enseveli dans une église. » Dolorès ne voulait pas renoncer à l'avantage de prendre sa revanche, et prétendait à son tour empester les vivans.

Le Puits Saint a donné son nom à une petite place de Séville ainsi qu'à la rue qui conduit à *la plazuela del Pozo Santo*. Ce puits est à très peu de distance de la maison de D. Tomaso Varcos chez qui j'ai logé pendant long-temps ; il m'a été facile d'observer les lieux et les personnes qui les fréquentaient. Le *Pozo Santo* est entouré d'une balustrade en fer enchaînée avec un cadenas; l'eau n'en est pas meilleure que celle des autres puits de Séville. L'eau des fontaines de *la Alameda* est la seule potable; c'est là que les *aguadores* vont puiser pour désaltérer les Sévillans.

Malgré cet inconvénient, les moines d'un couvent voisin sont parvenus, à force de soins, à donner une grande réputation au puits qu'ils ont appelé saint. Il serait trop long de rapporter ici toutes les qualités merveilleuses de l'eau de ce puits ; elle a plus de vertu que la panacée universelle, puisqu'elle guérit les maux que l'on a, et préserve de ceux dont on pourrait redouter les atteintes. Les femmes qui veulent devenir mères, celles qui craignent les désagrémens d'une fécondité précoce, viennent également s'abreuver de cette eau salutaire. Il paraît que c'est l'intention qui agit et non pas le liquide ; car chacune le prend dans un but opposé. La grille s'ouvre trois fois la semaine ; un frère-servant du couvent se tient au puits toute la matinée, il puise de l'eau avec un seau, et la distribue aux amateurs dans des verres. Toutes les bonnes femmes, et même les bons hommes, en boivent avec cette aveugle confiance, qu'à Paris un malade imaginaire montre en avalant une prise d'élixir de Guillié ou de vin de Séguin.

Il est inutile de dire que les pères desservans n'ont pas oublié de placer l'inévitable *cepillo* auprès du *Pozo Santo*. Chaque buveur d'eau fraîche jette son offrande dans la tire-lire, et le but essentiel est rempli.

CHAPITRE XXII.

Caractère de la nation en général. — Hommes. — Femmes. — Usages. — Éducation. — Costumes.

Les partisans des Espagnols leur reconnaissent toutes les vertus, et montrent l'indulgence la plus grande pour leurs défauts et leurs vices. Les ennemis jurés de ce peuple lui reprochent tous les vices en lui refusant toute espèce de qualités. Il faut avoir recours nécessairement à un moyen terme, et prendre un juste milieu entre ces deux opinions également exagérées. Essayons de tracer le portrait et de le rendre aussi ressemblant que mon expérience me permet de le faire.

Pendant des siècles on a considéré les Espagnols comme un des peuples les plus braves et les plus galans. Ces deux qualités se sont bien affaiblies chez eux, si elles ne se sont pas perdues tout à fait; les Espagnols ont dégénéré. Maintenant ils n'ont guère plus de courage dans les combats qu'ils ne montrent de galanterie et d'amabilité auprès des dames; ils sont fort amoureux et négligent pourtant ces deux lois fondamentales de la chevalerie. Rien n'est si ridicule qu'un Espagnol aux pieds de sa maîtresse, il lui tient des propos d'amour et se livre à la gaîté, sans quitter un instant le ton solennel et l'air sérieux. Il tient galamment le petit cigare de papier dont il lui souffle au nez la fumée. Le soir, il va fredonner devant la maison de sa belle une tendre romance que la guitare accompagne gravement, ou bien il ira faire la conversation avec elle à travers les barreaux d'une fenêtre grillée en fer.

Les Espagnols sont généralement paresseux, de là viennent les nombreux défauts et une partie des qualités de cette nation. La paresse les rend avares, ils se passionnent pour le jeu par avarice. Les gens riches jouent de l'or, ceux de la classe moyenne jouent des piastres, et le peuple joue à la mourre dans les cabarets. Ce jeu, qui est fort en usage en Provence, est répandu dans toute l'Europe. Les Espagnols de la basse classe s'exercent à lancer d'une seule main une barre de fer très pesante, ce jeu demande beaucoup de force et d'adresse, c'est une imitation du disque des anciens. Sir Walter-Scott nous dit que les croisés jouaient à la barre devant la tente de Richard Cœur-de-

Lion. La paresse retient les Espagnols dans l'oisiveté qui leur donne tous les vices qu'elle entraîne après elle. Ils sont d'une grande sobriété, j'en conviens, et c'est une qualité. Mais ils ne sont sobres que chez eux; invitez-les à dîner, leur tempérance forcée ne résistera point à cette épreuve; cette sobriété n'est donc que la conséquence de leur avarice.

Jaloux, dissimulés, vindicatifs, orgueilleux, vains, ils sont pourtant capables de faire des bassesses. Selon la diversité des circonstances, le même individu se montrera orgueilleux au point de mépriser tout le monde, ou rampant au dernier degré. Intéressés, rapaces même, l'argent est leur idole, et par ce moyen puissant on obtient d'eux tout ce qu'on veut. Les Français n'ont peut-être rien à leur reprocher sous ce rapport. Ils sont patiens et savent supporter avec résignation le joug et les vexations d'un gouvernement injuste. Mais aussi lorsque l'on est assez imprudent pour combler la mesure et les pousser à bout, leur réveil est terrible, et rien ne les arrête. Dans certaines provinces ils portent un poignard à la ceinture, ou du moins un long couteau pointu qui le remplace.

Les Espagnols font la contrebande avec une

effronterie, une audace sans égales. Il y a des compagnies de contrebandiers organisées qui tiennent tête à la troupe de ligne et qui étaient dangereuses pour nous comme pour leurs compatriotes, elles pillaient indistinctement tous les voyageurs.

La méfiance est portée au dernier point dans les villes d'Espagne. Lorsqu'on se présente chez un marchand, on est arrêté par le comptoir placé en travers de la porte et tout à fait à l'entrée, de manière qu'il est impossible de pénétrer dans le magasin. Les apothicaires sont encore plus méfians, et leurs boutiques n'ont pas même de porte sur la rue. Une fenêtre garnie de gros barreaux de fer est la seule ouverture par laquelle ces messieurs communiquent avec le public. Deux de ces barreaux un peu pliés vers le milieu permettent d'introduire d'abord l'argent et l'ordonnance; la fiole ou le petit paquet sont retirés ensuite par la même voie. On ne prendrait pas tant de précautions si l'on pouvait compter jusqu'à un certain point sur la probité des consommateurs.

On doit cependant se fier à la parole d'honneur d'un Espagnol, quand on le connaît particulièrement. Extrême en tout, il n'est pas honnête homme à demi s'il a pris la ferme résolution de l'être. On en trouve encore quelques-uns ; pour ma part j'en ai rencontré sept, et si tous mes frères d'armes ont été aussi heureux que moi, le nombre des Espagnols, d'une loyauté à toute épreuve, est encore assez considérable.

« Disposés à adopter aisément tout ce qui tient à la noblesse des sentimens, ils surpassèrent autrefois leurs rivaux dans les qualités généreuses ; mais il dédaignèrent de les imiter dans les arts, les lettres, et les connaissances utiles. Un faux orgueil, reste des temps féodaux, un préjugé barbare, qui faisait de la guerre le seul état noble, arrêtaient ces heureuses dispositions : il leur paraissait honteux de succéder dans ces occupations matérielles à leurs ennemis vaincus. L'habitude de la sobriété, l'orgueil de l'indépendance et de la gloire militaire, les empêchaient d'estimer assez le luxe pour lui sacrifier la jouissance tranquille de la vie et les préjugés de l'amour-propre. L'Espagnol eut toujours le courage des privations, jamais celui du travail ; et moins encore le pouvoir de surmonter la honte qu'il y croit attachée. C'est cette disposition antique et éternelle qui rendit l'expulsion des peuples étrangers si fatale à l'Espagne, parce qu'elle empêcha en même temps de remédier à leur perte.

Le pays n'a point éprouvé de décadence comme on a toujours voulu le faire croire, mais c'est par la raison qu'il n'a jamais atteint un degré éminent de prospérité. Ce principe, dont nous venons de parler, l'empêcha toujours de perfectionner aucune des branches de son industrie : encore même aujourd'hui, où les progrès de la civilisation, les sociétés patriotiques, les encouragemens des souverains, et les lumières des gens éclairés se sont réunis pour honorer l'industrie, le préjugé contraire subsiste toujours parmi la classe la plus nombreuse de la société. Les provinces jadis arriérées sous ce rapport, le sont encore à proportion des autres, et il faudrait des moyens nouveaux pour surmonter cet obstacle terrible à la prospérité de l'Espagne. A peine une manufacture est-elle établie qu'on la voit disparaître : le même homme qui s'élève avec force contre de semblables abus serait désolé qu'on crût que le commerce a pu enrichir un de ses ancêtres. Ceux qui exercent quelques professions en changent le nom pour l'ennoblir (1) : le maçon se dit architecte ; le maréchal-ferrant, maître forgeron ; l'ouvrier, artiste ; le barbier, chirurgien ; le marchand, négociant ; il nomme sa boutique, magasin, et il est

(1) Les Parisiens imitent les Espagnols sur ce point.

rare que sa femme veuille y paraître pour l'aider dans son commerce. A peine a-t-elle de quoi vivre qu'elle prend elle-même une servante qui, aussi paresseuse et aussi fière que sa maîtresse, ne la sert que pour se soustraire au travail des champs, plus pénible et, à ses yeux, plus humiliant encore. Par une bizarrerie singulière, la domesticité en Espagne paraît moins déshonorante qu'une profession quelconque. Pendant ce temps, dit-on, la noblesse dort, mais dans le commerce elle s'éteint.

« Quelque absurdes que soient de pareilles idées, il est certain qu'on ne peut s'empêcher d'admirer cette fierté naturelle qui existe dans les Espagnols de toutes les classes, cet honneur héréditaire que rien n'a pu altérer (1), qui se manifeste dans toute leur conduite, qui imprime un caractère de noblesse à leur démarche, à leur maintien, à leurs moindres expressions; qui leur fait préférer la pauvreté dans leur terre natale à une meilleure existence dans un pays étranger; qui semble enfin un composé de la dignité patriarchale des Orientaux et des vertus austères des premiers chrétiens. Mais plus on doit honorer dans ce peuple

---

(1) Je pourrais citer de nombreuses exceptions; mais j'ai dû transcrire en entier ces pages que j'emprunte à l'*Itinéraire descriptif de l'Espagne*, par M. Alexandre de Laborde.

ces qualités primitives, moins il faut croire qu'elles soient incompatibles avec l'amour du travail et de l'activité. Il n'est que trop commun de chercher ainsi à déprécier l'industrie en lui donnant le nom d'esprit mercantile ; comme si le principe qui enrichit et rend heureux les états avait rien en lui qui tendît à les dégrader. »

Le peuple espagnol nous déteste, il faut convenir que ce n'est pas sans raison, nous ne nous sommes pas conduits chez lui de manière à nous faire aimer. Cependant chaque Espagnol, malgré sa haine pour notre nation, accordait son affection particulière à quelques Français ; et chaque Français avait des amis en Espagne. Cette réciprocité fait l'éloge des uns et des autres.

Il me reste à parler des femmes, c'est un article bien délicat à traiter. Comment faire pour être exact sans dire un peu de mal, et sans blesser l'amour-propre des dames espagnoles ? J'ai déjà fait leur apologie dans les chapitres précédens ; il serait maladroit, injuste même, de changer de ton maintenant, et je parviendrai à remplir mes obligations sans répéter avec Hoffmann :

O fiction prête-moi tes couleurs !
Je vais mentir; c'est du bien qu'il faut dire.

Comme j'ai fait un plus long séjour dans le midi

que dans le nord de l'Espagne, je ne parlerai que des Andalouses, avec d'autant plus de raison qu'elles sont les modèles de l'amabilité et de la galanterie espagnoles.

Il existe une si grande différence de caractère entre les hommes et les femmes, en Espagne, que l'on serait tenté de croire qu'elles ont été faites pour s'unir à un autre peuple masculin. Elles ont l'esprit vif et pénétrant, cette qualité manque aux hommes; elles sont aimables naturellement. Leur conversation est un feu roulant de jolis mots, de phrases gracieuses, d'un tour original et piquant, d'équivoques spirituelles, hardies quelquefois, mais jetées à propos et tournées avec tant d'adresse qu'elles n'ont jamais rien de choquant. Elles excellent en traitant des sujets relatifs à la galanterie, dont elles connaissent le code et les commentateurs. Si leur attaque est brillante, elles ont aussi la réplique subtile, et savent badiner agréablement sur de petits riens qu'elles embellissent d'une infinité de détails délicieux. Leur entretien vous a charmé, leur esprit vous a séduit, quelle sera votre surprise en apprenant que ces discoureuses ne savent rien; que leur heureux instinct les inspire uniquement, et que, soit à dessein, soit par insouciance, leurs parens ne leur ont pas même fait apprendre à lire. Si jamais on s'avise de cultiver des sujets que la nature a comblés de tant de faveurs sous le rapport de l'intelligence, une légion de Muses illustrera les rives fortunées du Guadalquivir.

Les Andalouses sont en général belles et jolies quoique un peu brunes ; plusieurs ont la peau d'une éclatante blancheur. Toutes ne sont pas d'une beauté remarquable sous le rapport de la figure, mais toutes ont de très beaux yeux, une taille élégante, une jambe et des pieds admirables. D'ailleurs, point de difformités dans la taille; on voit peu de boiteuses, et je n'ai jamais rencontré une seule bossue. Tendres, sensibles, ardentes même, qu'on me pardonne ce mot, elles possèdent toutes les qualités pour aimer et pour inspirer l'amour le plus violent. Elles sont jalouses à l'excès et bien plus que les hommes ; quand une Espagnole aime, elle aime bien ; mais elle veut être exclusivement aimée, et ne pardonne pas même l'apparence d'une infidélité.

Dans ce pays, on ne trouve point de petites maîtresses à vapeurs ; les Andalouses ignorent ou méprisent ce moyen d'intéresser. Elles sont courageuses, supportent avec résignation et sans perdre leur gaîté naturelle, les douleurs, les privations, les fatigues. Leur force d'ame est poussée jusqu'à la dureté, à la barbarie même. Elles n'ont le cœur tendre que pour aimer ; il est de fer pour tout autre sentiment. On les voit s'amuser aux jeux sanglans du cirque; elles courent aux exécutions comme à un spectacle récréatif et qui doit satisfaire leur curiosité.

Soit par orgueil ou par indolence, les Espagnoles ne travaillent jamais ; elles dédaignent même les petites occupations de leur intérieur et de leur ménage. S'asseoir à un balcon, jouer avec l'éventail, faire leurs observations sur la tournure et la mise de ceux qui passent dans la rue, tel est l'unique soin de toute la journée. Le *far niente* est aussi le passe-temps le plus agréable des hommes ; un Espagnol se campera à une fenêtre pour fixer ses regards sur une girouette, sur un nid d'hirondelles pendant des heures entières ; les coudes appuyés sur le balcon, il gardera la même attitude depuis le lever du soleil jusqu'à midi. Il ne prend pas même la peine de rêver à quelque chose ; s'il connaissait *le Misanthrope* de Molière, il s'empresserait d'imiter l'homme aux rubans verts, en allant cracher dans un puits pour faire des ronds. Une semblable découverte lui ménagerait des jouissances pour six mois.

Les dames sont très réservées en public ; leur société particulière est affranchie de la gêne de l'étiquette. Dans un pays habité par un peuple de bigots, il est convenu que l'on doit être ou du moins paraître bigot ; tout se fait en Espagne sous le masque ou l'apparence de la dévotion. Une Espagnole ne donnera point à son amant une tresse de ses cheveux, un mouchoir brodé de sa main, une bague ; mais elle lui remettra avec mystère une relique, un scapulaire, une image de la Sainte-Vierge, un chapelet, comme gage de sa tendresse.

Ces dames acceptent tout ; de quelle part que vienne le cadeau. Il est rare qu'une Espagnole, même du haut parage, refuse le présent qui lui est offert par une personne qu'elle n'aime point. Elles fument, il est vrai ; mais leur tabac est excellent. Dans les sociétés de Séville, de Tolède et de Madrid, on présente un joli paquet de cigares aux belles, comme on leur offrirait un cornet de bonbons. Ces cigares, à l'usage des dames, sont très petits, faits avec du tabac de la Havane haché, que l'on renferme dans une feuille de maïs ; on les nomme *cigaritos* ou *pajillas*.

Malgré tout leur orgueil, elles sont d'une

extrême familiarité avec leurs servantes. Hardies comme des soubrettes de comédie, les caméristes sont toujours avec leurs maîtresses, prennent part à la conversation sans être interrogées, et parlent souvent plus haut que les personnes de la maison. Elles ne s'occupent que de l'ouvrage intérieur; dans les familles qui n'ont pas des hommes à leur service, c'est le maître de la maison qui va au marché faire les provisions pour la journée.

Les dames portaient autrefois de petits poignards dans le sein ou bien à la jarretière; cet usage se perd de jour en jour, et j'en ai vu peu d'exemples.

Les Andalouses sont d'une amabilité parfaite, leur regard est plein de séduction; toutes ont de beaux yeux, de jolis pieds, et une tournure qui est le beau idéal de la grace et de l'élégance. Avec de semblables avantages chacun leur dit comme Damon à la coquette Céliante;

Malgré tous vos défauts je vous aime à la rage.

L'éducation des jeunes gens qui ne sont pas destinés à l'état ecclésiastique est très négligée en Espagne. On se contente de leur faire apprendre à lire, à écrire, très peu d'arithmétique et quelques phrases de latin, qu'ils oublient avant d'avoir pu les comprendre.

On néglige bien plus encore l'éducation des demoiselles. Elles reçoivent quelquefois des leçons de lecture; non-seulement on ne leur enseigne pas, mais on leur défend d'apprendre à écrire. « Pourquoi ne donnez-vous pas un maître « d'écriture à votre fille? disais-je un jour à mon « hôtesse. — C'est pour qu'elle ne puisse point « écrire à son amant lorsqu'elle en aura un. » Telle fut la réponse qu'elle me fit en présence de sa fille. Toutes les demoiselles savent fort bien la raison de cette défense. Qu'arrive-t-il? Comme on s'empresse toujours de faire ce qui n'est point permis, elles trouvent le moyen d'apprendre en cachette, et parviennent aisément à en savoir assez pour exprimer leurs pensées sur le papier. Les caractères sont irrégulièrement tracés, leur orthographe est singulière et barbare; mais peu importe, l'amour est intelligent, et les galans sont accoutumés à déchiffrer ces hiéroglyphes d'une nouvelle espèce. Elles ne deviennent pas si habiles dans la broderie et les autres travaux de l'aiguille; c'est tout simple, on ne s'est pas encore avisé de leur défendre ces occupations.

Les demoiselles apprennent à jouer de la guitare par routine, à chanter sans prétention une romance, une chanson nationale. On leur montre à danser le boléro et le fandango en marquant le rhythme avec les castagnettes.

Les hommes ne mettent pas beaucoup de recherche dans leur toilette, ils portent leurs habits jusqu'à ce qu'ils soient usés : le caractère espagnol n'est pas aussi versatile que le nôtre. Les élégans n'ont pas de costume exclusivement adopté, ils suivent les modes françaises de loin en loin. Le costume espagnol n'est pas le même dans toutes les provinces, tout le monde le porte, quelques fashionnables exceptés. Il se compose d'un grand manteau, de drap pour l'hiver, de soie pour l'été ; ce manteau couvre assez ordinairement des habits fort modestes, et quelquefois des haillons. Le manteau bleu distingue les gens riches de la classe ouvrière, qui porte des manteaux bruns.

Le costume des femmes est très simple, mais d'une simplicité recherchée. Les femmes jolies n'ayant pas besoin de parure et de riches ajustemens, il paraît qu'en Espagne, comme partout ailleurs, ce sont les laides qui ont inventé les modes. Les belles en ont profité ; car les ornemens qui rendent la laideur moins déplaisante, ajoutent nécessairement aux charmes de la beauté. Les Espagnoles sont très brunes en général ; rien ne leur sied moins que le blanc et les couleurs tendres, voilà pourquoi le noir est la couleur favorite des femmes de toutes les classes.

La *saya* ou *basquigna*, le *jubon*, la *mantilla* et le *pañuelo*, sont les vêtemens principaux dont se compose la toilette des Andalouses.

La *saya* est une jupe de taffetas noir ou d'une autre étoffe de soie de même couleur, aussi étroite en bas qu'en haut. Dans la Castille, la *saya* est garnie en bas, au milieu et vers le haut, de longues franges noires, *fleco*; en Andalousie on porte peu de *fleco*, mais le bas de la *saya* reçoit une garniture en jais, boutons d'acier, ou autres choses brillantes. Quelquefois elle est bordée avec une blonde noire; la *saya* ne descend pas jusqu'à la cheville. Elle a si peu de fond qu'elle ne permet point d'allonger la jambe en marchant; la *saya*, par son peu d'ampleur, oblige celles qui la portent à faire des petits pas, et donne cette démarche élégante, si renommée en Espagne sous la désignation de *garbo* ou *salero*. Afin que les plis de l'étoffe ne dissimulent en aucune manière l'élégance des formes, on introduit du petit plomb dans une gaîne qui règne tout au tour de la *saya*.

Le *jubon* est un corset, une sorte de spencer à manches longues ou courtes selon la saison. Le *jubon*, assez simple, est de la même étoffe que la *saya*.

La *mantilla* est un châle ou voile de taffetas noir, bordé d'une blonde noire, pour l'ordinaire. Elle est en tulle noir quelquefois, en mousseline brodée ou en tulle blanc pour les jours de visite ou de promenade. La *mantilla* est destinée à voiler une partie de la tête; les dames savent la disposer d'une manière très favorable, et ce vêtement, jeté à gauche ou à droite, sert encore à les embellir au lieu de nous dérober leurs charmes.

Le *pañuelo*, ou fichu, est ordinairement très petit, et n'a, en longueur et largeur, que ce qu'il en faut pour n'être pas ridicule.

La *mantilla* seule est soumise aux caprices de la mode. La *saya* et le *jubon* ne varient que très peu et très rarement; s'ils subissent quelques changemens, ils ne consistent que dans les accessoires, et non dans la forme et la couleur.

Les Andalouses prennent le plus grand soin de leur chaussure. Il ne suffit pas d'avoir un joli pied, il faut encore le montrer avec tous ses avantages. Elles sont toujours chaussées avec autant d'élégance que de propreté, elles y mettent de l'émulation ainsi qu'à bien marcher. Une élégante de Séville, après avoir parcouru les rues un jour de pluie, rentrera chez elle sans que ses souliers portent la moindre tache de boue.

La coiffure des Espagnoles est aussi simple que leurs vêtemens. Elles ne portent ni perruques ni grands chapeaux ; les bonnets de toute espèce, les fichus en marmotte, les bérets et les mouchoirs avec art ajustés, les fleurs artificielles, les plumes, les aigrettes et les panaches, tout cela est parfaitement inconnu. Ces ornemens inventés pour la laideur sont dédaignés par les Espagnoles, qui ne se coiffent qu'avec leurs cheveux. Il est vrai qu'elles mettent beaucoup de soin à les arranger ; relevés avec un peigne d'un beau travail, elles y ajoutent des fleurs naturelles. Jamais une artiste en modes n'a travaillé pour parer la tête d'une Andalouse.

Les Espagnoles aiment beaucoup les fleurs, et ne les placent jamais sur leur sein. Elles les mettent dans leur coiffure, ou les attachent avec une épingle sur la manche de leur *jubon*, un peu au-dessus du coude. Une demoiselle accepte toujours avec plaisir un bouquet; mais, lorsque après l'avoir porté toute la journée elle le garde encore la nuit, et le rend le lendemain tout flétri à celui de qui elle le tient, c'est une grande preuve d'amour. Le jeune homme conserve précieusement ce gage du sentiment le plus tendre, ce trophée de sa conquête.

On passe devant un bel édifice tout neuf, on s'arrête devant des ruines, elles rappellent des souvenirs. Ce bouquet, qu'une nuit a vieilli, devient une source inépuisable de douces sensations pour l'amant andalou. Cette fleur est restée une nuit entière sous le chevet de son amie, peut-être même sur son sein! quelle fleur assez rare, assez belle, mais encore sur sa tige, pourrait avoir le même prix? Le troubadour sensible et tendre la porte sur son cœur; ce bouquet desséché lui inspirera les couplets les plus passionnés de la romance qu'il doit improviser sous la fenêtre de sa belle.

L'éventail est le meuble essentiel, le complément indispensable de la toilette des dames. Aussi ne négligent-elles pas de prendre ce sceptre, dont elles savent se servir de tant de manières diverses, avec une grace toujours nouvelle. Au mois d'août l'éventail sert à rafraîchir l'air qui les entoure, en hiver c'est un joujou dont les propriétés et les avantages sont de la plus grande importance. On s'amuse avec son éventail, on en compte les paillettes quand la conversation languit, ou qu'on ne sait que dire. Veut-on se moquer de quelqu'un, on se cache la figure avec l'éventail, et derrière ce rempart fragile on rit tout à son aise. A la promenade, on se fait des signes avec l'éventail, qui, placé d'un côté du visage, a le double avantage de dérober le jeu muet d'une belle à celui dont elle doit se méfier, et de permettre au sourire gracieux d'arriver au mortel fortuné qui l'attend au passage. Une Andalouse aimerait mieux crever d'ennui chez elle que de sortir sans éventail.

Le blanc et les étoffes de couleurs variées sont réservés pour les habits que l'on porte chez soi. La *saya y mantilla* ne se mettent que pour sortir, on quitte l'une et l'autre en rentrant à la maison. Une Andalouse *con saya y mantilla*, en costume de ville ou de promenade, a des graces, une tournure enchanteresses, que les dames des autres nations ne sauraient imiter. Les Françaises qui étaient avec nous adoptèrent le costume espagnol par fantaisie, elles n'en étaient que plus séduisantes; mais il leur manquait encore le *garbo,* le *salero* andalou. C'est un charme particulier à la nation, et le talent de la plus habile couturière ne le donne point. Quelques Espagnoles s'habillèrent à la française, et ne réussirent pas mieux. Ces dames ne quitteront pas leur costume, elles sont trop intéressées à le conserver. La mode a tant de pouvoir sur nos belles compatriotes, qu'il est probable qu'un jour elle leur conseillera d'adopter l'habit espagnol. Si elles sont assez ingénieuses pour atteindre au suprême degré du *salero* andalou, une nouvelle révolution sera faite dans l'empire de cette déité fantasque, et nos dames ne voudront plus obéir aux caprices de la mode, il ne leur sera plus possible de changer pour être mieux. Enchantés de ce perfectionnement, les hommes en témoigneront toute leur gratitude ; la tête va leur tourner en admirant des graces et des attraits que la nouvelle mode leur révélera. Les amateurs de spectacle, qui sont obligés de se borner au rôle d'auditeur derrière un double rempart de chapeaux surmontés de saules et de marabouts, ne seront pas les derniers à crier bravo, dès qu'il leur sera permis de voir et de goûter en entier les plaisirs de la comédie et de l'opéra. Et le sexe charmant, dont chacun se plaît à reconnaître l'empire et même à l'adorer, comme dit la chanson, ne sera plus banni de l'orchestre des théâtres par une sage prévoyance ; d'autres diraient par mesure de police, mais je suis trop galant pour me servir d'une semblable expression.

Je dois parler aussi des *majos* et des *majas*, c'est ainsi que l'on nomme les petits-maîtres et les élégans du second ordre. Une culotte courte de soie, gilet et veste de la même étoffe et de différentes couleurs; tous ces vêtemens sont très justes et collent sur le corps. Ils sont garnis sur toutes les coutures de galons ou d'une espèce de frange en or ou en argent. Un rang de boutons très rapprochés s'étend sur toute la longueur de la culotte; la veste et le gilet en ont trois ou quatre rangs, ces boutons sont dorés ou argentés selon la frange à laquelle on veut les assortir. Des bas de soie blancs sur lesquels flottent les cordons des jarretières, des escarpins à grandes boucles d'argent, un ample manteau de soie cramoisi jeté sur l'épaule et qui laisse la moitié du corps à découvert, tel est le costume brillant d'un *majo*. Ses cheveux réunis forment un gros cadogan appelé *trueno*, tonnerre, le *majo* se coiffe avec une espèce de bonnet qui semble ne pas tenir sur sa tête.

Le ténor Bordogni porte un de ces bonnets lorsqu'il paraît dans les premières scènes du *Barbiere di Siviglia*. On voit que le personnage de Figaro est une imitation assez fidèle du *majo* andalou.

Il serait à désirer que la Comédie-Française se décidât enfin à mettre de l'exactitude dans les costumes de ses acteurs. *Le Mariage de Figaro* monté avec soin, sous ce rapport, offrirait un tableau plein d'originalité, et cette couleur locale contribuerait sans doute à prolonger encore le succès de la pièce de Beaumarchais. L'habit de Figaro, bien qu'il ne soit pas irréprochable aux yeux d'un connaisseur, suffit pour montrer tout le ridicule de la vieille et grotesque friperie des personnages groupés autour de lui, Basile excepté. Une comtesse Almaviva s'est-elle jamais promenée dans les jardins d'Aguas-Frescas, avec une robe à longue queue et des panaches sur la tête ? Du temps de Calderon, c'est l'époque fixée par Beaumarchais pour l'action de cette comédie, a-t-on vu une camériste, véritable *maja*, se montrer vêtue comme une soubrette de Marivaux ? De semblables négligences ne sauraient être pardonnées au théâtre que Corneille et Molière ont illustré. Cette même bizarrerie de costumes, ce mélange monstrueux, se font remarquer aussi dans les pièces de l'ancien répertoire. C'est la tradition, dira-t-on ; avec ce mot, on croit répondre à toutes les objections : mais s'il est reconnu que la tradition est une imbécile, je ne vois pas la nécessité de suivre ses stupides conseils. Mais retournons à Séville pour retrouver les séduisantes *majas*.

Leur costume est absolument dans le même genre que celui des *majos*; elles portent aussi le *trueno*, cadogan, orné d'une ganse de rubans rose ou bleus. Les manches de leur *jubon* sont garnies de franges d'or ou d'argent et d'une infinité de boutons ainsi que le bas de *la saya*. Mademoiselle Maria Mercandotti, jolie danseuse espagnole, a paru à l'Académie royale de Musique, dans les ballets de l'opéra de *Tarare*, avec un costume de *maja* parfait. Madame Malibran a donné enfin à Rosina l'habit espagnol que celle-ci n'avait jamais porté sur les théâtres de Paris.

L'habit de *majo* est très riche et très brillant, mais il n'est en usage que parmi les gens de la classe moyenne. Les fashionnables de la haute société le portent quelquefois par caprice ; il sied à merveille à un homme bien fait ; les graces de la taille, la beauté des formes, tout paraît au grand jour sous ce costume élégant et flatteur.

CHAPITRE XXIII.

Agriculture. — Industrie. — Produits. — Vins. — Paresse; orgueil; mendians. — Fêtes; jours de repos multipliés à l'excès. — Ruses gastronomiques d'un évêque. — Les perdrix de Pataud. — Richesses de l'Amérique funestes pour l'Espagne.

L'Andalousie serait le plus fertile et le plus riche pays de l'Europe s'il y pleuvait un peu plus souvent. Cette province est située au midi de l'Espagne sous un ciel toujours serein ; les chaleurs y sont très fortes pendant l'été, mais le reste de l'année est un printemps continuel. Des pluies fréquentes, et quelquefois une très petite gelée blanche, signalent le passage de l'hiver. Le sol produit, presque sans culture, les moissons les plus abondantes. Les paysans ne prennent pas la peine de porter des engrais sur leurs terres qu'ils trouvent assez fertiles ; non seulement ils négligent de faire du fumier artificiel, mais ils se débarrassent de la litière de leurs bestiaux en la brûlant ou bien en la jetant dans la rivière.

La classe des cultivateurs est la plus laborieuse,

ou pour mieux dire la seule laborieuse en Espagne. Les paysans dorment quelquefois pendant la journée, il est vrai; mais l'ardeur d'un soleil brûlant les oblige à quitter le travail des champs, qu'ils reprennent ensuite lorsque la chaleur est moins forte. Ils labourent la terre légèrement et seulement à sa superficie; cela ne les empêche pas d'en obtenir de belles récoltes. L'expérience a fait adopter le genre de culture qui convient à chaque contrée: donnez aux paysans des environs de Paris les instrumens aratoires des habitans des bords du Rhône ou de la Durance et qui sont destinés à remuer une couche de terre végétale de huit ou dix pieds de hauteur, vous parviendrez à rendre stériles les plaines de Vaugirard et de Charenton. Un soc de charrue trop prolongé, une lame de bêche, *lichet*, de vingt pouces, une houe, *eïssade*, de seize ou dix-huit pouces, creuseront trop profondément, et leur résultat sera d'enfouir la bonne terre pour la couvrir avec le sable ou la marne qui gisent à un demi-pied, quelquefois même à trois pouces au-dessous. Dans les Castilles, l'eau filtre sous la terre à très peu de distance de sa surface, il faut bien se garder d'arriver jusqu'à l'eau; dans d'autres lieux les pierres abondent, et la culture demande des outils d'une structure particulière. Beaucoup de terrains restent en friche en Espagne; il ne faut pas en conclure que les paysans soient paresseux; les bras manquent, on ne cultive que l'espace dont le produit suffit à l'entretien d'une population trop peu nombreuse pour le pays sur lequel elle est répandue. Triplez, quadruplez le nombre des habitans, et tous les champs seront également travaillés et mis en rapport. Les villages sont rares, on en bâtira au milieu des terres incultes maintenant, et les fermes *cortijos* se multiplieront; relégués dans les montagnes, les troupeaux ne viendront plus chercher leur pâture dans les steppes immenses que les propriétaires leur abandonnent, et des canaux fertiliseront ces plaines que les rayons brûlans du soleil dévorent (1).

Un homme de cour, peut-être même un souverain, demandait à un petit commissionnaire quels étaient ses revenus? « Je gagne autant que « le roi, répondit l'enfant. — Et que gagnes-tu « donc? — Mes dépens. » Il en est de même des Espagnols, ils cultivent l'espace dont le produit est nécessaire à leurs besoins; ils songent peu à

(1) *La Mesta*, société de tous les grands propriétaires de troupeaux, jouit de prérogatives ruineuses que l'on compte parmi les causes les plus actives de la décadence de l'Espagne.

l'exportation de leurs denrées, les moyens de transport seraient trop coûteux pour l'intérieur, et l'on n'envoie à l'étranger que les productions obtenues sur les côtes ou dans leurs environs. Tout le blé récolté dans un village est déposé dans un souterrain voûté dont l'ouverture est scellée et bâtie; nos soldats apprirent à trouver ces silos dans lesquels il ne faut entrer que six heures après qu'on les a débouchés. Les imprudens qui s'y précipitaient sans précaution tombaient asphyxiés par les exhalaisons du grain concentrées et condensées dans le souterrain. On construit aussi de vastes réservoirs en briques recouvertes de terre glaise cuite sur place et l'on y met le vin, une couche d'huile d'un pied de haut préserve la liqueur vermeille du contact de l'air, et la conserve parfaitement. Après avoir visité les caves et fouillé partout sans trouver une seule futaille, les soldats français faisaient la découverte du réservoir et s'écriaient : « Dans ce maudit pays « on ne voit que de l'huile, où diable a-t-on logé le « vin ? » Enfin un seau plongé profondément dans le bassin trompeur se remplit à moitié de vin, et la mine bachique fut exploitée.

Le paysan espagnol est sobre, patient comme le reste de la nation; il est toujours propre, bien vêtu, du moins on ne voit jamais de trous à ses habits, je puis en dire autant des muletiers ; cette propreté, ce soin forme un contraste remarquable avec la saleté dégoûtante et les vêtemens déchirés du bas peuple des villes. Le tiers de la population des cités n'a d'autre profession que la mendicité ; ces misérables restent dans leur retraite obscure et fétide, et ne s'y livrent à aucune espèce de travail ; ils n'en sortiront qu'aux heures marquées pour aller prendre part aux distributions gratuites que l'on fait dans les divers couvens. Là, ils trouveront le pain ; ici la soupe ; plus loin la viande ou le vin ; à la fin du mois on distribuera du linge ; avant l'hiver du drap, et la certitude qu'ils ont d'obtenir toujours de quoi soulager leur misère, les entretient dans cet état d'oisiveté, de besoin et de dégradation. De père en fils ces individus, parmi lesquels on compte une infinité de nobles, resteront dans la fange où la libéralité des moines les retient. Les couvens sont très riches, on ne doit pas blâmer leurs habitans de ce qu'ils exercent la charité envers leurs semblables ; mais cette charité est mal raisonnée. Comment ne pas conclure que les couvens sont une plaie effroyable pour l'Espagne, puisque le bien réel qu'ils font a des résultats si pernicieux.

La mortalité des enfants de la classe mendiante est de quatre pour un en comparaison de ceux de la gent campagnarde.

Le plus homme de bien est celui qui travaille.

Ce vers de Collin d'Harleville ne serait pas applaudi sur la scène espagnole.

Au grand nombre des fêtes que chôme l'église espagnole, chaque individu ajoute encore celles des saints pour lesquels il a une dévotion particulière. Un commissionnaire dort au coin d'une borne, les jambes étendues sur l'*estera*, trottoir, vous l'éveillez pour le charger de porter une lettre.—« Non, señor, je ne puis, vous répondra-t-il, aujourd'hui c'est la fête patronale de mon village qui est à cinquante lieues d'ici, mais en bon et vieux chrétien je n'en dois pas moins célébrer sa fête. — Je ne suis pas pressé, il suffit que tu portes ma lettre demain. — Impossible, c'est la veille de Sant-Isidro, mon patron et mon protecteur; il faut bien que je me prépare à faire honneur à sa fête qui a lieu après-demain. » Et comme les Espagnols ont dix ou douze prénoms et qu'ils chôment toutes les fêtes de tous leurs patrons, les veilles et les lendemains de ces fêtes et de celles des patrons de leurs parens, la litanie est longue.

Manzi, l'un de ces adroits italiens que la cour de Rome envoyait dans le comtat Venaissin, quand ce pays languissait sous la domination papale, portait les noms de François-Marie et célébrait toutes les fêtes de la Sainte-Vierge. Par cet innocent artifice saint François-Xavier, saint François-d'Assises, saint François-de-Paule et tous les autres saints du même nom, inscrits ou non sur le calendrier, faisaient aussi pleuvoir à son évêché de Cavaillon les bonbons et les confitures, le chocolat et le vin d'Alicante, les biscuits et les macarons, les tartes à la frangipane et les tartes que Mazarin a décorées de son nom. Les religieuses de quatre couvens travaillaient toute l'année pour sucrer dignement son excellence. C'était une pérennité de fêtes et de bonbons. Cet apôtre de la foi obtint de l'avancement et passa à l'archevêché d'Avignon. Son revenu en douceurs et liqueurs fortifiantes s'accrut alors dans des proportions immenses, et le superflu de l'office de Manzi aurait suffi pour alimenter deux boutiques du passage des Panoramas.

Puisque j'en suis sur cet *abbate*, qui mérite l'épithète *di qualità*, comme *il barbiere* de Rossini, il faut que je raconte encore une de ses ruses gastronomiques. Pataud, fermier du village de Cheval-Blanc, avait tué deux perdrix rouges superbes, il s'empressa de les porter à l'évêché pour en faire hommage au prélat. Après avoir adressé les remercimens convenables, Manzi appelle son secrétaire : « Giuseppe! apporte toun « livre et inscris en beaux caractères que ce jour « d'hui, 24 décembre 1780, moun ami Pataud m'a « fait hommage d'oune belle paire dé perdicé. » Le fermier, plus malin que son nom ne pourrait le faire croire, laisse dresser le procès-verbal susdit, et, reprenant les perdrix qu'il avait déposées sur la table, dit au secrétaire : « Vous avez écrit que « je les avais apportées?—Si, si, moun boun « ami. — Eh bien, écrivez maintenant que je les « remporte. » Le cadeau solennellement inscrit sur le livre féodal serait devenu redevance l'année d'après.

L'Andalousie réunit les fruits de l'Europe aux productions du nouveau continent. L'oranger, le palmier, l'ananas, la canne à sucre, le cotonnier croissent à côté du figuier, du mirthe et de l'olivier. Le blé, les olives, les oranges, les citrons et le vin : telles sont les principales récoltes de cette province. On ne connaît en Espagne qu'une seule espèce de blé; elle est de la meilleure qualité, aussi tout le monde, sans en excepter les gens les plus misérables, mange toujours du pain excellent. Les olives sont très belles, mais les Espagnols ne savent ou ne veulent pas faire de bonne huile; les oranges sont aussi d'un grand rapport. On voit des bosquets, des forêts d'orangers dans les environs de Séville; ils sont si touffus que l'on retrouve avec peine son chemin quand on s'est avancé vers le milieu de ces plantations.

La réputation des vins de l'Andalousie est trop bien établie pour qu'il soit nécessaire de faire ici leur éloge. Je me bornerai à les désigner par leurs noms : les gourmets affectionnent les vins de Malaga, de Pajarete, de Peralta, de Xérès sec et doux, Tintilla de Rota et Rota sec, Manzanilla, Malvoisie, Val de Peñas, etc. Tous ces vins méritent une mention honorable, et je les recommande particulièrement aux dégustateurs.

Les Espagnols seraient trop riches s'ils pouvaient connaître la valeur de leur pays, ou du moins s'ils savaient tirer parti des productions que la nature leur prodigue. Ils ont des olives superbes, excellentes, et ne sont pas assez adroits pour faire de l'huile médiocre; leurs moutons fournissent une laine admirable, et les Espagnols ignorent l'art de faire le drap. La culture du mûrier est inconnue dans plusieurs provinces; elles sont par conséquent privées des riches produits que l'on obtient des vers-à-soie. Ils récoltent du vin délicieux et ne savent pas le boire; nous leur avons donné de si bonnes leçons sur ce point, qu'à la fin ils ont commencé à le trouver agréable. Je pense qu'en notre absence ils auront continué à suivre nos préceptes et notre exemple. La belle toile est une chose rare, et pourtant le lin abonde en certaines provinces.

Les chevaux andalous ont une grande renommée en Europe, ces coursiers à tous crins sont des modèles de beauté, et justifient pleinement leur réputation. L'usage des mulets et leur reproduction porte un notable préjudice à la belle race de chevaux andalous; le nombre de ceux-ci diminue de jour en jour.

Dans l'Andalousie, les champs cultivés sont entourés d'agavés, espèce d'aloës dont les feuilles longues et fortes sont armées de dards acérés, et de figuiers de Barbarie, nommés par les Provençaux, figuiers d'Antibes. Ces plantes, en grandissant, rapprochent leurs feuilles et les entrelacent de manière à former une haie impénétrable, plus solide qu'un mur.

Dans les environs de Séville on récolte principalement du blé, des olives, des oranges ; la canne à sucre et le cotonnier sont cultivés à Malaga. Les plus beaux fruits abondent à Grenade ; c'est là que l'on trouve les meilleures oranges, des grenades excellentes, des melons et des pastèques d'un goût exquis. Je préfère pourtant les pastèques et les melons de Cavaillon : certains fruits de Provence perdent une partie de leur qualité lorsqu'on les cultive dans des pays trop chauds. Des personnes qui ont habité Naples et la Provence, partagent mon opinion à cet égard.

« Pourquoi donc avez-vous si peu d'industrie, ai-je dit souvent à des Espagnols? — C'est parce que nous sommes trop riches, » répondaient-ils. Vainement on s'efforcerait de leur prouver que c'est parce qu'ils sont trop paresseux. J'ai disputé vivement sur ce sujet avec plusieurs habitans de Séville, avec D. Cayetano surtout. « — Je sais bien que M. le duc et M. le marquis reçoivent chacun, tous les ans, deux ou trois millions de réaux qui leur viennent du Mexique ; c'est à merveille, et ces messieurs trouvent sans doute cet envoi très agréable. Mais s'ensuit-il de là que le cordonnier qui n'attend rien de cette colonie, le tailleur et le fabricant de draps qui compteraient en vain sur un pareil secours, ne doivent pas chercher à perfectionner leur art et leur industrie afin de tirer un meilleur parti des matières qu'ils ont à leur disposition. En parvenant à un degré de supériorité, ils obtiendraient la préférence sur leurs confrères et même sur les étrangers, et leur fortune serait assurée en peu de temps. »

Le seigneur chanoine me répondait à l'instant : « Les gens riches dépensent l'argent comme ils le reçoivent, ils ne veulent pas thésauriser. Il leur importe fort peu de savoir qu'il serait possible de faire en Espagne d'aussi beau drap qu'en France. Ils en trouvent, cela suffit; de quelque pays qu'il vienne, quel que soit le prix qu'on en demande, cela leur est parfaitement égal. L'objet important, c'est qu'ils obtiennent ce qu'ils désirent, et qu'on les serve promptement; la cherté du prix ne les arrête point; lorsqu'ils ont envie d'une chose, ils la paieraient au poids de l'or. Voilà pourquoi le commerçant fait venir ses marchandises de France ou d'Angleterre pour n'avoir pas la peine de les fabriquer. L'ouvrier continue à faire machinalement ce que son père lui a montré, sans avoir jamais l'idée de perfectionner, encore moins d'inventer. Il gagne en deux heures ce qui lui est nécessaire pour la journée et dort l'après midi ; car il faut bien qu'il fasse la sieste comme les autres.

«—Puisque vous ne voulez pas convenir que vos compatriotes sont des paresseux, faites-moi la grace de me dire pourquoi l'ouvrier, qui a gagné deux piastres dans la matinée, ne travaille pas encore l'après-midi pour en gagner deux autres? pourquoi ne s'occupe-t-il point pendant la soirée pour en ajouter encore une à son profit quotidien? pourquoi ne pense-t-il pas au lendemain, à l'avenir de sa famille? pourquoi vous-même enfin n'aimeriez-vous pas mieux trouver à Séville, pour un modique prix, ce que vous faites venir à grands frais des pays étrangers. Je ne vois pas que l'amour-propre espagnol pût en être blessé. Il aurait raison de l'être, de l'obligation où se trouve l'Espagne d'acheter à ses voisins ce qu'elle pourrait se procurer elle-même de son propre fonds.

«—Vous vous trompez. C'est précisément parce que nous sommes trop riches que nous regardons les autres peuples comme des malheureux que le sort a placés au-dessous de nous. Vous devez être satisfaits que notre dédain pour le travail vous ménage un débouché pour vos fabriques et favorise l'exportation de vos marchandises. Vous êtes à nos yeux de pauvres diables condamnés à un labeur journalier et continuel, des esclaves attachés à la glèbe, auxquels nous achetons par commisération le résultat de leurs travaux. Nos ouvriers s'acquittent noblement de leur tâche obligée; ont-ils gagné de quoi subvenir aux besoins de la journée, ils s'arrêtent et vont se coucher : aujourd'hui pour aujourd'hui, demain pour demain, chaque jour amène son pain. L'année s'écoule ainsi, et l'on se trouve à la fin de sa carrière sans avoir eu le temps de penser à ce moment fatal. Les pères montrent ce qu'ils savent à leurs enfans ; ceux-ci travaillent à leur tour et prennent soin de leurs vieux parens. »

J'adressais journellement une infinité de questions de ce genre à D. Cayetano, je lui faisais part de mes observations philosophiques ; sa réponse était toujours la même. — « Nous sommes trop riches. » — S'il n'était pas prouvé que la conquête du Mexique et du Pérou a causé la ruine de l'Espagne en détruisant son industrie, le discours de D. Cayetano suffirait pour le démontrer.

FIN DU PREMIER VOLUME.

TABLE.

CHAPITRE PREMIER.   PAGE 1

Départ. — Orage. — Entrée en Espagne. — Voitures, auberges. — Cuisine espagnole. — Avis aux gastronomes. — Petite guerre. — Le général Malher est tué. — Valladolid. — L'Escorial — Couvent de *San Lorenzo*. — Tombeaux des rois. — Bibliothèque. — Cigognes.

CHAPITRE II.   19

Madrid. — *La Puerta del Sol*. — *La Fontana de Oro*. — Emmanuel Godoy. — Le prince des Asturies. — Églises. — Le *Prado*. — *El Buen Retiro*. — Jardins. — *Serenos*. — Le Burlesque.

CHAPITRE III.   33

Aranjuez. — *La Casa del Labrador*. — Tolède. — Caverne d'Hercule. — Fortune prodigieuse du prince de la Paix. — Charles IV. — La reine. — Pepa Tudo. — Révolution d'Aranjuez. — Ferdinand VII. — Départ de la famille royale pour Bayonne. — Révolte des Madrilègnes. — Journée du 2 mai. — Massacre, fusillade. — Le scapulaire. — Le diner, le duel et le testament.

CHAPITRE IV.   54

Joseph Ier, roi d'Espagne. — Son entrée à Madrid. — Fêtes. — Insurrection des Espagnols. — Bataille de Baylen. — Capitulation. — L'amiral Rosily. — L'ennemi s'empare de l'escadre française. — Notre armée abandonne Madrid.

CHAPITRE V.   69

Je reste à Madrid. — Entrée de l'armée espagnole dans cette ville. — Prédications des moines. — Catéchisme patriotique. — Assassinats. — Contes absurdes au sujet du *Retiro*. — Castaños nous protége. — On nous conduit à San Fernando.

CHAPITRE VI.   PAGE 80

Arrivée de Napoléon. — L'armée française marche sur Madrid. — On nous dirige sur Cadix. — Départ de San-Fernando. — Don Palacio. — Combat de Somo-Sierra. — Le général Montbrun. — Prise de Madrid. — Retraite de l'armée anglaise. — Affaire de Benavente. — Le général Lefèvre-Desnouettes. — L'empereur retourne en France. — Cruautés des Espagnols envers leurs prisonniers. — Misères épouvantables de la captivité. — On pille mes compagnons. — Oropeza. — Soldats anglais. — *El Castillo de piedra buena*. — Les cochons et le capucin.

CHAPITRE VII.   98

Albuquerque. — La messe de Noël. — La danse interrompue. — Panorama, signaux, consolations. — La mère du prisonnier. — Le transfuge provençal. — Des rimeurs français reçoivent la bastonnade. — Tempête, passage de la Guadiana. — Miracle opéré par mon scapulaire. — Le bal des tonsurés.

CHAPITRE VIII.   123

Séjour à Frejenal. — Je me fais marchand de bagues. — Tout le monde n'abandonne pas les malheureux. — Le médecin Velasco. — Je suis dangereusement malade. — Abime de misères. — On me laisse à Frejenal. — Je deviens valet du geôlier. — On me fait professeur de langue italienne.

CHAPITRE IX.   141

Départ de Frejenal. — Le verre d'eau. — Coups de bâtons employés pour guérir de la fièvre. — Santa Olalla. — Le moine capitaine de brigands. — Il me vole ma montre et mon habit. — San Lucar de Barrameda. — J'y retrouve mes camarades. — Le gouverneur fait rendre gorge au bandit. — Dernière perfidie du moine capitaine.

CHAPITRE X.   153

Ponton *le Terrible*. — Horreur de ma situation. — Je me fais malade pour aller à l'hôpital de *la Segunda Aguada*. — Nous jouons la comédie. — Une dame de Cadix me témoigne l'intérêt le plus tendre.

— Elle me fournit les moyens de me sauver. — Je suis repris et mis au cachot. — Je passe sur le ponton *la Vieille-Castille.* — Les pontons. — Massacre des Français à Valence.

CHAPITRE XI.   PAGE 175

Ponton *la Vieille-Castille* habité par les officiers prisonniers. — Le commissaire des guerres espagnol me met à la ration des soldats. — Vanité ridicule de nos officiers. — Je me fais de nouveau malade et vais à l'hôpital de l'île de Léon. — Prise de Sarragosse. — Quartier San Carlos de l'île de Léon. — Joyeuse vie des prisonniers. — Concerts, comédie, ballet. — Vente des femmes. — La femme en loterie. — Mariages. — *La Cortadura.* — Meurtre de Solano.

CHAPITRE XII.   189

Je change de nom et me fais lieutenant. — Je suis rayé des contrôles. — Je trouve encore un ami. — M. Demanche. — Je retourne à l'hôpital pour y prendre un nouveau brevet de lieutenant. — Je suis admis dans la cinquième légion.

CHAPITRE XIII.   197

Une journée au ponton *la Vieille-Castille.* — Concerts. — *Prima donna.* — Quatuors de Pleyel. — Partitions italiennes arrangées pour l'orchestre du ponton. — Concerto de clarinette. — Finale *delle Nozze di Figaro.*

CHAPITRE XIV.   215

Arrivée de l'armée française sur la côte. — Beaucoup de prisonniers tentent de se sauver. — Famine épouvantable sur le ponton *la Horca.* — L'amiral anglais envoie des vivres à nos malheureux compagnons. — Le matelot l'Hercule. — Les dames du quartier San Carlos passent à bord de *la Vieille-Castille.* — Scène burlesque. — Procès, jugement prononcé par une dame. — Le capitaine Grivel, enlèvement de la barque à l'eau. — Vent de percale. — On fait le projet de se sauver. — L'indécision des chefs supérieurs le fait échouer.

CHAPITRE XV.   236

Dénonciation interceptée. — Le capitaine Fouque parvient à en découvrir l'auteur. — Nouveau projet. — Je passe à bord du ponton *l'Ar-*

gonaute. — Ravages des maladies, horreurs de la famine. — Les Anglais nous envoient des secours. — Six prisonniers veulent enlever une barque. — L'aumônier du ponton, le moine Tadeo, poignarde un de ces infortunés, les autres sont fusillés. — MM. de Montchoisy et Castagner viennent sur *l'Argonaute.*

CHAPITRE XVI. PAGE 255

Projets bien concertés. — Trop de confiance en empêche la réussite. — *La Vieille-Castille* arrive heureusement à la côte. — Nous courons de grands dangers. — Je parviens à détourner l'orage.

CHAPITRE XVII. 267

Encore un projet d'évasion. — Nous l'exécutons sous le feu de l'ennemi. — Abordage, nous repoussons les Anglais. — L'*Argonaute* est criblé de boulets, une bombe éclate à fond de cale, massacre horrible, incendie du ponton. — Nous nous sauvons en partie. — Le brave Grivel protége notre débarquement.

CHAPITRE XVIII. 293

J'arrive sur la plage à *Puerto Real.* — Singulière manière dont nous sommes reçus. — Touché de ma misère le grenadier Salmon partage avec moi son souper et ses habits. — Le commandant de place de Sainte-Marie nous fait enfermer dans le lazaret. — J'y retrouve mes camarades. — Xérès. — Mes confrères me reçoivent à merveille. — Générosité délicate. — Je pars pour Séville.

CHAPITRE XIX. 322

Séville. — Altercation avec mon hôte. — Je retrouve une belle Castillane. — Mon habit de soldat me porte malheur. — Billets de logement. — La cathédrale, l'Alcazar, la Giralda. — Curiosités, promenades. — On veut me couper la cuisse. — J'échappe à ce nouveau danger. — Don Cayetano ; bibliothèque du chanoine inquisiteur.

CHAPITRE XX. 352

L'Inquisition. — Tortures, supplices. — Le palais du Saint-Office, à Séville, est acheté par un Provençal. — Il y établit une loge de francsmaçons. — Palais des papes à Avignon. — Jean Lamèle envoyé à Paris pour torturer Damiens. — Succès de la franc-maçonnerie en

Espagne. — L'égalité mal observée par les francs-maçons. — Haine contre les Israélites. — Le Juif pris au filet. — Préjugés, superstitions, influence funeste de l'Inquisition. — Dernier *auto-da-fé* donné à Séville pour la clôture de ce spectacle. — On y brûle une sorcière. — Histoire de Gertrudiz qui faisait des œufs comme une poule.

CHAPITRE XXI. PAGE 382

Religion. — Cérémonies et pratiques religieuses. — La calotte de cuir. — *L'intiero*, les Sept Paroles. — Symphonies de Haydn. — Danses devant le Saint-Sacrement. — Petites chapelles. — *Santeros*. — Procession de pénitens. — Alarmes qu'elle cause. — Enterremens. — Le Puits Saint.

CHAPITRE XXII. 404

Caractère de la nation en général. — Hommes. — Femmes. — Usages. — Éducation. — Costumes.

CHAPITRE XXIII. 428

Agriculture. — Industrie. — Produits. — Vins. — Paresse; orgueil; mendians. — Fêtes; jours de repos multipliés à l'excès. — Ruses gastronomiques d'un évêque. — Les perdrix de Pataud. — Richesses de l'Amérique funestes pour l'Espagne.

FIN DE LA TABLE.

PARIS. — IMPRIMERIE DE GAULTIER-LAGUIONIE.

www.ingramcontent.com/pod-product-compliance
Lightning Source LLC
Chambersburg PA
CBHW051824230426
43671CB00008B/828